KB088934

문해력의 차이가 아이의 평생 성적을 좌우합니다

문해력의 차이가 아이의 평생 성적을 좌우합니다

이효주 지음

두드림미디어

지금이 공부머리를 깨울 가장 빠른 시간이다

우리가 보낸 하루하루를 모두 더하였을 때,

그것이 형체 없는 안개로 사라지느냐,

아니면 예술 작품에 버금가는 모습으로 형상화되느냐는

바로 우리가 어떤 일을 선택하고,

그 일을 어떤 방식으로 하는가에 달려 있다.

《몰입의 즐거움》

미하이 칙센트미하이(Mihaly Csikszentmihalyi)

요즘 부쩍 공부머리가 유전적인 영향이 크다는 말이 자주 들립니다. 공부머리는 타고나는 것이라고요. '콩 심은 데 콩 나고 팥 심은 데 팥 난다'라는 옛말이 틀리지 않다고 말입니다.

공부머리는 정녕 태어날 때부터 정해진 것일까요?

우리는 어린 시절 공룡 이름을 줄줄 외우고, 그림책을 밤새워 읽어달라던 아이를 보며 천재라고 생각해왔습니다. 공부머리를 타고 났다고 기특해했지요. 그리고 그렇게 한결같이 크라며 응원해왔습니다. 하지만 시간이 흘러 아이가 성장했을 때, 부모의 기대에 부응한 아이와 그렇지 못한 아이가 생겨나지요. 중학교에 입학을 앞두거나 중학생인 우리 아이를 바라봤을 때, 어릴 때만큼 반짝반짝한 눈으로 책을 즐겁게 읽고 있다면 흐뭇한 미소로 지켜봐주세요. 그리고 책에 대한 재미난 이야기꽃을 피워보시길 바랍니다.

아이의 손에 책이 들려 있던 적이 언제인지 기억나지 않나요? 온종일 유튜브를 보고 있거나 친구들과 카카오톡 메시지를 주고받느라 바쁜가요? 시험이 코앞인데 책은 언제 보려는지 가슴이 답답했던 적이 있나요? 만약 아이가 어렸을 때의 기대와는 다르게, 요즘 이런 느낌이 자주 든다면 이 책을 여러분께 꼭 권해드립니다. 그리고 걱정하는 부모님께 말씀드려요.

우리 아이는 공부머리가 없는 것 같은데 학습을 포기해야 할까요?
그냥 알아서 하도록 계속 내버려둬야 하는 걸까요?
아니면 핸드폰 볼 시간에 책이라도 보라고 학원에 더 보내볼까요?

정답은 "아니오"입니다. 유전적인 영향이 전혀 없지는 않을 거예요. 하지만 우리 아이의 공부머리를 깨워줄 방법은 분명히 있습니다. 새로운 지식을 습득할 수 있도록 힘을 키워주는 것, 바로 문해력 교육입니다. 문해력은 우리가 예상하는 것보다 훨씬 힘이 세거든요.

중학생이 된 지금도 꾸준히 책을 즐겨 읽는 사촌 아이처럼, 교과서를 줄줄 읽고 똑 부러지게 설명하는 이웃집 친구 아이처럼, 우리 아이도 할 수 있습니다. 아니, 해야 합니다. 문해력의 기초 체력을 키우지 않고 중학교에 입학한다면, 얼마 지나지 않아 아이가 다양한 측면에서 어려움을 느낄 가능성이 있습니다. 학습적인 측면에서 수업 내용을 이해하지 못하고 조금씩 뒤처지는 것이 대표적인 어려움입니다. 또 이러한 문제는 아이의 정서적인 측면에도 좋지 않은 영향을 끼치게 됩니다.

그래서 이 책을 통해 우리 아이가 중학교에 입학하기 전, 부모님께서 반드시 확인하고 챙겨줘야 할 문해력에 대해 논의하고자 합니다. 중학교에 대한 이해를 위해 중등 교육과정과 학습의 특성을 분석합니다. 또한 아이의 기초 문해력을 키울 수 있도록 가정에서 실천할 수 있는 단계적 지원법을 다음 6단계로 살펴보고자 합니다.

〈Chapter 1〉에서는 **전반적인 중학교 생활**에 대해 알아봅니다.

〈Chapter 2〉에서는 본격적으로 문해력 지원을 위한 **준비 상태를 점검**합니다. 전쟁터에 맨몸으로 나갈 수는 없잖아요. 준비를 잘해야 승리할 수 있습니다. 이를 위해 아이의 문해력 수준을 점검하고, 가정의 읽기 환경을 돌아보겠습니다.

〈Chapter 3〉에서는 **유창하게 읽는 방법**에 대해 중점적으로 살펴봅니다. 문해력 향상의 시작은 소리 내어 '잘' 읽기입니다. 제대로 '잘' 읽을 수 있어야 내용을 정확하게 이해할 수 있거든요. 우리 아이가 이제부터는 '그냥' 읽는 것이 아니라 유창하게 읽어야 합니다. 이를 위해 소리부터 잡는 방법을 안내하겠습니다.

〈Chapter 4〉에서는 유창한 읽기에서 한 단계 나아가 아이의 **학습 이해력**에 대해 알아봅니다. 아이가 중학생이 되는 만큼 학습 성취도를 높이기 위해 교과서를 이해할 수 있는 능력을 반드시 키워야 하지요. 이를 위해 부모님께서 신경 써야 할 **어휘력과 교과서 중심 학습 지원 방법**에 대해 안내합니다.

〈Chapter 5〉에서는 **말하고, 쓰는 '아웃풋**(Output)**'**에 대해 집중적으로 살펴봅니다. 표현할 수 있을 때 진정으로 아는 것이라고 하지요. 표현을 통해 아이가 자신의 의견을 명확히 전달하고, 나아가 사회에 굳건히 자리매김할 수 있도록 다양한 말하기, 쓰기 지원 방법을 배웁니다.

〈Chapter 6〉에서는 문해력 향상의 효과를 더 해줄 **팁**을 안내합니다. 피드백 유의 사항부터 대입 관련 독서법까지 폭넓게 알아봅니다.

수영을 처음 배울 때, 물속에서 발차기 연습만 수십 번 해야 합니다. 얼른 양쪽 팔을 벌려 나비처럼 힘차게 헤엄치고 싶지만, 기본적인 발차기가 되지 않는다면 제자리에 머물 뿐입니다. 계속되는 발차기 연습은 참 힘들지요. 다리가 아프고, 재미도 없어요. 그렇지만 이 과정을 넘기지 못하면 수영을 제대로 할 수 없습니다.

우리는 지금 수영을 처음 배울 때처럼 아이와 문해력 학습에 처음으로 도전하고자 합니다. 부모님도 아이도 무척 힘들 거예요. 발차기 연습만 쉬지 않고 연달아서 할 때처럼요. 하지만 문해력의 기초 근육을 단련하는 일을 더 이상 늦춰서는 안 됩니다. 괴로울 수 있지만, 반드시 해야 합니다. 지금이 우리 아이의 '책 읽기를 위한 기초 체력'을 키울 수 있는 마지막 기회입니다. 바로 지금이 아이가 책을 읽어야 할 적기이기도 하고요.

이제부터 시작할 부모님들의 노력이 우리 아이를 더욱 빛나게 할 것입니다. 먼저 아이가 자신의 나이에 맞는 문해력을 갖게 할 것입니다. 또 이것이 벌어진 학력 격차를 줄이는 답이 될 수 있습니다. 나아가 우리 아이가 미래를 주도하는 능력 있는 사회 구성원으로 자리매김하도록 이끌 것입니다. 우리 아이가 '**문해력**'이라는 내면의 힘을 가질 수 있도록 부모님께서 든든한 버팀목이 되어주세요. 이 책을 읽고 계신 부모님들과 여러분의 노력으로 성장할 아이를 늘 응원하겠습니다.

더불어 밤낮으로 문해력 기초 체력 키우기에 열심히 동참하고 있는 짝꿍 김현수 님, 에너자이저 동혁이, 동균이에게 감사의 마음을 전합니다.

이효주

목 차

중학교에 맞게
색을 바꿔라

초등학생이었던 아이가 중학생이 됩니다. 새 교복도 입지요. 교복 입은 모습을 보니, 마냥 어린 것 같던 아이가 유난히 부쩍 커 보입니다. 많은 변화가 있을 이 시기에 아이도, 부모님도 달라져야 합니다. 변해야 하지요. 어떤 점이 달라지고, 우리가 준비해야 할 것은 무엇인지 살펴보겠습니다.

행동은 영특한 카멜레온처럼

아이가 초등학교에 다닐 때 학부모 공개 수업에 한 번씩 가보셨지요? 그때 아이들의 모습은 어땠나요? 서로 발표하려고 손을 번쩍번쩍 듭니다. 그리고 선생님께서 호명하면 똑 부러지는 목소리로 발표합니다. 이렇게 아이가 활동 과제를 야무지게 해내는 모습에 무척이나 뿌듯하셨을 것입니다. 집에 와서는 또 어떻고요. 오늘 학교에서 어떤 일이 있었는지 미주알고주알 떠듭니다. 선생님께 칭찬받은 날이면 얼마나 자랑하던지요. 늘 책을 손에서 놓지 않는 아이가 정말 사랑스럽습니다. 이랬던 아이가 조금씩 달라집니다.

부모와 이야기하기보다는 친구들과 핸드폰으로 소통하는 것을 좋아하지요. 학교에서 어떤 일이 있었는지 듣고 싶은데, 특별한 것이 없다며 도통 이야기를 하지 않습니다. 가끔 방에 들어가서 책상을 정리해주면 왜 자기 물건을 만졌냐며 성질을 부리기 시작합니다. 어디 그뿐인가요. 어릴 때 책을 그렇게나 많이 읽던 아이가 맞는지 모를 정도로 책 근처에 가지 않습니다. 답답한 마음에 이야기를 시작하려 하면 얼굴에 짜증이 가득하지요. 자기가 알아서 한다고 상관하지 말라며 방문을 '쾅' 닫고 들어가버립니다.

"내가 너 잘되라고 이야기하는 거야"로 시작된 말이 "어디 어른한테, 저걸 그냥 콱!" 하고 언성이 높아지기도 합니다. 어린 시절 품에 쏙 안겨 잠들었던 아이가 왜 저리 바뀌었는지 눈물이 날 것만 같지요.

중학생이 된 아이는 감정과 태도가 카멜레온처럼 변합니다. 그야말로 '우리 아이가 달라졌어요'지요. 이럴 때 부모님도 **포지션을 변경**하셔야 해요. **관찰자**이면서 **지지자**로 말입니다.

아이가 자신의 생명을 위험에 빠트리려 하나요? 다른 사람을 해하려 하나요? 이런 경우가 아니라면 한 걸음 뒤로 물러나 지켜봐주셔야 합니다. 독립적인 아이로 성장해 나가는 과정을 인정해야 해요. 아이의 행동이 마음에 들지 않으시겠지만 스스로 하도록 기회를 주셔야 합니다. 이제는 아이에게 '너의 곁에는 우리가 있다'라는 것을 느끼게 해주는 것만으로도 충분합니다. 부모님도 노력하셔야 합니다. 십여 년을 아이의 곁에서 하나하나 챙겨주셨던 만큼 역할 변화가 쉽지 않을 거예요. 하지만 지금이 바꿀 때입니다. 아니, 바꾸셔야 할 때입니다.

다시 초등학교 학부모 공개 수업 날로 돌아가보겠습니다. 공개 수업을 하는 날이면 정말 많은 부모님이 학교를 찾습니다. 엄마, 아빠에서부터 할머니, 할아버지까지 총출동하는 가족도 제법 많지요. 교실 뒤편에 공간이 모자라 복도까지 학부모님들로 북적일 정도입니다. 입학식, 체육대회, 체험학습 등 학교의 주요 행사에도 아이를 위해 열심히 참여하시지요. 아이들은 부모님께 자기 모습을 자랑하고 싶어 합니다. 응석도 많이 부리고요.

중학교는 어떨까요? 1학년 자녀를 둔 부모님들은 아이의 입학식에 참여할 채비를 합니다. 초등학교 입학식 때처럼 말이지요. 마냥 어린 것 같았던 아이가 교복을 입고 학교 가는 모습에 코끝이 시큰하기까지 합니다. 입학식에서 교복 입은 아이의 모습을 사진으로 담고 싶지요. 담임 선생님은 어떤 분이실지 뵙고도 싶고요. 그런데 아이가 손사래를 칩니다. 준비도 다 했는데 말입니다. 아이는 학교에 가보고 싶은 부모의 마음을 알아주지 않습니다.

하지만 이런 아이의 변화에 서운해하지 않으셔도 됩니다. 아이가 학교생활에 문제가 있어서 그러는 것은 아닌지 걱정할 필요도 없습니다. '다른 부모는 가는데 나만 안 가는 것 아닌가?' 하고 염려하지 않으셔도 됩니다. 여담이지만 입학식에 오시는 학부모님들은 몇 분 안 된답니다. 학부모 공개 수업도 마찬가지입니다. 학년이 올라갈수록 학부모 공개 수업에 참여하시는 부모님들의 수가 더욱 급격히 줄어드는 것도 사실이고요. 아이들이 참관 수업 안내장을 부모님께 전달하지 않는 경우도 아주 많습니다. 특히나 공개 수업일에 엄마, 아빠가 담임 선생님을 만나고 있다는 사실을 알면, 아이는 혹여나 집에서 자신이 한 미운 행동들에 대해 선생님께 말을 하는 것은 아닌가 하고 발을 동동거린답니다. 아이가 중학생이 되었다면, 이제 아이를 믿고 맡겨보는 것이 좋습니다.

그렇다고 학교에는 절대 가지 말아야 하는 걸까요? 아니요. 수업 과정을 보고 싶다면 공개 수업 시 참관하셔도 좋습니다. 아이에게 학교에 갈 것이라고 이야기해보세요. 의외로 아이가 좋아할 수 있어요. 그런데 너무 싫어한다면 이해해주세요. 아이에게 이야기하지 않고, 슬며시 오셔서 아이 모습만 살짝 보고 가시는 부모님도 있다는 것은 비밀입니다.

학부모 총회를 이용해 학교에 방문하는 것도 좋은 방법입니다. 학부모 총회에서 담임 선생님을 만날 수 있고, 다른 학부모님들과 다양한 정보도 나눌 수 있거든요. 하지만 총회 때는 우리 아이에 대한 깊이 있는 상담을 진행하기는 어려움을 고려해주세요. 다른 학부모님도 계시기 때문이지요. 아이에 대한 심도 있는 상담을 원하신다면, 어느 정도 적응 기간이 지난 후에 개인 상담을 요청하는 것을 추천합니다. 꼭 대면 상담이 아니더라도 괜찮아요. 전화 상담을 하시는 것도 좋습니다. 부담 없는 방식으로 담임 선생님과 아이에 대해 이야기를 나눠보세요. 단, 아이에 대해 담임 선생님께서 반드시 알아야 할 중요 정보가 있다면 시기에 상관없이 빠르게 말씀드려야 한다는 것은 잊지 마시고요.

> **Point |** 중학교 시절, 무엇보다 부모님과 아이 사이에 '적당한 거리' 유지가 필요합니다. 지나치게 가까운 거리는 좋지 않습니다. 아이의 모든 것을 일거수일투족 관리해주겠다는 생각은 버려주세요. 이러한 부모의 태도는 아이가 스스로 문제를 해결하며 성장할 기회를 빼앗는 것이기 때문입니다. 그렇다고 해서 관심을 전혀 주지 않는 것도 안 됩니다. 아이가 도움을 요청할 때 언제라도 손 내밀어 줄 수 있는 거리에 있어주세요. 관심과 믿음을 바탕으로 아이와 '적절한 거리'를 유지하는 것, 중학교 시절에는 꼭 필요합니다.

스스로 해야 해요!

부모님께서 역할을 바꾸셔야 하듯이 아이도 변해야 한답니다. 이것은 초등학교와 중학교 간의 운영방식 변화와 밀접하게 연관되어 있어요. 특히 **교사의 지도 범위**가 크게 변화합니다.

초등학교의 경우, 담임 선생님의 지도 범위가 아주 넓습니다. 우선 국어, 수학, 사회 등 대부분의 교과를 담임 선생님께서 가르쳐주시지요. 또 아이들과 늘 교실에 함께 계시면서 생활지도를 하시고요. 거의 모든 것이 담임 선생님을 통해 진행된다고 생각하시면 됩니다. 이렇게 지도 범위가 넓은 만큼, 아이들이 오늘 생활 태도가 어떠했는지, 수업에 잘 참여했는지, 어떠한 문제점이 있는지 등을 잘 파악하실 수 있어요. 그래서 그날그날 아이들이 해야 할 과제와 다음 날 준비해야 할 사항을 전반적으로 정리해 알려주시지요. 학생들은 알림장에 정리된 내용을 받아적으며 해야 할 일을 확인합니다.

중학교는 조금 달라집니다. 우선 담임 선생님이 모든 과목을 가르쳐주시지 않아요. 수업 시간마다 교과 선생님들이 지도해주신답니다. 국어 시간이라면 국어 선생님께서 들어오시고, 영어 시간이라면 영어 선생님께서 오셔서 가르쳐주시지요. 또 담임 선생님이나 교과 선생님이 교실에 계시지 않아요. 교무실이나 해당 교과 특별실에 계신답니다. 그러다 수업 시작을 알리는 종이 울리면, 수업 시간표에 따라 해당 과목의 선생님이 학급으로 이동해 수업을 진행합니다. 따라서 수업 시간에는 **해당 교과를 맡은 교사가 전적으로 학생을 지도**합니다. 학생들은 하루에 여러 과목 선생님을 만나게 되는 것이지요.

이런 운영방식의 변화는 중학생이 된 아이들이 능동적으로 행동하길 원합니다. 왜 그럴까요? 우선 교과 담당 선생님별로 안내 사항이 전달되기 때문입니다. 초등학교보다 과목도 많아지고, 학습량도 늘어나지요. 그만큼 학생들이 해야 하는 과제 역시 어마어마합니다. 또 수행 평가도 과목마다 실시됩니다. 수행 평가를 보는 날짜도 다르고, 형식도 천차만별이지요. 그러니 과목별로 어떠한 과제를 해야 하는지, 무엇을 준비해야 하는지 등을 학생 스스로 잘 정리하며 챙겨야 합니다. 누구도 대신해주지 않습니다.

간혹 학부모님들께서 담임 선생님께 특정 교과의 과제나 수행 평가에 대해 여쭤보시는 경우가 있습니다. 하지만 담임 선생님은 개별 교과에서 안내한 과제나 전달 사항을 알지 못합니다. 당연히 초등학교 시절 학급별로 운영되던 전 교과 과제 알림장이 존재하지 않지요. 더불어 평가와 관련되는 것이라면 전달 과정상 문제가 발생할 수 있습니다. 그러니 세부 교과와 관련된 궁금증이 있다면 꼭 해당 교과 선생님께 아이가 직접 문의해야 한답니다. 아이가 스스로 챙기지 않으면 절대 알 수 없어요. 이제는 아이가 해야 할 일을 주체적으로 챙길 수 있도록 해야 합니다.

그러면 언제 담임 선생님을 교실에서 만날 수 있는 걸까요? 담임 선생님도 어느 특정한 과목을 맡고 계셔요. 그 교과 수업 시간에 교실에 오신답니다. 영어 선생님이라면 영어 시간에 만날 수 있는 거지요. 물론 조회 시간이나 종례 시간에도 뵐 수 있고요. 이런 시간 외에 담임 선생님을 뵙거나 상담하려면 담임 선생님이 계시는 교무실로 아이가 찾아가야 한답니다. 교과 수업 시간에 학습한 내용에 대해 궁금한 점이 생길 때도 해당 과목 선생님이 계신 곳으로 아이가 직접 움직여야 합니다. 능동적으로 움직여야 자신이 원하는 것을 얻을 수 있는 것입니다.

Tip | 아이가 교과별 안내 사항이나 학급 알림 사항을 주의해서 듣고 빠트리는 일이 없도록 **과제 메모장**을 준비하면 좋습니다. 작은 수첩이나 다이어리도 좋을 것 같아요.

"나도 어쩔 수 없는 사춘기예요"

　사춘기에 접어든 아이가 변합니다. 더 이상 초등학교 시절 부모가 짜준 학원 시간표에 따라 잘 다니던 아이가 아닙니다. 하루에 일정 시간 공부를 하던 아이가 '이걸 왜 하냐?'고 따지듯이 묻지요. 중학생이 되면 챙겨야 할 것이 많다고 이야기해도 '내가 알아서 하니 신경 쓰지 마' 하고 쏘아붙니다. 엄마가 미워서 그러는 걸까요?

　아닙니다. 아이의 뇌가 사춘기에 접어들어 폭발적으로 변하면서 나타나는 자연스러운 모습이랍니다. 인간다운 모습을 지닐 수 있도록 전두엽이 열심히 기능을 업그레이드하는 중이거든요. 지금껏 한 번도 겪어보지 않은 엄청난 뇌의 변화에 아이도 무척 당황합니다. 신체적인 변화와 심리적인 변화가 급격히 일어나 아이는 지금 알 수 없이 불안합니다. 그 불안함이 공격적인 모습으로도 나타나지요. 별일 아닌 일에 불같이 화를 내기도 합니다. 그런 아이의 모습을 처음 보면 무척 당황스러울 거예요. 하지만 이것은 아이도 어떻게 할 수 없는 몸의 반응이랍니다. 그러니 '우리 아이가 시기에 맞게 잘 크고 있구나'라고 생각하고 이해해주세요.

가끔 옆집 아이는 사춘기도 없이 늘 무던하다는 이야기를 듣습니다. 그런데 그게 좋지 않을 수 있어요. 자세히 봐야 합니다. 옆집 아이가 혼란스러운 마음이나 불안감을 표현하지 못하고 혼자 참는 경우일 수 있거든요. 또 현재 그렇지 않더라도 밖으로 표출하지 못한 감정은 뒤늦게 대학교에 가서도 표출될 수 있습니다. 더 늦게는 직장생활을 하면서도 나타날 수 있지요. 성인이 되어서 부모에게 눈을 흘기거나 소리를 지른다고 생각해보세요. 10대에 사춘기를 잘 겪는 게 낫겠지요?

그러니 제 시기에 건강하게 잘 발달하고 있는 아이의 모습을 받아들여주세요. 들쑥날쑥 정제되지 못한 감정을 엄마에게 쏟아낼 때, '지금 쏟아낸 감정 뒤에 진짜 나에게 하고 싶은 이야기는 무엇일까'를 생각해보는 거지요. 힘들면 힘들다고 이야기하고, 불안한 마음을 표현하는 것이 아이가 잘 크고 있는 것입니다.

새로운 애착 형성에 도전하라

이 시기의 아이는 부모에게서 독립하고 싶으면서도 한편으로는 기대고 싶은 조금 애매한 상태랍니다. 그때 아이와 적절한 거리를 유지하면서 새로운 애착이 생기도록 해보세요. 사나워진 아이와 애착을 형성하라니 이해가 잘 안 되시지요?

소아청소년정신과 김붕년 교수는 저서 《10대 놀라운 뇌 불안한 뇌 아픈 뇌》에서 사춘기를 '부모 자녀 간 애착의 민낯이 드러나는 시기'라고 말합니다. 사춘기를 그동안 부모와 자녀 간의 애착 관계가 어떠했는가를 점검하는 시기로 보는 거지요. 만약 어린 시절 아이와 애착 관계를 형성하지 못했다면 더 심한 사춘기를 겪을 수도 있습니다. 하지만 김 교수는 지금이 기회일 수 있다고도 말합니다. 뇌가 엄청나게 변하고 있으니까요. 이러한 변화의 시기에 새롭게 '부모에 대한 믿음'이라는 숟가락을 살며시 얹는 거지요.

그러면 사춘기 아이와 애착을 형성하기 위해서는 어떻게 해야할까요? 무엇보다 아이에게 표현을 많이 해주는 것이 좋습니다. '넌 엄마, 아빠에게 참 소중한 존재다. 언제나 네 곁에 엄마, 아빠가 있다. 우리는 늘 너의 편이다. 힘들 때 언제라도 기대렴' 하고요. 말하지 않으면 아이는 잘 모르거든요.

또 불필요한 질문은 참으셔야 합니다. 아이가 학교에서 돌아오면 "누구하고 놀았어? 숙제는 했고? 시험은 언제야?"라고 묻지 마세요. 사실 이러한 질문은 대화하는 것처럼 보이지만 아이 활동을 점검하려는 질문이거든요. 아이가 부모의 마음에 들지 않는 친구랑 놀았다고 하면 '놀지 말라' 이야기할 것이고, 숙제를 안 했다고 하면 '숙제부터 했어야지' 하는 잔소리가 이어질 것입니다. '이번 시험에는 평균 90점 넘어야 한다'처럼 부담을 주는 말이 이어지기에 십상인 거지요. 그러면 앞으로 아이는 부모님께 절대 자기 이야기를 하지 않을 거예요. 말을 해도 돌아오는 것은 듣기 싫은 소리뿐이거든요. 그것보다는 맛있는 음식을 함께 먹으며 아이가 시작하는 이야기에 귀 기울여주는 것이 좋습니다.

더불어 대화를 충분히 나누되 아이의 의견을 존중해주셔야 해요. 아이가 자기의 일에 대해 선택할 기회를 주셔야 합니다. 조금 미흡한 선택이더라도 일단 아이에게 맡겨보세요. 대신 선택에 따른 결과에 대해서도 책임을 질 수 있도록 안내해주시고요. 그리고 옆에서 지켜봐주세요. 아이는 그 과정에 주도성도 자라고 믿어주는 부모에 대한 애착도 생깁니다.

그렇지만 아이가 잘못된 행동을 하면 잡아줘야 합니다. 사춘기에 아이의 마음에 공감하고 귀를 기울이라는 것이 아이의 말을 모두 수용해주라는 것은 아니니까요. 기본적으로 아이의 의견과 입장을 존중해주되, 하면 안 되는 것은 분명하게 끊어줘야 합니다. 문제 행동은 단호하게 훈육해야 하지요. 명확한 허용 범위 안에서 아이는 더 편안함을 느낍니다. 그리고 아이도 부모가 애착을 바탕으로 하는 훈육이 자신을 미워해서가 아니라는 것쯤은 다 알거든요. 계속 튕겨 나가더라도 부모가 든든히 중심을 잡고 있어야 합니다. 그러면 아이는 멀리 가지 않습니다.

쉴 틈 주기

이 시기 아이의 전두엽에서는 사용하지 않는 영역의 연결을 과감히 끊어버립니다. 그리고 주로 사용하는 영역을 더욱 활성화하지요. 아이들이 평생을 살아가는 데 필요한 영역에 대해 뇌는 선택과 집중을 하는 중이에요. 아이가 정말 좋아하고 관심 있는 것에 대해 알고자 하는 욕구가 증폭되는 시기기도 하지요.

그런데 초등학교 시절에는 늘 칭찬만 받았던 아이가 중학생이 되고 나서 성적이 잘 나오지 않습니다. 아이는 속상합니다. 부모님께 인정도 받고 싶은데 공부가 안되니 화도 납니다.

그때 부모님께서 아이에게 '점수가 이게 뭐니? 왜 이런 것도 못해? 초등학교 때는 잘했잖아' 하고 이야기하실 수 있어요. 또 학원 일정을 더욱 **빡빡하게** 조정하시려 할 수도 있고요. 하지만 이런 부모님의 모습에 아이는 더욱 좌절하고 맙니다. 이런 반응은 아이와의 관계를 나쁘게 만들 뿐이에요.

사실 중학교 시절은 고등학교 때 본격적인 학습을 하기 위한 중간 지점이에요. 그러니 조금 늦어도 됩니다. 천천히 기초를 쌓아 고등학교 시절에 아이가 온전히 스스로 설 수 있도록 도와주면 됩니다. 그러니 지금 당장 눈앞의 점수만 보다가 아이와의 관계를 놓치는 어리석음을 범해서는 안 됩니다. 학습보다 더 중요한 것은 아이와의 관계잖아요. 아이가 지금 당장 성적이 좋지 않다고 해서 좌절할 필요도 없고요. 성적 말고도 충분히 가치 있는 아이니까요. 아이를 믿고 기다려주세요. 지금은 성적보다 부모와 좋은 관계를 유지하며 자존감을 세워주는 것이 중요합니다.

Tip | 아이의 **멍 때리는 시간**을 허락해주세요. 공부해야만 뇌가 발달하는 것은 아니랍니다. 공부도 하고, 운동도 하고, 침대에 누워서 빈둥거리는 시간도 모두 필요합니다. 쉴 새 없이 오르락내리락하는 감정을 올바른 방법으로 표현할 수 있도록 **쉬는 시간을 마련**해줘야 하지요. 그게 운동이든, 문화 예술 활동이든 말입니다.

나에게 애정 쏟기

아이가 초등학교 저학년이었던 시절, 일정에 맞게 아이를 학원에 데려다주느라 바쁘셨을 거예요. 학교생활과 학습에 문제가 생기지 않도록 모든 것을 일거수일투족 챙겨주셨지요. 오롯이 아이들은 공부만 하면 됐습니다. 하지만 중학교부터는 아이가 해야 합니다.

가끔 준비물을 챙기지 못해 동동거리더라도 아이가 책임지도록 해주세요. 더 이상 밥을 떠먹여 줄 수는 없습니다. 설령 준비물을 가지고 오지 않아 선생님께 혼이 날 수도 있습니다. 하지만 그 경험이 다음부터 아이가 스스로 학습에 필요한 준비물을 잘 챙기도록 만들어줄 거예요.

또 아이에게 작은 어려움이라도 닥치면 부모님이 더 힘들어하시는 경우가 있어요. 아이와 자신을 동일시하는 거지요. 하지만 이제는 살짝 거리를 두셔야 해요. 아이와 '나'는 전혀 다른 존재라는 것을 받아들이셔야 합니다.

그리고 아이가 실패하고 좌절할 기회를 주셔야 합니다. 아이의 앞길에 큰 걸림돌이 있으면 당장이라도 달려나가 치워주고 싶으시지요? 그래도 이제는 뒤로 물러서야 할 때입니다. 아이가 자기 앞의 커다란 바위를 뛰어넘든, 옆으로 돌아서 가든 스스로 방법을 찾도록 해야 해요. 설령 바위를 뛰어넘다 넘어져 좌절하더라도 일어서면서 더 많이 성장할 테니까요.

내 손을 떠나는 아이를 보고 섭섭한 마음이 드실 수 있어요. 그때는 자기 자신을 바라보셔야 합니다. 온종일 아이 뒷바라지하느라 보지 못했던 책도 찾아보시고요. 하지 못했던 취미생활도 시작하세요. 그렇게 자신의 삶을 아름답게 꾸며 나가면 됩니다. 그런 부모의 모습을 보고 아이는 더 평온함을 얻을 거예요. 그리고 아이가 원할 때, 어깨를 내어주고 등을 도닥여주시면 됩니다.

가끔 아이의 날카로운 말이 가슴을 찌르는 경우도 분명히 있을 겁니다. 하지만 영원하진 않을 거예요. 급격히 변화하던 뇌가 안정을 찾으면 아이도 돌아옵니다. 영원히 사춘기에 머무는 아이는 없어요. 그러니 부모님께서도 이 시기를 잘 넘겨주세요. 끝은 반드시 옵니다. 그리고 아이도 돌아옵니다.

지피지기(知彼知己)면 방황하지 않는다

앞에서 살펴봤듯이 아이의 뇌는 지금 급격한 지각변동을 일으키는 중이랍니다. 새로운 것에 대해 알고자 하는 욕구가 높아지는 이 시기에 아이들은 자유학기제를 맞이하지요. 이때 자주 사용하는 영역을 더 발달시키려는 사춘기 뇌의 특성을 잘 활용할 필요가 있습니다. 아이가 좋아하고 관심 있는 분야를 더 계발할 수 있도록 배움의 기회를 주는 것이지요. 이를 위해 우선 자유학기제의 개념을 바탕으로 운영과정의 특성을 살펴보겠습니다.

자유학기제란, 중학교에서 한 학기 동안
지식·경쟁 중심에서 벗어나 **학생 참여형 수업과**
이와 연계된 **과정 중심 평가를** 통해,
학생들이 **미래 사회를 살아가는 데 꼭 필요한 역량을 함양할** 수
있도록 마련된 교육과정이다.

이 개념 속에서 자유학기제가 수업 과정에 학생들의 주도적이고 적극적인 참여를 요구한다는 것을 알 수 있지요. 학습자의 참여 과

정을 중심으로 평가하기 때문에 흔히 중간고사, 기말고사라고 부르는 총괄식 지필평가가 실시되지 않는다는 점 역시 중요한 특성입니다. 학습 과정을 다양한 방식으로 평가하면서 진로를 탐색하고, 미래 역량을 키우고자 마련된 교육과정이 자유학기제이지요. 이러한 자유학기제는 주로 1학년 신입생을 대상으로 운영되는데요. 학교마다 1학기 때 운영하기도 하고, 2학기 때 운영하기도 하니 아이의 학교에서 어떻게 운영하는지 관심을 가지고 살펴보시면 좋습니다.

하지만 이러한 자유학기제는 도입 취지와는 달리 여기저기에서 우려의 목소리가 나오는 것이 현실입니다. '자유학기는 노는 학기다'라는 말이 나올 정도니까요. 하지만 단순히 '노는 학기'로 치부하기에는 정말 중요한 시기랍니다. 이 기간을 어떻게 보내느냐가 아이의 중고등학교 생활에 지대한 영향을 미치기 때문입니다. 자유학기가 아이의 학창 시절 전반에 아군이 될까요? 적군이 될까요? 당연히 우리 편으로 만들어야겠지요? 그래서 이 시기를 알차게 이용해 중고등 시절 두루두루 활용할 배움의 자원을 충분히 마련해야 합니다.

지금부터 자유학기제를 우리 편으로 만들기 위한 방법을 살펴보겠습니다. 우리 편으로 만들려면 상대를 잘 알아야겠지요? 자유학기제를 구체적으로 이해하고 전략적으로 접근해봅시다. 학부모님들께서 알고 계신 국어, 영어, 수학과 같은 교과 수업이 자유학기제 운영 시기에도 이루어집니다. 가끔 자유학기에는 흔히 말하는 이론이나 개념 학습이 이루어지지 않는다고 생각하시는데요. 아닙니다. 초등학교 시절에 접했던 내용이 심화·확장되어 등장하지요.

이때 학생들이 느끼는 수업의 체감 난이도는 초등학교와 비교하면 급격하게 올라간답니다.

그냥 노는 것이 아니에요. 배워서 익혀야 할 것이 정말 많습니다. 그러니 어느 때보다 교과 선생님의 설명을 주의 깊게 들어야 하지요. 더불어 학습한 내용을 확실하게 이해할 때까지 복습도 해야 합니다. 그야말로 열심히 공부해야 해요. 또 수행해야 할 과제를 안내해주시면 해결하기 위해 적극적으로 임해야 합니다. 이렇게 교과 수업 시간만 해도 할 것이 산더미지요.

이러한 교과 수업은 주로 오전에 운영됩니다. 그러면 오후에는 어떤 수업이 이루어지는 걸까요? 바로 이때 **자유학기 4가지 영역 프로그램**이 운영됩니다. 주제 선택 활동, 예술·체육 활동, 동아리 활동, 진로 탐색 활동인데요. 하나씩 살펴보겠습니다.

첫째, 주제 선택 활동입니다. 주제 선택 활동은 전문적인 교과 연계 프로그램이랍니다. 기존에 알고 있던 교과 학습 내용 중에서 세밀한 주제를 잡아 조금 더 심도 있게 공부해보는 거지요. 여러 가지 교과들을 범교과적으로 융합해 운영하기도 합니다.

국어 시간을 예로 살펴볼게요. 국어 교과 시간에 '생활 속 글쓰기' 단원을 학습합니다. 수필에 대해 학습하는 단원이지요. 단원 학습 과정은 대략 이렇습니다. 수필 한 편을 감상하고, 갈래의 특성을 이해합니다. 또 수필을 작성할 때의 유의점 등을 배우지요. 그리고 자기의 경험을 바탕으로 간략한 글을 작성해보는 활동을 진행합니다. 처음 이론을 배우고 짤막한 글을 작성해보는 활동까지 대략 5~6차시로 이루어집니다.

주제 선택 활동에서는 이렇게 교과 시간에 학습한 내용을 바탕으로 하되, 조금 더 심화해서 배우게 됩니다. 짧은 수필 쓰기에서 심도 있는 창작 활동으로 발전하는 것이지요. 이러한 활동은 하나의 세부 주제를 잡아 17~18차시에 걸쳐 이루어지게 됩니다. '나만의 수필집 출판하기'와 같은 구체적인 목표를 가지고 운영되지요.

저는 주제 선택 활동으로 '책으로 여는 마음'이라는 국어 심화 강좌를 개설해서 운영했어요. 수업 진행 과정을 설명해드릴게요. 우선 교과 시간에 배운 글감을 마련하는 방법부터 자신의 글쓰기 과정에 적용해보도록 했습니다. 작가들이 아이디어를 어디에서 주로 얻고, 어떻게 기록하는지도 함께 이야기 나누면서요. 그리고 글 작성을 위한 얼개를 짜봅니다. 대략적인 구성 방안이 나오면 이제 다채로운 표현을 활용해 글을 쓰기 시작합니다. 창작 시간을 충분히 확보해주면서요.

이 과정에 학생들끼리 서로의 글을 읽어보기도 합니다. 다른 친구의 글에서 자기 작품을 더 발전시킬 수 있는 아이디어를 찾을 수 있거든요. 또 서로 인상 깊은 표현에 대해 말해주거나 이해가 가지 않는 부분에 대해 질문을 합니다. 이때 저는 교실을 순회하면서 학생들의 작품을 하나하나 읽어보고 구체적으로 피드백을 해줍니다. 그러면 학생들은 친구들의 질문과 조언, 교사의 피드백을 바탕으로 자기의 글을 다시 고칩니다. 수도 없이 읽고, 끊임없이 고치는 과정을 거치지요. 한 편의 작품을 완성할 때까지 엄청난 노력을 쏟는 답니다.

그렇게 글이 완성되면 이제 출판 준비를 합니다. 작가의 말도 써보고, 친구의 글에 추천사도 써보면서요. 실제로 이렇게 완성된 아이들의 작품을 출판해보기도 했고요. 자신의 글이 책으로 나왔을 때 아이들의 표정을 상상하실 수 있으실까요? 세상을 다 가진 듯한 표정이라면 맞을 겁니다.

17~18차시를 통해 온전히 학생 활동을 중심으로 이루어진 장기적인 프로젝트였지요. 이러한 활동이 주제 선택 시간에 이루어지는 거랍니다. 이론을 학습하는 것에서 나아가 직접 심도 있게 글까지 써보면서 문학의 아름다움을 온전히 느껴본 거지요. 또 자신의 글로 책을 출판해보면서 작가가 되어본 경험은 아이에게 큰 자산이 될 것입니다. 제가 가르쳤던 아이 중 글쓰기에는 전혀 관심이 없던 학생이 수업 이후 '작가'가 되고 싶다고 이야기한 적도 있으니까요. 교과 심화 연계 프로그램인 주제 선택 시간을 활용해 우리 아이의 관심 분야를 찾아보면 좋습니다. 그 과정에 적성까지 찾는다면 더 좋고요.

두 번째로 **예술 체육 활동**입니다. 예술 체육 활동은 음악, 미술과 같은 예술 교과와 체육 교과를 보다 다양하고 내실 있게 운영하도록 마련된 프로그램입니다. 음악 교과에서 배웠던 다양한 음악 이론이나 실습 활동을 '오케스트라'나 '작사, 작곡' 등과 같이 구체적인 목표와 내용을 가지고 꾸준하게 학습하도록 마련되었습니다. 체육 교과의 경우에 '탁구, 뉴스포츠, 배드민턴'과 같은 세부 종목이나 영역을 전문적으로 배울 수도 있지요.

예체능 분야 중에 우리 아이가 조금 더 소질을 계발하고자 하는 영역이 있다면 예술 체육 시간을 통해 꾸준히 배우면 좋습니다. 교과 시간만으로는 조금 부족했던 기능 연습도 충분히 할 수 있으니, 적극적으로 활용할 수 있도록 해주세요.

세 번째로 **동아리 활동**입니다. 동아리 활동은 학생들의 자치 활동을 활성화하고, 그 과정에서 특기와 적성을 계발하기 위해 마련된 프로그램입니다. 학생들의 공통된 관심사를 기반으로 조직해 운영됩니다. 예를 들면, 방송 댄스를 좋아하는 학생들이 한곳에 모여서 함께 춤을 연습하는 것입니다. 또 친구들과 함께 새로운 안무를 창작해보기도 하는 것이지요. 이 과정에 학생들은 주체적으로 해당 분야의 활동에 참여하게 됩니다. 자신이 좋아하는 분야를 관심 있는 친구들과 함께 학습한다면 특기와 적성을 찾는 것에 도움이 될 거예요.

마지막 네 번째로 **진로 탐색 활동**입니다. 진로 탐색 활동은 체계적인 진로 교육 프로그램이라고 생각하면 되겠습니다. 어떤 분야에 소질이 있는지 검사하는 진로 검사에서부터, 현장 직업 체험이나 학과 체험, 진로 캠프 등 여러 가지 직업 세계에 대한 체험이 이루어집니다. 학교마다 차이가 있지만, 전일제로 이루어지는 경우도 많아요. 전문가분들을 모시고 다양한 직업 세계에 관한 이야기를 듣기도 합니다. 진로 탐색 활동을 통해 아이가 선택할 수 있는 다양한 진로 방향에 대해 정보를 얻을 수 있지요. 또 직접 진로를 탐색

해보는 기회로 활용할 수도 있습니다.

　지금까지 자유학기제에서 이루어지는 교과 수업과 4가지 세부 영역에 대해 살펴봤습니다. 이러한 기본적인 이해를 바탕으로 자유학기제를 알차게 활용해야 하지요. 우리 아이의 관심과 흥미를 끌어주면서 소질과 적성을 발견할 수 있도록 말입니다. 물론 그 과정에 학습도 챙겨야 하고요. 이제부터 하나하나 탄탄하게 챙겨볼까요?

취향대로 고르는 뷔페식 강좌

　우리는 자유학기제에 4가지 프로그램이 있다는 것을 알았습니다. 이 4가지 프로그램 아래 다시 영역별로 여러 가지 강좌가 개설됩니다. 예술 체육 프로그램 아래 '배구, 축구, 농구, 배드민턴, 탁구, 뉴스포츠, 서양화, 애니메이션, 캘리그라피, 뮤지컬, 합창, 통기타' 등을 배우는 강좌가 개설되는 것입니다. 아이들은 개설된 강좌 중에서 듣고 싶은 수업을 직접 선택할 수 있답니다. 그러니 강좌를 선택할 때 아이의 진로와 관련되어 있거나 아이가 흥미 있는 분야를 선택하는 것이 좋겠지요.

　하지만 중학교에 막 입학하는 학생 중에 '자신이 무엇을 좋아하고, 미래에 어떠한 일을 하고 싶은지'를 명확하게 파악하고 있는 아이가 많지 않아요. 그래서 중학교 시절은 다양한 경험을 하면서, 자신이 좋아하는 것이 무엇인지 또 앞으로 무엇을 하며 살아가고 싶은지를 파악해가는 시기라고 말씀해주시면 좋습니다.

　평소 관심 있었던 분야가 있는 아이는 관련 내용의 프로그램을 선택하면 됩니다. 좋아하던 분야에 대해 다양한 학습을 꾸준하게 한다면 흥미도 높아지고 그 분야에 대한 자신감도 많이 생기겠지요.

하지만 관심이 있거나 좋아하는 것이 특별히 없는 학생의 경우는 어떻게 해야 할까요? 우선 개설된 강좌들을 꼼꼼히 살펴보고, 다양한 영역의 프로그램을 골고루 신청해보는 것을 추천합니다. 여러 가지 분야의 수업을 들어보는 것이지요. 그러면서 자신과 잘 맞고, 앞으로도 흥미를 가지고 참여할 수 있는 분야가 무엇인지를 서서히 파악해나가는 것입니다. 그 과정에 재능을 발견한다면 더 좋고요.

> **Point |** 아이가 중학교에 입학하기 전이라면 아이와 **대화**를 많이 나눠보세요. 어떤 분야에 관심이 있는지 알아보는 것이 좋습니다. 꼭 진로와 연관된 것이 아니라도 **흥미 있어 하는 주제**가 무엇인지 알고 있으면 지도하는 데 많은 도움이 됩니다.

아이의 관심사 찾기 연습

자유학기의 프로그램은 학교마다 개설되는 강좌가 모두 다르답니다. 또 개설되는 강좌 수나 종류도 다르지요. 제가 근무했던 학교의 2학기 운영 프로그램 목록을 예로 들어볼게요. 살펴보면서 우리 아이라면 어떤 강좌를 선택하면 좋을지 생각해보세요. 4~5강좌 정도 선택해보세요. '잘 모르겠는걸' 하는 생각이 들면 오늘 꼭 아이와 대화를 나눠보시길 바랍니다. 조언은 하되 선택은 아이가 해야 한다는 것을 잊지 마시고요.

주제 선택 프로그램 (예)

주제선택	심화 교과	주요 내용
나도 위인	국어	위인들의 생애와 업적이 담긴 위인전 읽기, 감상을 자기 삶에 적용해 표현하기
시(詩)를 노래하는 마음으로	국어	다양한 시(詩) 감상 및 이해 감동적인 작품을 캘리그라피로 표현해보기, 나만의 시 작품 완성 및 전시하기
책으로 여는 마음	국어	나만의 이야기를 담은 인생 첫 책 출판하기 프로젝트
심쿵!! 영화로 읽는 문학 작품	국어	문학이 영화화된 작품 감상하기, 문학과 영화의 관계 분석, 미디어 교육
수학으로 놀자	수학	수학 원리 적용 활동을 통한 수학적인 사고 능력을 신장하기
수학!! 즐겨찾기	수학	수학 독서 활동을 바탕으로 보로노이 슈링클스 등 수학 원리 적용 물품 만들기
수학 fun fun	수학	수학 관련 만년 달력, 마방진 만들기 등 체험 프로그램을 통한 수학적 능력 기르기
Live English	영어	생생한 영어표현 학습과 영미문화 이해하기
Readers Leaders	영어	영화 속 주요 표현을 영어원서로 접하면서 영어와 영미문화 이해하기
탐구 톡톡	과학	물질의 상태 변화, 빛, 미래 과학과 관련된 모둠별 탐구활동 프로그램
에코(eco)야! 놀자	과학	우리 주변의 생태계와 현재의 환경문제를 중심으로 환경보호 방법 모색하기
Hi~Technology	기술가정	PS 열쇠고리, LED 미니 손전등, 카프라 활용 생활용품 만들기 등을 통한 제품 창작 및 조작 능력 함양하기
친환경 기술로 북극곰을 살려라!	기술가정	친환경 기술의 중요성을 이해하고 이를 활용한 제품 제작하기
융합기술의 이해	기술가정	융합기술의 세계를 이해하고 창작 발명품 만들기 프로젝트
즐거운 바느질 공방	기술가정	기초 바느질 학습 및 생활 소품 만들기
마음 아람(마음 가꾸기) 프로젝트	도덕	자기의 행동과 내면 성찰, 바람직한 가치 배우기
오늘을 살아가는 너에게	도덕	도덕과 예술의 다양한 아이디어를 바탕으로 삶에 유용한 통찰 얻기
생활 속 덕목 찾기	도덕	생활 속에서 찾을 수 있는 덕목을 찾아 도덕적 탐구심과 판단 능력 기르기
체험으로 배우는 일본	일본어	일본어를 활용한 일상적인 의사소통 키우기 일본 문화 이해하기

예술 선택 프로그램 (예)

예술 체육	심화 교과	주요 내용
재밌는 축구교실	체육	축구의 역사와 특성 이해 과학적 원리 실제 수행에 적용하기
슬램덩크	체육	농구의 역사와 특성 이해 다양한 기술 연습, 페어플레이 정신 기르기
댄스	체육	댄스 활동을 통한 리듬감 익히기 심미적 감성 역량 증진하기
원투펀치	체육	복싱의 과학적 원리를 파악하기 상대방과의 시합을 통해서 운동 예절 학습
요가와 브레인 톡톡	체육	다양한 두뇌 스포츠와 요가를 통한 심신 수련, 상대방에 대한 예절과 인내심 기르기
뉴스포츠	체육	다양한 뉴스포츠 체험을 통한 운동 수행 능력 기르기
컬러테라피	미술	컬러의 특징을 고려한 디자인 활동
나만의 12면체 만들기	미술	정오각형 작도를 바탕으로 한 조형 작품 만들기
위글위글	미술	공간의 아름다움을 높여 줄 생활 소품 만들기
아기자기 스윙~룸	미술	바느질을 활용한 개성 있는 작품 제작 활동
드라마 만들기	음악	영상에 맞는 음악을 삽입해 시각적·청각적 효과를 높인 드라마 창작 프로그램
CINE·뜰	음악	자신의 꿈을 디자인하는 영상 제작 활동
들으며 배우는 음악 이야기	음악	뮤지컬과 고전음악 감상하기, 역사, 사회, 문화적 맥락에서 음악의 역할 및 가치 이해하기

아이와 대화하면서 아이의 관심 분야를 찾아보셨나요? 그러면 파악한 아이의 의견을 토대로 수강 신청을 합니다. 수강 신청을 할 때는 흥미 있는 분야를 선택하되, 해당 강좌에 배정되지 않을 경우를 고려해 사전에 후 순위까지 정해놓는 것이 좋습니다. 예를 들면 예술 체육 강좌 중에서 총 3가지 강좌를 수강할 수 있는 경우에 5~6순위까지 미리 생각해놓는 것입니다. 그래서 가장 듣고 싶은 1순위 강좌부터 수강 신청을 하는 것이지요. 만약 3순위에 있던 강

좌에 배정이 되지 못할 경우, 4순위 강좌에 바로 신청할 수 있도록 미리 생각해두어야 합니다.

자신이 원하는 강좌에 수강 신청을 하지 못하는 경우도 생길 수 있습니다. 그리고 전혀 관심 없는 분야의 강좌에 배정되기도 합니다. 우리 아이가 원하는 수업에 참여할 수 없게 되었다고 속상해한다면 잘 이야기해주세요. 이 역시 아이에게 도움이 될 수 있다고요. 놀랍게도 전혀 원하지 않던 강좌에 참여한 후, 오히려 그 분야에 새로운 흥미를 느껴 관련 직종으로 진로를 정한 학생들도 있거든요. 모든 것이 아이에게 배움의 과정이라는 것을 알려주세요.

동아리 활동 (예)

동아리	주요 내용
캘리야 놀자	캘리그라피 활동, 손 글씨 카드와 소품 만들기
미씽북	독서 활동, 작품 속 인물 가면 만들기, 무대 공연하기
컬러링	다양한 그림과 문양을 활용한 컬러링 하기
어린 왕자	독서를 통한 비경쟁 독서토론 활동
두뇌 계발 수학 퍼즐!!	스도쿠, 로직 퍼즐 등을 활용한 수학 두뇌 게임
인 사이언스	과학 예술, 직업 세계 탐구 (미래 과학 사회, 인공지능)
풋 리시브 & 스파이크	족구 기술 연습 및 협동 경기
교실에서 떠나는 세계 일주	다양한 나라의 관광지, 명소 조사를 통한 여행프로그램 짜기
진로 영상반	다양한 진로 영상 분석 및 진로 탐색 보드게임
타이포그래피반	다양한 주제의 타이포그래피 제작 전시반

We are Makers!	종이 오토마타, 3D 펜 프로젝트
생활 속 기술 탐구반	NIE 및 생활 속 기술 탐구
애니 속 일본	일본 애니메이션을 통한 문화 분석

진로 탐색 활동 (예)

학기	체험프로그램명	체험 내용
1	진로 캠프	4차 산업 혁명과 미래의 직업 변화
	글로벌 리더스	다양한 직업인 분석
	명사 특강	종이비행기 국가대표와의 만남
	진로의 날	명사 초청 진로 특강 및 홀랜드 직업 유형 이해
2	직업 마을 체험	찾아가는 현장 직업 체험
	명사 특강	마술로 풀어보는 진로 교육
	진로 캠프	진로 설계와 준비, 진로 콘서트

작성해보세요

아이 성향	관심 분야	희망 진로

《듣고 싶은 주제 선택 또는 예술 체육 프로그램(3~4가지)》

1순위 :   3순위 :   (예비) 5순위 :

2순위 :   4순위 :   (예비) 6순위 :

모든 생활이 흔적으로 남는다

　흔히 자유학기를 '공부하지 않는 학기'라고 평가합니다. 생활기록부에 기재되는 '시험 점수'가 나오지 않기 때문이지요. 그래서 중학교 입학생에게 자유학기에 대해 의견을 물어보면 다음과 같이 이야기하고는 합니다.

"시험을 안 보니 정말 좋아요. 그러니 1학년 때는 신나게 놀 거예요."

　하지만 수업 현장에서는 일반 학기보다 학생들이 직접 해야 할 활동과 과제가 아주 많답니다. 또 그러한 활동이 구체적인 서술 형태로 학생생활기록부 과목별 세부 사항 및 특기사항에 기재되지요. 아이의 활동 내용과 성취 수준, 참여 태도 등 전반적인 학습 태도가 평가되어 작성됩니다. 그렇다면 실제로 열심히 놀고, 수업에 집중하지 않았던 학생의 생활기록부는 어떨까요?

　선생님들은 일반적으로 학생의 좋지 않은 점이 있어도 생활기록부에 그다지 적으려 하지 않습니다. 그래도 '나의 제자, 나와 1년을 함께한 아이'이니까요. 그런데도 '수업 태도가 산만하다'와 같은 이야기가 적혀 있다면 한 번쯤 곰곰이 생각해보셔야 합니다. 학교에서 보이는 학습, 생활 태도가 생각 이상으로 좋지 않을 가능성이 크기 때문입니다. 부모의 앞에서 아이가 보이는 모습과 학교에서 보이는 모습이 전혀 다를 수 있다는 점을 이해해야 합니다.

그러니 선생님께서 생활기록부에 우리 아이에 대해 좋지 않은 점을 적어주셨다면 그에 대해 화를 낼 일이 아닙니다. 얼른 아이에 대해 담임 선생님과 상담해야 합니다. 그리고 문제 행동을 바로잡기 위해 부단히 노력해야 합니다. 지금 잘못된 점을 고치지 않고 시간이 흘러간다면 아이가 긍정적으로 변화할 가능성이 급격히 줄어들거든요.

"자유학기는 고입 내신 성적에도 반영이 안 되잖아요. 2학년 때부터 열심히 할래요."

수업 시간에 바른 자세로 앉아 선생님의 말씀에 집중하고, 활동에 적극적으로 참여하는 태도는 하루아침에 생기지 않습니다. 1학년 때부터 학습 습관을 잘 잡아놓아야 2학년 때도 무리가 없지요. 또 1학년 때 기초적인 학습을 잘해두어야 다음 단계의 학습도 수월하게 진행되는 것은 당연합니다.

만약 크게 수업을 방해하지 않더라도 '듣는 둥, 마는 둥' 하는 학생이 있다고 가정해봅시다. 그 학생의 생활기록부에는 특별히 나쁜 문구가 적혀 있지는 않을 거예요. 단, 다른 학생들에 비해 작성된 분량이 현저히 적을 뿐이지요. 같은 교과의 생활기록부 기재 내역을 비교해보면 그 차이를 느낄 수 있습니다. A 학생은 수업 시간에 활동한 내용이 아주 구체적으로 6~8문장가량 적혀 있습니다. 그다지 작성 내용이 많지 않은 경우라도 '매우 뛰어남, 탁월함, 적극적, 주도적, 훌륭함' 등과 같은 긍정적인 어휘들이 많이 적혀 있지요. 반면에 B 학생은 1~2줄만 적혀 있는데 그마저도 아주 평범한 내용입니다.

우리가 입학사정관이 되어 누군가를 선발해야 한다면 어떤 생활기록부를 가진 학생을 선발할까요? 그 대답은 어렵지 않습니다.

1학년 때도 성실하게 생활해야 합니다. 1학년 때 수업에 집중하고 적극직으로 참여하는 습관은 2학년 때 더욱 빛을 발할 것입니다. 이렇게 생활기록부를 관리하면 고등학교 진학 후에 학생생활기록부 종합 전형에도 아주 유리하지요. 떡잎부터 관리가 필요합니다. 그 시작은 중학교 1학년부터라는 것을 잊지 마세요!

> **Tip |** 초등학교 시절 아이가 받아온 성적표를 보신 적이 있지요? 중학교에서도 얼마 안 있으면 성적표를 받아보실 텐데요. 조금 더 구체적인 자료를 확인해보시고 싶으시다면 **'나이스 대국민서비스(https://www.neis.go.kr)'** **학부모서비스**를 이용하세요. 지난 학년 생활기록부 내용을 확인해보시고, 아이의 학교생활 태도에 대해 점검해보시길 바랍니다.

끊임없는 평가

자유학기에는 총괄형 지필 평가 대신 수업 속에서 지속적인 평가가 이루어집니다. 예를 들면, 하루하루 수업이 끝난 후에 이루어지는 일일 형성 평가, 단원이 끝난 후에 이루어지는 단원 평가 등학습 평가가 있습니다. 방법적인 면에서 모둠 활동에 대한 개별 평가와 동료 평가, 학생 스스로 자신의 학습을 평가하는 자기성찰 평가나, 활동 과정 전체를 점검하는 포트폴리오 평가 등 끊임없는 평가가 이루어지고 있지요.

이러한 평가 결과는 앞서 말했듯이 학생생활기록부에 기재됩니다. 학생이 한 활동을 무엇인지 또 그 과정에 어떠한 태도로 참여했는지, 활동 참여를 통해 어느 정도의 성취를 거두었는지 등을 구체적으로 기록하는 것이지요. 아이가 수업 과정에 열심히 참여했다면 기록으로 남게 됩니다.

따라서 학부모님들은 학기 초에 안내되는 교과별 진도 계획이나 평가 계획을 유심히 살펴볼 필요가 있습니다. 각 교과에서 어떤 것을 중심으로 평가하는지 알고 준비해야 하지요. 그리고 아이들이 수업 과정에서 이루어진 평가에서 어떠한 결과를 얻고 있는지 관심을 가져야 합니다. 흔히 '쪽지 시험'이라고 말하는 형성 평가나 단원 평가 결과를 통해 수업 내용을 잘 이해하고 있는지 확인하는 것이 필요합니다.

평가 결과들을 토대로 아이가 자신의 학습 계획을 세우고, 실천할 수 있게 도와야 하지요. 이러한 연습은 2학년 때 이루어지는 수행 평가, 총괄 평가에 큰 도움을 줄 테니까요. 아이가 자신의 학습을 주도적으로 관리하도록 하는 방법, 또 이때 부모님께서 어떤 것을 도와줘야 하는지는 〈Chapter 2〉에서부터 구체적으로 살펴보겠습니다.

평가의 팔 할은 쓰기

중학교 1학년부터 서·논술형 평가가 급격히 많이 이루어집니다.
여러 가지 평가 방식이 있겠지만 대부분 '쓰기'로 이루어진다고 생
각해도 틀리지 않습니다. 학습 결과보고서를 작성한다거나 주어진
논제에 대한 자기 생각을 서술해야 하는 것처럼 말이지요.

어느 정도인지 확인해보고 싶으시지요? 제가 근무하는 학교의 1학
기 수행 평가 활동을 일부 가져와봤습니다. 많은 부분이 쓰는 활동이
라는 것을 쉽게 확인할 수 있지요. 정보를 이해하고 전달하는 글쓰기
부터 자기 견해를 밝히는 논설문 쓰기, 생활과 연계된 창의적인 글쓰
기까지 다양한 쓰기 평가가 이루어지고 있습니다.

교과	주요 내용
국어	– 자기 삶과 경험을 바탕으로 한 수필 쓰기 – 설명 대상이 효과적으로 드러나도록 다양한 설명 방법을 활용한 글쓰기
사회	– 국회의 지위와 권한, 주요 조직과 기능에 관한 조사를 바탕으로 권력 분립의 목적을 서술하기
역사	– 몽골 제국이 세계 여러 지역 간의 교류에 미친 영향에 대해 자신의 관점이 드러나는 글쓰기
과학	– 각 상황에서 작용하는 여러 가지 힘을 설명하는 탐구보고서 작성 – 일기도를 해석해 예상되는 날씨를 예보하는 글쓰기
기술·가정	– 청소년의 신체 발달 및 2차 성징에 관해 설명하는 글쓰기 – 수송 기술과 관련된 문제를 이해하고, 해결책을 제시한 탐구보고서 작성하기

정보	– 정보사회의 특성과 사이버공간에서 지켜야 할 정보 윤리에 관해 구체적인 사례를 바탕으로 서술하기
영어	– 경험한 일, 앞으로의 계획을 다양한 어휘를 활용해 글쓰기

그런데 많은 학생들이 제출한 답안을 보면, 이것이 과연 중학생이 쓴 글인가 의아할 때가 정말 많습니다. 주어와 서술어가 호응이 이루어지지 않는 경우는 다반사지요. 또 글 전체가 하나의 문장으로 작성된 경우도 많습니다. 평소 사용하는 속어나 줄임말을 공식적인 글쓰기 상황에서 여과 없이 사용하기도 하지요. 이러한 현상은 학업 성취도가 낮은 학생에게만 나타나는 문제가 아닙니다. 특수목적고 등학교 진학을 준비하는 최상위권 학생의 글에서도 볼 수 있지요.

이처럼 많은 학생이 글쓰기를 어려워합니다. 실제로 아이들은 자기의 생각을 말로는 잘 설명할 수 있지만 글로 전달하기는 힘들다고 말합니다. 너무 어렵대요. 그런데 앞서 확인할 수 있듯이 중학교에서는 글로 써서 이루어지는 서술형 평가가 아주 큰 비중을 차지합니다. 수행 평가에서도, 총괄식 지필 평가에서도 말이지요. 그러니 글쓰기에 익숙하지 않은 학생이 좋은 점수를 획득하는 것은 하늘의 별 따기일 거예요. 당연히 글을 쓰는 실력도 키워야 하겠지요? 지금부터 글쓰기 연습을 시작해야 하는 이유입니다.

> **Point |** 상대적으로 여유가 있는 1학년 시기에 **글쓰기 연습**을 해야 합니다. 지금의 목표는 완벽한 글을 쓰는 것이 아니라 글쓰기에 대한 **부담감이나 거부감을 줄이는 것**입니다.

'노는 학기?'에 반드시 해야 할 일

2023년부터 자유학년제가 자유학기제로 축소되고, 중학교 3학년 2학기 때 고등학교 진로와 연계된 학기 운영으로 변경해 운영되고 있습니다. 그래서 중학교 1학년 시기에는 한 학기 동안 자유학기를 경험하게 됩니다. 그때 앞서 말했던 것처럼 다양한 방식의 평가가 이루어지지요. 하지만 자유학기 운영 기간에 학생들의 마음이 훨씬 여유롭다는 것은 어쩔 수 없는 사실입니다. 중간, 기말고사라고 불리는 총괄식 지필 평가를 볼 때만큼 마음이 잡히지 않는 거지요.

이럴 때 우리 아이들이 성실한 수업 참여 태도를 유지하면서도 시간을 알차게 보내는 방법은 무엇일까요? 또 학력 향상을 위해 도움이 되는 활동에는 무엇이 있을까요?

그 해답은 언제나 늘 '책 읽기'입니다. 모든 과목의 성적 향상을 위해 기초를 다지는 방법은 '책 읽기'밖에 없습니다. 아무리 강조해도 부족하지요. 넘치고 넘칠 때까지 읽어야 합니다. 그리고 이제는 제대로 읽어야 합니다. 상대적으로 마음의 여유가 있는 자유학기 시기가 책을 읽을 적기입니다. 지금부터는 어떻게 책을 읽어야 하는지, 왜 중요한지 자세히 살펴보겠습니다.

> **Point |** 수학이나 영어 학원에 가는 것도 중요하겠지만, 그보다 먼저 '책 읽기'를 해야 합니다. 읽기가 되지 않으면 머지않아 수학 문제를 읽어도 풀 수가 없게 됩니다. 아이가 손에 책을 들 수 있게 도와주세요. 지금이 **'문해력 신장'**의 적기입니다.
>
> 또 아이가 중학교 1학년보다 상급 학년일지라도 읽기 능력이 부족하다면 바로 '책 읽기'를 시작해야 합니다. 읽기 능력은 평생에 걸쳐 획득해야 하니 늦은 시기란 없습니다.

초등 교과서로 개념 벽돌 다시 쌓기

아이가 다음 학년, 또는 가까운 미래에 좋은 학업 성취도를 보일 수 있는가를 예측하는 방법을 알려드리겠습니다. 바로 지난 학년 교과서에 등장한 핵심 개념이나 주요 어휘에 대해 의미를 명확히 이야기할 수 있는지를 파악하는 것입니다.

얼마 전에 배운 교과서를 펼쳐서 중심적인 내용을 나타내는 개념 낱말을 골라보세요. 그리고 아이에게 어떤 의미인지 설명해달라고 요청하는 겁니다. 아이가 학습했던 내용의 주요 내용을 어렵지 않게 이야기한다면 앞으로의 학습에서도 긍정적인 성취를 거둘 가능성이 큽니다. 그러나 개념과 의미에 대해 명확히 이야기하지 못하는 경우, 다음 학년에서 긍정적인 성취를 거둘 가능성이 희박한 것입니다. 따라서 다음 학년의 학습을 위해 현재 학년 또는 과거에 학습한 내용 중 부족한 점이 있다면 반드시 채우고 가야 합니다.

교육과정은 나선형으로 이루어져 있습니다. 현재 학년에서 배우는 내용은 완벽하게 처음 등장한 것이 아닙니다. 초등학교 시절부터 조금씩 수준은 깊어지고, 폭은 넓어지면서 등장한 것이지요. 따라서 이미 배운 학년의 학습 내용을 완벽하게 숙지하지 못하고 넘어간다면 앞으로 이루어질 학습의 긍정적 성취를 보장할 수 없습니다. 이전 학년의 내용을 모르는데 다음 학년의 더 어려운 내용을 이해할 리가 없습니다. 그러니 반드시 부족한 부분을 메꾸고 가야 합니다.

따라서 중학교에 입학하기 전에, 또는 입학했더라도 초등 교과서를 다시 들춰보고 점검하는 것이 좋습니다. 그 많은 것을 언제 다시 보냐 싶겠지만 시간이 그리 많이 들지 않습니다. 초등학교 시절에는 엄청 어려웠던 내용이 지금은 상대적으로 쉽게 느껴지거든요. 초등학교 5학년 때 엄청 어려워 풀기 힘들었던 수학 문제가 6학년이나 중학교 1학년 때 술술 풀리는 원리와 같습니다. 그러니 걱정하지 말고 아이가 이해하지 못하는 학년의 교과서부터 다시 살펴보도록 해주세요.

교과서에 나온 글을 다시 소리 내면서 읽어보고, 모르는 개념을 찾는 것이지요. 해당 단원을 읽으며 중요 개념에 대해 정확하게 이해되지 않을 경우, 해당 부분에 동그라미 표시를 하면서 읽도록 합니다. 모르는 단어가 나왔을 때, 바로 사전을 찾지는 않습니다. 우선 앞뒤의 문맥을 보고 어떠한 의미일지 추론하면서 읽어야 해요. 모르는 단어가 나올 때마다 사전을 찾아보면 읽기의 흐름이 끊기기 때문이에요. 그러니 앞뒤 내용을 통해 낱말의 의미를 추론하면서 읽도록 합니다. 이때 한 번에 봐야 하는 양은 너무 많지 않게 조절해주세요.

교과서를 한 번 읽었으면 다시 처음으로 돌아가 읽어보도록 합니다. 앞뒤 문맥을 통해서도 단어의 의미가 파악되지 않는다면 그때 사전을 찾아보는 것이지요. 사전을 찾을 때는 해당 단어의 의미만 보는 것이 아니라 단어가 어떠한 상황에서 사용되는지 용례까지 파악하는 것이 좋습니다. 이때 새롭게 알게 된 단어는 따로 자신만의 어휘 정리 노트에 적어놓으면 좋습니다. 해당 단어를 활용해 문장을 만들어 본다면 의미 이해도 잘 되고 오래 기억할 수 있거든요.

Tip | 나만의 어휘 노트 작성과 활용법

① 단어의 정확한 **사전적 의미**와 해당 단어가 **사용된 문장(찾은 예시 문장)** 을 적는다.

② 자신이 해당 단어를 활용해 **창작한 문장** 2~3개를 함께 적는다.

③ 이렇게 배운 단어를 '끝말잇기'나 '글쓰기'에 적극적으로 활용하도록 유도한다.

이렇게 이전 학년 교과서를 다시 읽으며 잘 몰랐던 개념을 확인해야 합니다. 그리고 마지막에는 중요 개념들을 스스로 정리해보는 것이 좋습니다.

교과서 다시 보기 경우에도 아이의 현재 수준을 기준으로 해야 합니다. 해당 학년 교과서를 보기 어려워한다면 이전 학년의 교과서나 조금 쉬운 책을 읽을 기회를 많이 주어야 합니다. 그 속에서 이해되지 않았던 어휘를 찾고 확인하는 활동을 충분히 해야 하지요. 그런 후 그 중요 개념에 대해 스스로 정리해봅니다.

그리고 서서히 책의 수준을 높여가면 됩니다. 현재 학년의 내용보다 쉬워서 금방 다시 볼 수 있습니다. 그 과정에 아이의 자신감도 커지고요. 그러므로 충분히 활동에 시간을 투자할 가치가 있습니다. 옆집 아이가 몇 학년까지 선행하고, 영재학교 시험을 봤다는 말에 흔들리지 마세요. 기준은 언제나 우리 아이의 수준입니다. 내 아이의 실질적인 독서 능력 향상을 목표로 해야 하는 거지요.

돌고 도는 책 읽기의 힘

마태효과(The Matthew Effect)라는 말 들어보셨나요? '무릇 있는 자는 더욱 받아 풍족하게 되고, 없는 자는 그 있는 것까지 빼앗기리라(마태복음 25:29)'라는 성경 구절에서 따온 말입니다. 이런 마태효과는 독서의 빈익빈 부익부 현상을 설명하는 데 많이 언급되지요.

어렸을 때 부모와 함께 한 책 읽기 경험을 통해 아이는 독서에 대한 좋은 감정을 갖게 됩니다. 이러한 감정은 긍정적인 읽기 태도로 이어지지요. '책을 읽는 것은 재미있다'라는 좋은 감정이 책을 더 많이 읽게 합니다. 많이 읽으면 책을 잘 읽을 수 있지요. 어휘력이 늘어나고, 배경지식은 차곡차곡 쌓여가니까요. 아는 것이 많아지니 책 읽기가 더 재미있어집니다. 그러면서 스스로 책을 잘 읽는 것 같다고 생각하게 되지요. 자기 효능감이 높아집니다. 그러니 조금 어려울 것 같은 책도 한 번 읽어보고 싶다는 도전 의식도 생깁니다.

읽다가 더 알아보고 싶은 것이 생기면 또 다른 책을 찾아 읽어봅니다. 그렇게 꼬리에 꼬리를 물면서 독서가 이어집니다. 그 과정에 풍부한 어휘력과 배경지식이 더 많이 생기겠지요. 그러니 학교 수업을 훨씬 잘 이해할 수밖에 없습니다. 발표나 글쓰기를 할 때도 활용할 단어나 자료가 많으니 신이 납니다. 그리고 또 찾아 읽겠지요. 자발적으로 찾아 읽고, 즐겁게 배우는 아이의 학업 성취가 어떨까요? 꾸준한 독서를 통해 읽기 능력이 좋아지니 학업 성취도 계속 향상됩니다. 그렇게 원래 잘 읽던 아이는 점점 더 잘 읽는 독자로 끊임없이 성장해갑니다.

반면 어린 시절 책 읽기 경험에서 독서에 대한 부정적인 정서를 지니게 된 아이도 있을 겁니다. 독서는 재미가 없고 지루한 것이라고 말이지요. 이런 책 읽기에 대한 감정은 더욱더 아이가 책을 회피하게 만듭니다. 읽을 기회 자체도 점점 줄어들고요. 책을 읽어야 어휘력도 늘고 배경지식도 쌓이는데, 책을 읽지 않으니 당연히 문해력도 향상되지 않겠지요. 그렇게 서서히 아이의 읽기 능력은 저하됩니다. 읽기 능력이 없으니 교과서를 읽어도 이해할 수 없습니다. 수업도 점점 재미가 없어지지요.

그 사이 스스로에 대한 부정적인 인식이 조금씩 자리를 잡습니다. '나는 잘 읽지 못해. 나는 책 한 권을 끝까지 읽을 수 없는 사람이야. 이해할 수 없는 것은 당연해' 하고 말이지요. 이런 정서는 책을 읽고 싶은 마음을 더 떨어뜨립니다. 자발적으로 책을 읽지 않을 테니 읽기 능력을 성장시킬 방법도, 기회도 없는 것입니다. 그러니 미숙한 읽기 상태가 계속 이어지고 맙니다. 학업 성취도 좋지 않지요. 이런 상황은 아이의 자존감마저 떨어뜨립니다.

한 아이는 계속 읽어서 독서 능력이 점점 발달하고, 다른 한 아이는 읽지 않아 독서 능력이 계속 떨어집니다. 어린 시절에는 미미했던 격차가 중학교, 고등학교에 가서는 아주 많이 커지는 거지요. 그리고 이런 격차는 쉽게 줄어들지 않습니다. 그렇다고 포기해야 할까요?

아니요. 책 읽기에 가장 적합한 시간, 문해력을 키울 적기는 언제나 지금입니다. 지금이 가장 이른 시간이에요. 아이들에게 책을 읽을 기회를 주어야 합니다. 책 읽기에 미숙한 아이일수록 책 읽을 기회를 더 많이 줘야 해요. 그래서 독서의 선순환이 이루어질 수 있도록 만들어야 합니다. 인생은 기니까요.

Point | 아이가 책 읽기를 힘들어하나요? 학교 공부가 어려워지기 시작하면 뒤늦게 따라가기란 보통 어려운 일이 아닙니다. 또 중학교에 입학하고 사춘기에 접어들면서 부모에게 반항하기 시작합니다. 그러면 더 힘들어집니다. 중학교 입학 전, 그리고 상대적으로 시간이 여유로운 중학교 1학년 때를 적극적으로 활용해야 합니다. 초등학교 교과서도 다시 보고, 다양한 책도 읽어야 하지요. 그래서 책 읽기 습관을 키우고 공부 습관을 들여야 합니다. 지금이 적기입니다. 지금의 노력이 아이가 평생을 살아가는 데 큰 힘이 될 겁니다. **평생의 경쟁력**이 될 것입니다.

Chapter 1 | 아이의 중학교 입학과 함께 확인해야 할 것

■ 아이가 중학 생활을 스스로 이끌어 가도록 아이와 '적당한 거리' 유지하기

■ 부모 역할을 관찰자, 지지자로 변경하기 - 아이보다 '나 자신'에 더 집중하기

■ 아이의 흥미와 관심사에 대해 함께 이야기 나누기 – 자유학기 강좌 선택에 활용하기

■ 초등 교과서를 다시 보며 아이의 부족한 부분 점검하고 채우기

■ 자유학기에 '책 읽기'는 필수임을 잊지 않기

문해력도
준비가 필요하다

중학교 시절은 아이의 자율성과 독립적 의지가 커지는 시기입니다. 수업에 참여할 때나 스스로 학습하는 과정에서도 주도적이고 능동적으로 참여하는 태도가 중요해지지요. 그래야 원하는 만큼의 성취를 얻을 수 있고요. 하지만 생각보다 그게 잘되지 않는 학생들이 많습니다. 왜일까요? 그 중심에 '문해력'이 있습니다. 문해력을 키워야 하지요. 이제부터는 아이의 문해력 신장을 위해 준비해야 할 것이 무엇인지를 알아보겠습니다.

교실이 눈 뜬 채 잠들고 있다

　중학교 교실을 살짝 들여다볼까요? 수업 시작을 알리는 종이 칩니다. 학생들은 눈을 반짝이며 선생님을 바라보지요. 선생님께서 설명해주신 내용을 빠짐없이 받아적습니다. 선생님께서 수행 과제를 내주실 때면 친구들과 힘을 합쳐 모둠 과제를 해결하기 위해 애를 씁니다. 집중해서 문제를 해결하느라 시간 가는 줄 모르지요. 그 과정에 학생들은 자신이 찾은 답을 발표하기도 하고, 친구들에게 가르쳐주기도 합니다. 정말 이상적인 교실의 모습이지요.

　다른 쪽을 살펴볼까요? 교과서에 사람이 그려져 있습니다. 그 인물의 머리 모양을 바꿔주기도 하고, 예쁘게 화장하기도 합니다. 국어 교과서는 '긁어, 북어, 끓어, 중국어' 등으로 표지의 과목명이 바뀌어 있습니다. 이렇게 수업 시간에 교과서가 새로운 예술 작품으로 변합니다. 선생님께서 "이건 중요한 거니까 꼭 필기해놓고 알아두어야 해요" 하고 말씀하실 때가 있습니다. 그러면 학생들은 '무언가 적어야 하는구나'를 깨닫지요. 하지만 어디에, 어떠한 내용을 적어야 할지 몰라 한참을 두리번거립니다. 선생님께서 아이들이 제대로 잘 적었는지 가까이 가서 교과서를 살펴보면, 설명 내용과 전혀 상관없는 부분에 알아볼 수 없는 글씨로 필기해놓기에 십상입니다. 그래도 적으려고 노력한 점이 가상하지요. 전혀 적지 않는 학생들도 많으니까요.

우리 아이는 두 가지 경우 중 어느 쪽에 속할까요? 많은 부모님이 자녀가 당연히 수업에 열심히 참여하는 학생이리라 생각합니다. 초등학교 때에 공부를 잘했거든요. 공개 수업 시간에 아이가 손을 번쩍 들고, 씩씩하게 발표하는 모습이 아직도 생생하게 떠오릅니다. 하지만 후자에 속하는 학생들이 참 많답니다. 장난을 치는 것은 아니지만 수업에 집중하지 못하는 아이들도 점점 늘어나고 있고요. 그렇다면 왜 이렇게 수업에 참여하는 태도가 다른 걸까요?

수업에 집중을 잘하는 학생의 경우, 학습 내용을 잘 이해합니다. 교과서를 집중해서 잘 읽어요. 그리고 교과서를 읽고 무슨 내용인지 파악할 수 있지요. 간혹 교과서를 읽다가 모르는 것이 나올지라도 노력해서 충분히 해결할 수 있습니다. 교과서의 내용도 이해되고, 선생님의 설명까지 들으니 수업 내용이 귀에 쏙쏙 들어올 수밖에요. 이해가 잘 되니 수업이 더 재미있게 느껴집니다.

반면 수업에 집중하지 못하는 학생의 경우를 살펴봅시다. 이러한 학생은 집중하기 싫어서 하지 않는 것이 아니라 할 수 없어서 못하는 것일 수 있습니다. 이해할 수 없기 때문이지요. 교과서를 읽으면 무슨 말인지 모르겠거든요. 그나마 선생님의 설명을 들으면 조금 이해가 되는 것 같지만 완벽하게 이해할 수는 없습니다. 혼자서 교과서를 읽으며 내용을 이해하려고 노력해 봐도 도통 해결되지 않지요. 알아들을 수 없는 이야기가 계속되니 수업이 재미없어집니다. 지루하다 못해 괴롭기까지 합니다. 그리고 점점 눈꺼풀이 무거워지지요. 그렇게 결국 몇몇 학생이 곤히 잠이 듭니다. 교과서를 읽고 이해할 수 없으니 수업에 집중하지 못하는 것은 당연한 일이지요.

이렇게 한 명 두 명 수업 시간에 잠을 자는 아이가 생겨납니다. 믿기 힘드시겠지만 한두 명이 아닙니다. 학년이 올라가면 갈수록 숫자는 늘어나고요. 공부하지 않으려고 의도적으로 그러는 것이 아니에요. 못 하는 겁니다. 그리고 그게 우리 아이일 수도 있습니다.

읽었지만, 이해할 수 없는

잠깐 교실로 다시 돌아가볼게요. 선생님께서 오늘 학습 목표를 안내하고 수업을 진행합니다. 먼저 오늘 배울 단원의 교과서를 읽도록 합니다. 그러면 얼마 지나지 않아 학생들이 선생님께 질문합니다.

"'지양하다'가 무슨 뜻인가요?, '필연적'이 뭐예요? '배제'한다는 건 뭐지요?"

학생들이 해당 학년 교과서에 나온 어휘가 무슨 말인지 묻습니다. 그러면 교사는 단어의 의미를 풀어서 설명하고, 이해를 위해 적용되는 예까지 알려주지요. 오늘 수업을 통해 가르쳐줘야 할 핵심 요소를 설명해야 하는데, 도통 다음 단계로 나갈 수가 없습니다. 교과서에 나온 기본적인 단어 뜻부터 문장의 의미까지 하나하나 질문을 하거든요. 그렇게 시간은 훌쩍 지나갑니다. 아직 오늘 학습할 핵심적인 내용 설명은 시작조차 하지 못했는데 말이지요.

시험을 볼 때는 또 어떻고요. 학생들이 문제를 잘 풀고 있는지 교실을 순회할 때가 있어요. 그런 경우, 학생들의 질문이 속출합니다.

"제시문이 이해가 가지 않아요. 문제에 대한 답을 어떻게 적어야 하는지 모르겠어요."

분명, 학년 수준에 맞는 문제를 냈지요. 수업 시간에도 여러 번 설명했고요. 그런데 문제 자체를 이해하지 못하는 경우가 아주 많아요. 수업 시간에 다 이해한 듯 똘똘했던 학생들의 모습과는 사뭇 차이가 있는 모습입니다. 아이들은 이렇게 말합니다. "선생님의 설명을 들으면 이해가 잘 되는데, 혼자 문제를 풀면 무슨 말인지 이해가 안 돼요. 뭘 묻는 것인지 몰라서 풀 수가 없어요"라고요.

왜 아이들이 교과서 내용이나 시험 문제를 이해할 수 없는 걸까요? 아이들은 학습을 위해 교과서나 학습 자료로 제시된 다양한 글을 읽어야 합니다. 읽고 이해할 수 있어야 하지요. 하지만 아이들은 커가면서 여러 가지 이유로 책 읽기와 조금씩 멀어져 왔습니다. 그와 함께 아이들의 읽기 능력이 서서히 떨어졌지요. 여러 가지 연구 사례에서도 학생들의 읽기 능력이 낮아졌다는 것을 어렵지 않게 확인할 수 있습니다.

한 예로 OECD 국제 학업성취도 평가(PISA)에서 우리나라 만 15세 학생들의 읽기 점수의 비율 추이를 조사한 자료가 있습니다. 우리나라는 PISA 연구에 꾸준히 참여했습니다. 그중 2006년에 읽기 능력이 556점으로 세계 1위를 기록하기도 했지요. 그런데 2018년 읽기 능력 평균 점수가 514점으로 급격히 하락합니다. 무려 42점이 낮아진 것이지요. 읽기가 주 영역이었던 2009년의 결과 539점과 비교해볼 때도 25점이나 하락했답니다. 556점에서 539점, 그러다 514점까지 떨어진 기간이 불과 십여 년밖에 되지 않습니다. 짧은 기간 안에 읽기 점수가 이렇게 부정적으로 급격하게 하락한 이유는 무엇일까요?

학생들의 읽기 성취 수준별 비율 변화를 살펴보면 그 이유를 알 수 있습니다. PISA 2015 결과와 비교해보면 상위 성취 수준, 그러니까 읽기를 잘하는 아이들의 비율이 12.7%에서 13.1%로 0.4% 증가했답니다. 또 글을 잘 읽지 못하는 하위 성취 수준 비율은 13.6%에서 15.1%로 1.5%나 증가했어요. 읽지 못하는 아이들의 비율이 이렇게나 급격히 늘어났으니, 우리나라의 읽기 능력 평균 점수 역시 빠르게 하락할 수밖에 없는 것입니다.

이 결과에서 우리가 지나쳐서는 안 될 것이 있어요. 그건 바로 '문해력의 양극화 현상'입니다. 글을 잘 읽는 아이들은 더 잘 읽게 되었고, 잘 읽지 못하는 아이들은 점점 더 읽지 못하게 된 것에 관심을 가져야 하지요. 특히, 기초적인 단어나 문장을 읽고 의미를 파악하지 못하는 최하위 성취 수준의 학생 비율이 급격히 증가했다는 것을 놓쳐서는 안 됩니다.

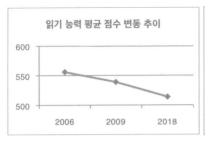

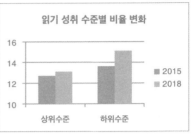

PISA 우리나라 만 15세 학생들의 읽기 점수 변동 추이 및 읽기 성취 수준별 비율 변화
출처 : 한국교육과정평가원_OECD 국제 학업성취도 평가 연구 PISA 2018 결과보고서(2020)

왜 이렇게 많은 아이가 글을 읽지 못하게 된 것일까요? 그것은 바로 기초 문해력이 없기 때문입니다. 한글을 읽지 못한다는 것이 아닙니다. 한글은 읽을 수는 있지만, 읽어도 무슨 내용인지 이해할 수 없다는 겁니다. 기초적인 읽기 능력이 부족한 것이지요. 이러한 기초 문해력은 그냥 생기지 않습니다. 시간이 지나면 누구나 말이 트이고, 한글을 읽을 수 있는 것과는 달라요. 배워야 합니다. 가르쳐줘야 해요. 우리 아이가 이러한 문제를 겪고 있을 수 있습니다. 그렇다면 문제를 해결할 수 있도록 반드시 도움을 줘야 합니다.

Point | 중학생 중 기초 문해력, 즉 기초적인 읽기 능력을 갖추지 못한 학생들이 제법 많습니다. 한 반에 20%는 쉽게 넘을 것입니다. 그러나 부모님 눈에 잘 드러나지 않습니다. 아주 평범한 학생의 모습 그대로거든요. 단, **학습적인 측면**은 다릅니다. 기초 문해력이 부족하다면 문제가 생길 수 있어요. 학년이 올라갈수록 더 심각해집니다. 지금 우리 아이의 **문해력 수준**에 관심을 가져야 합니다.

지금 당장 문해력을 잡아야 하는 이유

　수업 시간, 선생님께서 설명해주시면 학생들은 고개를 끄덕입니다. 그때는 이해가 잘 되거든요. 그런데 학생들이 혼자서 교과서를 읽으며 공부할 때는 자꾸 문제가 생깁니다. 분명 수업 시간에 이해했던 내용인데 다시 보니 모르는 것투성이입니다. 왜 그럴까요? 중학교에 입학한 아이들은 하루에 평균적으로 6~7시간의 수업을 듣습니다. 그리고 하교 후 학원에서 1~2시간의 강의를 더 듣기도 하지요. 집에 와서는 학교와 학원 과제를 하느라 정신이 없습니다. 부랴부랴 과제를 끝내면 어느덧 잠자리에 들어야 할 시간이지요. 아이들은 이렇게 온종일 공부하고 있습니다. 정말 피곤하겠지요. 그런데 오늘 학습한 내용이 아이들의 머릿속에 얼마만큼 남아 있을지는 미지수입니다. 아마도 투자한 시간에 비해 그 양은 정말 미미할 거예요.

　여기서 꼭 기억해야 할 것이 있습니다. 수업이나 강의를 '듣기만'한 것은 학습한 것이 아니라는 겁니다. 분명 아이들은 학교에서 6~7시간 수업을 들었어요. 그런데 과연 아이들이 수업 시간에 배운 내용을 다 기억할 수 있을까요? 아닐 거예요. 학습 내용을 모두 완벽하게 이해하고 기억할 수 있다면 아이들이 굳이 학원에 갈 필요가 없을 테니까요. 많은 학생이 학교에서 배운 내용을 이해하지 못하거나 학습적인 측면에서 부족하다고 느끼는 경우, 이것을 보충하기 위해 학원 수업을 듣습니다.

하지만 학원에서도 아이들이 '듣기만' 하는 경우가 있습니다. 학습 과정에 수동적으로 임하는 것이지요. 그리고 많은 학생이 이렇게 수업이나 강의 들은 것 자체를 자신이 공부한 것으로 착각합니다. 할애한 시간 많으니 열심히 했다고 스스로 만족하면서 말이지요. 하지만 이렇게 듣기만으로 이루어진 학습은 뒤돌아서면 잊어버리기에 십상입니다.

그러다 시험 기간이 되면 아이들은 시험 대비를 하기 위해 책을 폅니다. 그런데 교과서를 읽어도 이해되지 않습니다. 분명 배운 내용인데 말이지요. 학습에 어려움을 느낀 학생들은 유튜브를 활용하거나 인터넷 강의 찾아 들어봅니다. 들으면 이해되거든요. 하지만 이는 근본적인 해결책이 될 수 없어요. 시험은 종이에 문제가 인쇄되어 나옵니다. 그것을 학생들이 읽어야 하지요. 읽고 이해해야 합니다. 시험을 볼 때 선생님께서 문제 설명을 해주지는 않거든요. 주어진 제시문과 문제를 읽고 스스로 답을 찾아야 합니다. 출제자의 의도를 파악하며 글을 읽고, 그 속에 담긴 미묘한 차이를 분석해 문제를 해결해야 합니다. 따라서 더는 듣기만 하는 학습으로 문제를 해결할 수 없어요.

배움은 아이들이 학습 과정에 주도적으로 참여할 때 일어납니다. 교과서를 스스로 읽고, 생각하며, 이해한 내용을 정리하는 과정에서 일어나는 것입니다. 그러니 책을 읽고, 머릿속에 개념을 정리하고, 다른 사례에 적용해보면서 자신만의 머릿속 지도를 그려야 합니다. 오롯이 자기 힘을 들여 공부하는 것이 학습하는 것입니다.

따라서 학교에서 수업을 들은 후나 학원에서 강의를 들은 후에, 반드시 스스로 교과서를 읽으며 정리하는 '자기만의 학습 시간'이 필요합니다. 그 시간을 확보해야 합니다. 그리고 계속 읽어야 합니다. 읽으면서 그 속에 담긴 의미를 이해하고, 문제를 해결할 수 있는 능력을 길러야 합니다.

> **Point** | 우리 아이가 학교 수업, 학원 강의를 들은 것을 공부한 시간에 포함해서는 안 됩니다. 그리고 그 시간 동안 아이가 들은 내용을 모두 이해했다고 생각하는 것도 조금 위험합니다. 반드시 아이가 **자기 혼자 공부하는 시간**이 있어야 해요. 스스로 공부할 수 있는 시간을 마련해줘야 합니다. 그런데 혼자 공부하기 어려울 수 있어요. 읽을 수 없거든요. 그러니 우리는 아이가 주도적으로 **책을 읽고 이해할 수 있는 능력, 문해력**을 키워줘야 합니다. 그게 먼저입니다.

세상에서 가장 어려운 책, 교과서

아이가 혼자 공부하기 위해서는 읽을 수 있어야 합니다. 특히, 자기 학년의 교과서를 읽어 낼 수 있어야 하지요. 그런데 과연 우리 아이는 혼자서 교과서를 읽을 수 있을까요?

중학교 교과서는 초등학교 교과서에 비해 많은 양의 내용을 담고 있습니다. 학생들이 느끼기에도 초등학교 6학년 때 교과서와 중학교 1학년의 교과서는 아주 다르다고 합니다. 무엇보다 사용된 어휘가 어렵다고 합니다. 내용이 재미가 없어보여, 읽고 싶지 않다고 투덜거리기도 하지요. 실제로 중학교 교과서에는 개념을 나타내는 단어도 많고, 한자어 사용 빈도 역시 매우 높습니다. 그래서 학생이 지닌 읽기 능력보다 교과서에 사용된 어휘의 수준이 높아, 제시문 자체를 이해하지 못하는 학생들이 많습니다. 이런 학생들의 경우, 교과서가 담고 있는 내용이 어렵게 느껴지니 당연히 읽고 싶은 마음이 생길 리 없겠지요. 여기서 잠깐, 교과서를 직접 살펴봅시다.

현대 민주 국가에서는 권력 분립의 원리에 따라 국가 기관을 입법부, 행정부, 사법부로 나누어 국정을 운영하고 있다. 그중 입법부와 행정부가 어떤 관계를 맺고 있느냐에 따라 정부의 형태를 의원 내각제와 대통령제로 구분할 수 있다. 의원 내각제는 입법부와 행정부가 밀접한 관계를 맺고 협력하면서 국정을 운영하는 정부 형태이고, 대통령제는 입법부와 행정부가 엄격하게 분리되어 견제와 균형을 이루는 정부 형태이다.

– 《사회 1》, 김영순, 두산동아, 2015 개정 –

중학교 1학년 사회 교과서에 수록된 내용입니다. 실제로 이 부분의 내용을 이해하려면 많은 개념을 알아야 하지요. '권력 분립'이 무엇인지, '입법부, 행정부, 사법부'가 어떠한 역할을 하는지 등을 알아야 합니다. 또 '구분, 협력, 국정, 견제, 균형'과 같은 낱말의 의미도 알고 있어야 합니다. 교과서는 이런 내용을 알고 있다는 전제하에 새롭게 학습할 내용을 담습니다. 왜 알고 있다고 전제하냐고요? 초등학교 시절 또는 이전 단원에서 접해본 내용이거든요. 중학교 교과서는 초등학교에서 학습한 내용을 심화·확장해 제시합니다. 따라서 중학교 교과서에는 이미 언급되었던 '구분, 권력 분립' 등에 관한 설명은 생략합니다. 그리고 중학교 1학년에서 배워야 할 '의원 내각제와 대통령제'에 대해 바로 설명하지요.

교과서는 해당 학년의 학생이라면 학습을 통해 충분히 이해할 수 있고, 반드시 이해해야 하는 수준의 내용을 압축해서 담아놓은 교재입니다. 하지만 현재 다수의 아이가 자기 나이에 맞는 교과서를 읽고 무슨 말인지 이해하지 못합니다. 당연히 학습 성취도도 좋지 않겠지요. 그리고 그런 결과를 처음 생활통지표로 받아본 부모님들은 정말 깜짝 놀라십니다.

"선생님, 우리 아이가 초등학교 때는 공부를 참 잘했거든요. 그런데 중학교에 올라가서는 왜 이렇게 성적이 안 나오는지 모르겠어요."

"영어, 수학은 학원에 계속 다녀서 점수가 어느 정도 나왔어요. 하지만 다른 과목들의 점수는 가관입니다. 다른 과목도 학원을 보내야 할까요?"

중학생 자녀를 둔 학부모님들이 상담 과정에서 정말 많이 하는 말씀이랍니다. 그런데 사실 이렇게 상담하는 학부모님들의 자녀들을 살펴보면 교과서를 읽고 이해하지 못하는 아이들이 대부분이었답니다. 그래서 제가 이렇게 이야기해요.

"어머니, OO이는 글을 읽고 이해하기가 조금 어렵나 봐요. 교과서의 내용을 잘 이해하지 못하더라고요. 이런 경우 OO이가 학교나 학원에서 수업을 들어도 내용을 이해하지 못할 가능성이 크답니다. 그러니 글을 읽고 이해하는 기초적인 읽기 능력을 먼저 키워주셔야 해요. 그러려면 책을 읽어야 하지요. 학원에 더 보내는 것보다 온전히 책을 읽을 시간을 마련해주시는 것이 필요합니다. 교과서를 읽는 것도 좋고요."

그런데 책을 읽을 시간을 마련하기 위해서는 큰 용기가 필요하지요. 아이가 당장 학원을 그만두어야 한다면 많은 부모님이 불안함을 먼저 느끼시거든요. 아이가 학원에 다니면서 그나마 유지했던 점수마저 하락할 것 같거든요. 걱정이 이만저만 드는 게 아니지요. 그런데 한 번 곰곰이 생각해봐야 해요. 아이의 성장을 방해하는 것이 부모의 '근시안적 조바심' 때문이 아닌가 하고요.

물론 학원의 도움을 받으면 어느 정도 효과가 나타날 수 있어요. 그렇다고 모든 과목의 이해를 위해 수십 개의 학원에 등록할 수도 없는 일입니다. 수많은 문제집을 풀면서 기출 문제의 유형을 분석하고, 문제 풀이 연습을 꾸준히 해서 유형에 익숙해질 수도 있겠지요. 하지만 이런 방법은 한계가 있어요. 출제 유형이 살짝 바뀌거나 새로운 것이 나왔을 때는 대처할 수가 없기 때문입니다.

근본적인 원인을 해결하지 않으면 결국 언젠가는 어려움에 봉착하게 됩니다. 이러한 문제를 해결하는 근본적인 방법은 바로 '독서를 통한 문해력 증진'입니다. 책을 읽으며 내용을 이해하는 힘, 문해력을 키워줘야 합니다. 그래야만 어려워진 중학교 교과서를 읽고, 당황하지 않을 수 있기 때문이지요. 읽을 수 있어야 스스로 공부할 수 있습니다. 눈앞에 점수만 보지 마시고 멀리 보세요. 앞으로 아이가 걸어가야 할 길은 아직도 아주 많이 남았습니다.

답이 문해력인 이유

문해력이란, 글을 읽고 이해해 활용할 수 있는 능력을 의미합니다. 나아가 주어진 문제를 해결하고, 글에 대한 자기의 의사를 표현할 수 있는 응용 능력까지 포함하지요. 이러한 문해력은 학습 과정뿐만 아니라 사회생활에서도 아주 중요한 능력이랍니다. 단순히 학창 시절의 성적에만 영향을 미치는 것이 아닙니다. 아이들의 삶 전체에 영향을 미치거든요.

글을 읽고 이해하는 것이 얼마나 중요한지 알아볼까요? 한글이 창제되기 이전 우리나라에서는 한자를 주로 사용했답니다. 그러나 일반 백성들은 한자를 배울 기회 자체가 적었답니다. 또 배우더라도 많은 수의 한자를 활용해 자신의 의견을 정확히 표현하기란 쉬운 일이 아니었지요. 그때 한자를 모르는 사람들의 경우, 문서를 읽고 이해하지 못해 난처한 일이 많았다고 하지요. 글 내용을 모르고 서명해 재산을 빼앗기거나 노비로 팔려 가는 일도 있었다고 하니 그 심각성을 알만합니다.

하지만 요즘 학생들이 과거 백성들처럼 글을 모르는 경우가 있나요? 거의 없지요. 초등학교 저학년 정도 되면 대부분 글자를 읽을 수 있습니다. 누구나 배우고 익히기 쉬운 한글이 있기 때문이지요. 한글은 처음 배우기 시작해서 한 번 숙달되고 나면 더는 특별한 학습이 필요하지 않습니다. 그리고 시간이 흘러도 그 능력이 크게 달라지지 않지요. 하지만 그 속에 담긴 의미를 파악할 수 있는가는 미지수입니다. 만약 아이가 글을 읽고 그 내용을 이해할 수 없다면 당연히 학창 시절 성적이 잘 나오기는 힘들겠지요. 또 사회에 나갔을 때도 심각한 문제에 직면할 수 있습니다.

부동산 거래를 위해 계약서를 작성할 경우, 문서의 의미를 이해하지 못해 잘못된 계약을 할 수도 있어요. 전자제품을 구매한 후 사용을 위해 설명서를 읽었지만 이해할 수가 없다면 당황스럽겠지요. 취업할 때도 모집 요강을 제대로 이해하지 못한다면 회사의 요구사항을 정확히 파악하지 못해 입사 자체가 힘들 수 있어요. 만약 입사했더라도 문제가 생길 수 있습니다. 회사 생활 자체가 어떠한 글을 읽고 이해한 후에 할 수 있는 일이 대부분이잖아요. 여러 가지 문서를 읽고 분석해야 하지요. 또 그것을 보고 계획을 세워 진행해야 하고요. 거기다 결과보고서까지 작성해야 합니다. 그런데 읽고 이해하는 것이 안 된다면 원활한 회사 생활이 가능할까요? 무척 어려울 것입니다.

그뿐만이 아닙니다. 아이가 급변하는 사회에 적응하며 잘 살아가기 위해서는 무엇보다 새로운 지식을 획득할 수 있는 능력이 있어야 합니다. 다양한 정보를 얻으려면 읽을 수 있어야 하지요. 무언가를 배우기 위해 자료를 읽고 스스로 학습할 수 있어야 합니다. 그래야만 변화를 주도하고 자신의 삶을 일구며 원활히 살아갈 수 있어요.

세상은 정말 빠르게 변하고 있습니다. 오늘 아이가 배운 지식이 미래에 쓸모없는 것이 될 가능성이 아주 높을 만큼요. 그러니 지금 시험에서 한 문제 더 맞는 것에만 몰두하시면 안 됩니다. 아이가 사회에서 잘살아가는 것이 훨씬 중요하잖아요. 결과적으로 지금 우리가 무엇보다 많은 관심 가져야 할 것은, 바로 '아이의 문해력'입니다. 잊지 마세요.

Point | 문해력은 **아이의 삶에 많은 영향**을 끼칩니다. 지금보다 아이가 성장한 후에 미치는 영향이 훨씬 커질 것입니다. 무언가에 대한 정보를 꾸준히 얻고, 다양한 지식을 배우기 위해서는 반드시 **'제대로 읽을 수 있어야'** 합니다. 읽고 이해할 수 있어야 합니다. 만약 그렇지 않다면 지금부터 끊임없이 애써야 할 것입니다.

책으로 향하는 징검다리 놓기

　우리는 지금까지 문해력이 얼마나 중요한지 알아봤습니다. 그러면 어떻게 아이의 문해력을 키울 수 있을까요? 답은 언제나 '독서'에 있습니다. 하지만 그보다 먼저 해야 할 일이 있어요. 그것은 바로 **아이의 '마음'을 살피는 것**입니다. 아이들의 마음 상태는 문해력 성장과 아주 밀접하게 관련되어 있습니다. 책을 읽고 싶다는 마음은 문해력 성장에 크게 이바지하지만, 책을 읽고 싶지 않는 부정적인 마음은 문해력 성장을 방해하거든요. 그러니까 우리는 아이가 책을 읽고 싶다는 긍정적인 마음이 들도록 해야 합니다.

　부모님은 아이가 진득하게 앉아서 책을 봤으면 하지요. 정작 아이는 지금 책을 보고 싶지 않습니다. 그런데 부모님께서 아이에게 책을 읽으라 말합니다. 그리고 슬쩍 부모님의 마음에 든 책, 그러니까 읽었으면 하는 책을 건네주지요. 과연 아이는 그 책을 집중해서 잘 읽을까요? 아이는 지금 책을 읽고 싶지 않습니다. 공부하기도 싫습니다. 이런 아이를 억지로 책상에 앉혀 놓고 책을 읽히거나 공부시킨다고 해서 효과가 나올 리 없지요. 설령 정말 감동적인 책이라고 평가받는 책을 건네주었다 하더라도 아이의 마음에 그 의미가 전달될 리 만무합니다. 그만큼 현재 아이의 마음 상태, 독서의 동기가 중요한 것입니다.

그렇다고 마냥 손을 놓고 있어야 하는 걸까요? 아니지요. 이럴 때 부모님은 아이가 책을 읽고 싶게끔 만들어줘야 합니다. 그것도 한 번으로 끝나는 것이 아니라 꾸준히 만들어줘야 해요. 책을 읽는 것이 재미있는 일이라 느낄 수 있도록 기회를 마련해야 합니다. 어떻게 만들어야 하는지 지금부터 알아보겠습니다.

인상을 찌푸리게 하는, 가장 좋은 책

아이들 주변에는 핸드폰이나 게임처럼 재미있는 것이 넘쳐납니다. 반면 책 읽기는 지루하고 따분하다고 생각하는 아이들이 참 많지요. 특히, 누군가 시켜서 억지로 책을 읽었던 부정적인 경험이 많은 아이들은 더욱 독서를 '어렵고, 힘들고 따분한 것'이라고 생각합니다. 책을 읽는 것을 재미없는 일이라 생각하기 때문에 책을 읽지 않지요. 책을 읽지 않으니 어휘력이 늘지 않습니다. 배경지식도 쌓이지 않지요.

그런데 학교에 가면 책을 읽어야 합니다. 그것도 아주 다양한 분야의 방대한 정보가 수록된 책을 읽어야 하지요. 바로 교과서입니다. 독서에 대해 부정적인 생각을 지닌 학생의 경우 어려움에 봉착합니다. 그동안 책을 읽지 않았기 때문에 어휘력도 부족하고 배경지식도 없거든요. 그러니 도통 글이 이해되지 않습니다. 이해할 수 없으니 점점 수업이 지루하고 재미없게 느껴집니다. 그리고 글을 읽는 것이 더욱 싫어지지요. 읽지 않으니 문해력 성장의 기회 자체가 없습니다. 점점 읽기 능력도 떨어지고요. 그렇게 조금씩 아이들이 책을 읽지만 이해하지 못하는 '책맹'이 되어 갑니다. 부정적인 독서 경험이 아이를 '책맹'으로 만드는 것이지요.

이런 아이들에게 '책 읽어야 해' 하고 이야기한다고 해서 책을 읽을 리 없습니다. 그러니 '책 읽기가 재미있다'라고 느낄 경험 기회를 주는 것이 가장 먼저 해야 할 일입니다. **재미있는 독서 경험으로 책을 읽고 싶다는 마음이 들게 하는 것이** 가장 중요합니다. 이를 위해서는 아이가 **흥미 있어 하는 주제의 책이** 가장 좋습니다. 아이들이 좋아하는 분야의 책을 읽을 때의 모습을 관찰해보세요. 책을 읽으라 말하지 않아도 직접 찾아서 읽고, 읽는 과정에 집중도 잘합니다. 또 읽는 속도도 빠르지요. 읽는 과정 자체를 즐거워합니다. 바로 이것이 아이가 책에 몰입하는 순간이에요. 모든 감각이 책에 집중되어 있으면서도 굉장히 즐거운 상태지요. 이렇게 몰입하는 경험을 하는 것이 아이가 책에 가까이 가는 방법입니다.

그렇다면 아이가 무엇을 좋아하고 관심 있어 하는지 어떻게 알 수 있을까요? 평소 유심히 관찰해야겠지요. 아이가 즐겁게 이야기하고 자주 듣고 보는 것이 무엇인지 말입니다. 그리고 대화를 해보세요.

"요즘 읽는 책이나 글이 있니? 기사도 좋아."

"읽어봤던 책 중에 재미있었던 책이 뭐야? 어떤 점이 재미있었어?"

"좋아하는 작가가 있니?"

"취미가 뭐니? 왜 그 취미를 좋아해?"

"새롭게 읽어보고 싶은 책이나 분야가 있을까?"

이런 대화를 통해서 아이가 좋아할 만한 책을 먼저 읽도록 하는 것이 좋습니다. 그런데 아이들이 읽고자 가지고 온 책이 부모님의 마음에 들지 않을 수 있습니다. 연예인, 게임 관련 책이나 말도 안 되는 만화류가 많이 보이거든요. '그런 책 말고 조금이라도 학습에 도움이 되는 책을 읽어'라는 말이 턱밑까지 치오를 겁니다. 하지만 참아주세요. 우선 뭐든 읽게 하는 것이 중요합니다. 아이가 좋아하는 내용이 담긴 책을 읽으면서 '책 읽기가 재미있을 수도 있구나' 하고 독서에 대해 긍정적인 생각을 할 때까지 말이지요. 처음 독서를 시작하는 우리 아이에게 최고의 책은 '아이가 재미를 느끼는 책'이라는 것을 잊으시면 안 됩니다.

> **Tip |** 꼭 시작이 책이 아니어도 괜찮습니다. 아이들이 인터넷상에서 자주 보는 짤막한 글이어도 좋습니다. 또는 **아이와 밀접하게 관련된 주제**의 책도 좋고요. 그러려면 평소에 아이가 무엇에 흥미가 있고 어떤 분야를 좋아하는지 관심을 가지는 것이 필요합니다. 그 분야의 책부터 읽기 시작해보세요. 그렇게 흥미 있는 주제의 책을 읽으며 책 읽기를 재밌어하면, 부모님이 봤으면 하는 책도 아주 가끔 함께 끼워서 읽도록 권해보세요. 조금씩 독서 분야를 넓혀 갈 수 있도록 **전략적 협상**을 하는 것이지요. 단, 아주 가끔입니다. 그것도 아주 천천히요.

엄마, 아빠도 책 읽는 것을 좋아한단다

아이의 문해력을 키우려 하기 전에 꼭 돌아봐야 하는 것이 하나 있습니다. 그것은 바로 부모님의 독서 습관입니다.

"엄마는 맨날 핸드폰 하면서 저보고는 책 읽으래요."
"부모님은 퇴근 후에 항상 TV를 보고 계시면서 저는 방에 들어가서 공부하라고 하셔요."

아이들이 상담 과정에서 많이 하는 말입니다. 그런데 이렇게 말한 아이들의 부모님과 다시 이야기를 나누어보면, 한결같이 아이가 책을 많이 읽기를 원하십니다. 하지만 부모님도 잘 하지 않는 책 읽기를 아이에게 요구하는 것은 어불성설이지요. 옆에 있는 누군가는 재미있게 TV를 보거나 핸드폰을 하는데, 자신은 하기 싫은 일을 해야 한다면 마음이 어떨까요? 이런 상황에서 아이가 책을 읽는다고 하더라도 그 경험이 즐거울 리 없습니다. 그러니 가족 모두의 노력이 필요하지요.

어느 TV 프로그램에 배우 김승우가 출연한 것을 본 적이 있어요. 그중 자녀를 교육하는 방법을 이야기한 것이 아직도 기억에 남습니다. 그는 아이들이 엄마, 아빠가 책을 좋아하고 즐겨 읽는다고 생각하게끔 엄청난 노력을 한다고 하더라고요. 예를 들면 부부는 전날 과음을 해 숙취가 있어 피곤할 때도 아이들이 유치원 가기 전에 꼭 일어나서 책 읽는 척을 했다고 합니다. 평소에도 아이들의 교육을 위해 TV를 과감히 포기하고, 책 읽기를 즐기기도 했고요. 그래서인지 부부의 아이들도 책 읽기를 즐겨한다고 합니다. 실제로 딸은 초등학교 다닐 때, 영재 테스트에서 상위 5%를 차지했다고 하니 부부의 노력이 긍정적인 영향을 미친 것은 분명하겠지요. 부모님들이 먼저 책을 가까이하며 독서를 즐긴다면 내 아이도 그렇게 될 확률이 높아집니다. 보고 배우는 것이지요.

'책 읽어라! 책 읽어라!' 이야기하는 것보다 행동으로 보여주는 것이 최고입니다. 엄마, 아빠가 직접 적극적인 독서가가 되어보는 것이지요. 만약 현재 부모님께서 책 읽기를 즐기신다면 아이가 학습하거나 집에 있을 때 책 읽는 모습을 더 보여 주시면 좋습니다. 지금도 아이를 위해 책을 읽고 계시잖아요. 그걸 아이들이 있는 시간에, 같은 공간에서 하는 거지요. 그리고 읽고 있는 책이 정말 재미있다고 틈날 때마다 이야기해주세요. 가령 식사 시간에 "아까 엄마가 소설책을 읽었는데 말이지" 하고 신이 나서 이야기해주는 것입니다. 처음에 아이는 분명 시큰둥한 표정을 짓겠지요. 하지만 시간이 지나면 '엄마, 아빠가 책 읽는 걸 좋아하는구나' 하고 생각할 것입니다. 이런 느낌을 아이가 자주 받을수록 '정말 책 읽는 것이 재밌나? 나도 한 번 읽어 볼까?' 하고 생각하지요. 부모의 모습을 보고 아이도 책을 읽고자 하는 마음이 생길 수 있습니다. 그리고 이것은 아이가 능동적인 독서가가 될 가능성이 됩니다.

온전히 책 읽기를 위한 공간 만들기

책을 읽지 않던 아이가 혼자 책 읽기를 시작하기란 정말 힘들답니다. 그럴 때 책 읽는 공간을 만들어주면 책을 읽을 확률이 올라간답니다. 아이가 어릴 때 전집을 구매해 책장 가득 쫙 꽂아놓는 경우가 많았지요. 그런데 부모의 마음과는 다르게 아이는 책을 읽지 않습니다. 먼지가 소복이 앉은 전집을 중고 시장에 눈물을 머금고 내놓은 경험이 있지 않나요?

TV를 지나치게 많이 보는 아이라면 과감하게 TV를 안방으로 보내는 결단이 필요합니다. 그 공간을 책을 읽을 테이블과 온 가족의 책으로 채우는 것이지요. 이런 정도는 아니지만, 집안의 작은 공간을 아이의 책 읽기를 위한 공간으로 마련해줘도 좋습니다.

편하게 앉아서 읽을 수 있는 폭신한 등받이 의자, 책을 읽을 때 누구에게도 방해받지 않을 수 있는 비밀 공간 같은 곳을 만들어주세요. 작은 공간이라도 괜찮습니다. 아이가 관심 있어 하는 주제의 재미있는 책들로 공간을 채워주세요. 온전히 책에 집중할 수 있는 작은 공간이 아이에게 책을 읽고자 하는 마음을 불러일으킬 수 있습니다.

> **Point |** 아이의 읽기 능력 향상을 위해 엄마, 아빠가 책을 들고 있는 모습을 보여주세요. 온종일 일을 하고 온 후라 엄청 피곤하시겠지요. 그러니 마음을 단단히 먹자고요. 그 과정에 독서를 즐기신다면 더 좋고요. 적극적인 독서가 가족이 되어보는 거지요.
> 그런데 부모가 열심히 책을 읽어도 아이가 도통 책을 읽지 않을 수 있어요. 그럴 때는 온몸으로 책 읽기가 재밌다는 것을 표현해주세요. '깔깔깔' 소리 내어 웃어도 보시고, 인상 깊은 구절을 아이에게 들려줘 보기도 해보세요. 그렇게 천천히 아이도 물들어가게 됩니다.

Tip | 부모가 눈앞에서 열심히 책을 읽고, 책 읽을 공간을 마련해주었는데도 아이가 책 읽는 것을 좋아하지 않을 수 있어요. 그러면 그 **원인**이 무엇인가 생각해보아야 합니다. 핸드폰을 하는 것이 너무 좋아서라면 논의를 통해 핸드폰 사용 시간을 관리해야 합니다. 책의 내용을 이해할 수 없어서 그런 것이라면 읽는 책의 수준을 조절해주어야 하고요. 재미가 없다고 한다면 아이가 좋아하는 주제의 읽을거리로 먼저 다가가야 하지요. 마음이 불안해서 그러는 것이라면 아이의 마음을 돌보는 것이 무엇보다 우선입니다. 아이가 책을 읽기 싫어하는 **원인을 찾아 문제를 해결**해주어야 합니다. 그래야만 책을 읽을 것입니다.

껍데기 독서 중인 아이와 직면하라

한 반에 평균 학생 수는 대략 20~25명입니다. 그리고 이 학생들의 읽기 능력은 천차만별입니다. 해당 학년의 읽기 수준을 한참 뛰어넘는 학생도 있고, 아주 기초적인 읽기조차 힘겨워하는 아이도 있습니다. 그 누구도 읽기 능력이 같지 않지요. 이렇게 읽기 능력의 차이를 보이는 학생들을 정규수업 시간만으로 한 명, 한 명 개별 수준에 맞게 지도하는 것에는 어려움이 많습니다. 그러니 아이의 수준을 고려한 맞춤형 교육을 위해서 부모님의 지원이 꼭 필요합니다. 특히 기초 문해력이 부족한 학생의 경우라면 더더욱 가정의 협조가, 부모님의 도움이 절실합니다.

아이의 개별적인 특성과 현재 수준을 고려하면서 학습을 성심성의껏 도와줄 수 있는 사람은 부모님밖에 없거든요. 지금도 아이를 위해 이 책을 읽고 계시잖아요. 현재의 문제를 해결하거나 발전을 위해 책을 찾아서 읽는 능동적인 독자가 바로 여러분입니다. 아이가 보고 배울 수 있는 본보기가 되실 수 있는 거지요. 아이를 잘 이끌어주실 충분한 잠재력을 지니고 계시니, 자신감을 가지고 도전해보시길 바랍니다.

아이의 곁에서 문해력 향상을 위해 도와주는 과정은 쉽지 않답니다. 중간중간 포기하고 싶은 마음이 들 정도로 짜증이 나거나 힘이 들 수도 있습니다. 그래서 부모님만이 할 수 있지요. 하지만 이러한 부모님의 노력이 분명 아이에게 큰 힘이 될 것입니다. 부모님의 도움으로 성장할 우리 아이의 모습을 기대하며 마음을 다잡아야 합니다. 그러면 이제부터 본격적으로 시작해볼까요?

우리 아이의 문해력을 키워주기 위해서는 가장 먼저, 현재 아이가 지닌 **읽기 능력에 대한 냉철한 분석**이 필요합니다. 잘 읽고 이해하는 줄 알았던 아이가 사실은 '껍데기 독서' 중일 수도 있거든요. '껍데기 독서'란 눈으로는 분명 읽고 있는데 내용을 알지 못하는 상태를 의미합니다. 교실 속에서도 이런 학생들이 참 많답니다. 그러니 우리는 먼저 아이가 '껍데기 독서' 중인 것은 아닌지, 또 어느 수준의 읽기 능력을 지녔는지 정확히 파악해야 합니다.

이를 위해서 '교과서'를 활용해 분석해보려고 합니다. 아이가 자기 학년의 교과서를 읽고 이해할 수 있는지를 파악하는 것이지요. 왜냐하면 교과서는 해당 학년의 학생이라면 누구나 읽고 이해할 수 있는 평균적인 수준의 내용을 담고 있기 때문입니다. 그러니 아직 배우지 않은 글일지라도, 해당 학년의 문해력을 지녔다면 교과서를 읽고 나서 어떠한 내용을 말하고 있는지 파악할 수 있어야 하지요.

교과서를 바탕으로 아이의 읽기 수준을 분석할 때, 무엇보다 중요한 것은 아이의 읽기 수준을 객관적인 시각으로 평가해야 한다는 것입니다. '조금 버벅거리기는 했지만 충분하게 이해했을 거야, 더 어려운 글도 읽을 수 있을 거야' 하고 현재 수준을 주관적으로 바라

봐서는 안 됩니다. 그렇다고 '왜 이렇게 쉬운 교과서를 읽고 이해를 못 하지?' 하고 실망하실 필요도 없습니다.

그러면 지금부터 아이의 읽기 수준을 분석해볼까요? 방법은 다음과 같습니다. 먼저 아이 학년의 사회나 과학 교과서를 준비합니다. 그리고 아직 배우지 않은 부분을 펴고 몇 개의 문단을 소리 내어 읽어보라고 하세요. 그리고 다음 기준에 따라 아이의 읽기를 평가해봅니다.

– 글을 매끄럽게 읽는가?
– 아이가 글을 너무 빠르거나 느리게 읽지는 않는가?
– 정확한 단어의 의미를 살려서 읽는가?
– 의미에 따라 적절히 끊어서 읽는가?

아이들은 대부분 어린 시절 한글을 깨친 상태이기 때문에 분명 읽을 수 있습니다. 하지만 그 속에 담긴 의미를 파악하지 못하고 그냥 글자만 읽는 경우가 많습니다. 그런 경우 읽는 속도가 적절하지 않거나 낯선 단어를 읽을 때 버벅거리지요. 또 의미에 따라 적절하게 끊어서 읽지 못합니다. 이런 모습을 보인다면 아이는 읽기 능력이 부족한 상태입니다. 아직 글을 유창하게 읽지 못하는 상태지요.

만약 읽기 과정에 어색함이 없었다면 다음과 같이 내용에 대한 대략적인 질문을 해봅니다.

– 방금 읽은 부분은 무엇에 대해 말하고 있는가?

- 기억해야 할 중요한 내용은 무엇인가?
- 이해한 내용을 다른 사람에게 설명할 수 있는가?

글을 소리 내어 읽은 후, 글의 내용을 파악하지 못한다면 문해력이 저하된 상태입니다. 즉, 내용에 대한 설명을 명확하지 않고 두루뭉술하게 얼버무리는 경우 읽기 능력이 부족한 상태로 보시면 됩니다.

> **Tip |** 만약 아이가 아직 배우지 않은 부분이라 이해하지 못하는 것이라고 한다면 이전에 이미 배운 단원을 읽어보게 하셔도 좋습니다. 학교에서 배웠던 단원이라면 아이는 교과서를 읽고 **훨씬 더 정확하게 설명**할 수 있어야 하겠지요.

제대로 도와주기 위해서는 아이의 읽기 능력을 정확히 파악하고 그 수준에서부터 시작해야 합니다. 아이가 중학생이지만 유창하게 소리 내어 읽지 못한다면 '소리 내어 읽기'가 학습의 시작점입니다. '유치원생이 하는 소리 내어 읽기를 중학생보고 하라고?', '중학생이라면 당연히 긴 글을 읽고 문제 풀이부터 해야 하는 것 아닌가?' 하는 생각은 버리세요. '이 정도는 해야 한다'라는 부모님의 기대치로 아이의 학습 시작점을 결정한다면, 아이를 위한 맞춤형 문해력 지원은 불가능합니다. 언제나 출발점은 우리 아이의 현재 읽기 수준이라는 점을 잊지 마세요.

아이에게 맞는 책이 있다

아이가 자신의 읽기 수준에 맞는 책을 읽었을 때 독서에 대한 긍정적인 정서를 가질 수 있습니다. 그러니 아이의 수준에 맞는 적절한 책을 선택할 수 있게 도와주세요. 인터넷에 검색해보면 학년별 추천 도서나 권장 도서 목록을 쉽게 찾을 수 있잖아요. 하지만 그 도서 목록이 현재 우리 아이의 읽기 수준에 맞지 않을 수 있답니다. 너무 어렵거나 쉬울 수 있지요. 그러니 그러한 도서 목록에 지나치게 연연하지 않으셔도 됩니다.

그렇다면 어떠한 책이 우리 아이에게 맞는 책일까요? 글 속에 모르는 어휘도 없고, 대부분 알고 있는 내용으로 구성된 책은 아이에게 너무 쉬운 책이랍니다. 이런 쉬운 책만 선택한다면 아이의 문해력은 향상되지 않아요. 집중해서 읽지 않아도 충분히 내용을 파악할 수 있으니 이해하려고 노력할 필요가 없거든요.

반면 부모님이 봤으면 하고 권하는 책이 아이에게 너무 어려운 책이라면 문제가 생깁니다. 아이가 책 읽기를 더욱 싫어하게 만들 수 있거든요. 책에 모르는 어휘만 가득하니 아이는 책을 읽고 싶지 않습니다. 그래도 부모님이 원하시니 읽어보려 할 수도 있겠지요. 하지만 아이는 책에 집중할 수 없습니다. 도통 페이지가 넘어가질 않지요. 읽어보려 해도 무슨 내용인지 이해가 되지 않으니 재미도 없습니다. 결국 금방 책을 덮게 됩니다. 이런 경험이 누적되다 보면 아이는 점점 더 책 읽기를 꺼릴 수 있습니다.

그러니 우리는 아이에게 적절한 수준의 책을 권해야 합니다. 아이에게 맞는 수준의 책은 아이가 전반적으로 이해할 수 있는 어휘로 구성되어 있답니다. 그래서 아이가 읽을 수 있지요. 하지만 2페이지에 5~6개 정도의 모르는 어휘가 포함된 수준이어야 합니다. 그래야 책을 읽으며 중간중간 의미에 대해 생각하지요. 그러면서도 뒷부분의 내용을 계속 읽고 싶다는 생각이 들게 하는 수준의 책이 아이에게 적절합니다.

아이가 모두 아는 내용의 쉬운 책만 읽는다면 생각하는 힘을 키울 기회가 없습니다. 모르는 어휘가 지나치게 많은 책만 권한다면 아이가 읽기를 포기할 수도 있습니다. 아이가 흥미를 느끼며 읽을 수 있으면서도, 의미 파악을 위해 생각을 해야 하는 수준의 책이 가장 좋습니다. 현재 학년은 중요하지 않아요. 아이의 수준에 맞는 책을 권해주세요.

Tip | 도서관이나 서점을 들러 책을 선택할 때, 책의 표지, 목차 등을 살펴본 뒤에 꼭 책의 2/3 부분을 펴서 2~3페이지를 직접 읽어보도록 하세요. 읽었을 때 너무 쉽지도 너무 어렵지도 않은 책, 중간중간 생각하면서 충분히 읽을 수 있는 책이 적절한 책입니다. 그렇게 우리 아이 수준에 맞고, 아이가 관심 있어 하는 주제의 책으로 '나만의 베스트셀러' 목록을 만들어보세요. 그 목록이 가장 훌륭한 추천 도서 목록입니다.

실패할 기회를 충분히 주는 것의 가치

    온 가족이 도서관에 가는 날을 정해 함께 간다면 좋다고 하지요. 하지만 어린 시절 도서관 가자고 하면 신이나 잘 따라오던 아이가 이제는 어딜 가자고 해도 도통 반응이 없습니다. 더군다나 아이가 책 읽는 것을 좋아하지 않는 상황이라면 '도서관'이라는 말에 절대로 싫다고 할 수도 있어요. 이때는 먼저 서점 나들이를 해보실 것을 추천합니다.

    우선 아이에게 맛있는 것을 먹자며 밖으로 나가봅니다. 아이가 좋아하는 음식을 먹고 함께 영화도 보면서 즐겁게 시간을 보내는 거지요. 아들이라면 오락실에 가서 게임을 하거나 운동을 함께 하는 것도 좋습니다. 그리고 슬쩍 사야 할 책이 있다며 근처에 있는 서점에 들르자고 해보세요. 원래 목적은 '맛있는 음식 먹기'였지만 계획에 없었던 서점 나들이를 하는 거지요.

    서점에 도착한 후에는 아이에게 책을 찾아달라고 합니다. 아이는 책을 찾으려 서점을 구석구석 탐색할 거예요. 그리고 아이가 책을 찾아오면 "엄마가 책을 좀 훑어봐야 하니 너도 보고 싶은 책이 있나 살펴봐. 한두 권 사줄게"라고 이야기합니다. 그러면 아이는 자기가 살 책을 찾기 위해 여기저기 살펴볼 것입니다. 표지도 보고, 안에 내용도 훑어보게 되지요. 그렇게 책에 조금씩 가까워지는 겁니다.

아이는 수많은 책 사이에서 책에 대한 새로운 관심이 생길 수 있어요. 겉표지만 봐도 자극을 받기 때문이지요. 또 부모님께서 읽고 싶은 책을 사주신다고 하니 더욱 흥미가 생길 수 있습니다. 더불어 읽을 책을 직접 고르는 과정은 아이에게 책 선택 방법을 연습할 기회가 되지요. 그 과정에 부모님께서 아이가 좋아하는 분야와 수준을 알 수 있다는 것은 덤입니다.

서점에서 책을 고르는 아이의 모습을 볼 때, 부모님들은 내심 아이가 학습에 도움이 되는 도서를 골랐으면 하는 마음이 솟구칩니다. 하지만 아이는 공부에는 전혀 관계가 없는 책만 고르지요. 또 자신이 읽기에 너무 어려운 책이나 아이가 절대로 읽지 않을 관심 밖의 책을 선택할 때도 있습니다. 그때 부모님은 그 책을 사주기에는 돈이 아깝다는 생각이 듭니다. 하지만 그래도 사줘 보세요. 일단 무언가에 끌려 해당 책을 선택한 것이기 때문입니다. 일단 구매해준 후에 '왜 이 책을 골랐고 책에는 어떤 내용이 있을 것 같은지'를 이야기해보세요.

그리고 일정 기간이 지난 후에 구매했던 책에 관한 대화를 나눠봅니다. 아이가 자신의 수준에 맞고, 흥미 있는 내용의 책을 선택했다면 책을 재미나게 읽었을 것입니다. 하지만 구매한 책을 읽지 않았을 수도 있습니다. 처음 몇 페이지를 읽다가 중단했을 수도 있고요. 만약 그랬다면 왜 읽지 않았는지 그 이유를 반드시 물어보세요. 또 책을 구매할 때의 생각과 현재 생각이 달라졌는지 들어봅니다. 단, 이때 꾸중하는 어투나 왜 이 책을 샀는지에 대한 원망의 표정을 지어서는 절대 안 됩니다. 편한 마음으로 아이가 자신의 의견을 말할 수 있도록 허용적인 분위기여야 하지요. 그러면 아이는 자신이 선택한 책에 대해 '재미있을 줄 알았는데, 정말 재미없다. 너무 어렵고 지루하다' 등 참혹한 평가를 할 것입니다. 그거면 된 것입니다. 책값을 아까워할 필요가 없습니다. 아이가 책을 선택하고 부모와 대화를 나누는 과정을 통해 **책을 고르는 눈을 키워가는 중**이니까요. 이후 '다음에 책을 고를 때는 어떠한 기준으로 선택하면 좋을까?' 하고 이야기를 나눠본다면 효과가 배가됩니다. '다음에 책을 선택할 때의 기준'을 정리해보는 것도 좋은 방법입니다.

아이의 수준에 맞지 않은 책을 구매한 값으로 아이가 책을 선정하는 눈을 키울 수 있습니다. 그러니 아이의 선택을 아까워하지 마세요. **실패할 기회를 충분히 주는 것**도 중요합니다. 오늘 저녁, 아이와 맛있는 것도 먹고 서점을 방문해보는 것은 어떨까요?

Tip | 도서실이나 서점에서 아이가 책 고르는 것을 힘들어한다면, 다음의 기준에 따라 책을 골라보라고 말씀해주세요.

〈책 선택 기준표〉
- **책 제목과 표지**가 재미있어 보이는 것을 고르세요.
- 책의 **목차를 보고** 나에게 필요한 책인지 생각해보고 골라야 합니다.
- 책의 **2/3부분(약 100페이지)**을 펴서 읽어보고, **잘 읽히면 선택**하는 것이 좋습니다.

책 읽기가 중요한 것은 알지만 시간이 없을 때

아이들은 온종일 엄청 바쁩니다. 학교에 가야 하고 방과 후에는 학원에도 가야 합니다. 남는 시간에는 과제도 해야 하지요. 그 사이에 친구들과 이야기도 나눠야 하고, 편의점에 가서 간식도 사 먹어야 합니다. 너무 바빠요. 할 일이 정말 많습니다. 그런데 책까지 읽으라고요? 현실적으로 참 어려운 일이지요. '책 읽기'는 아이들에게 부담스럽고 하기 싫은 일일 뿐입니다. 그러나 문해력 향상을 위한 유일한 방법은 '독서'밖에 없어요. 다른 방법은 없습니다.

그러니 이제는 '선택과 집중'을 해야 합니다. 이것도 해야 하고, 저것도 해야 한다면 아무것도 바뀌지 않습니다. 아이의 문해력 신장을 원한다면 무조건 읽을 수 있는 시간을 마련해야 하지요.

일단 아이가 하교한 후부터 잠들기 전까지 하는 활동을 아주 세세하고 구체적으로 적어보세요. 예를 들면 '수학 학원 가기, 영어 학습지 2페이지 풀기 등'처럼 적는 거지요. 그리고 현재는 하지 않지만, 반드시 했으면 하는 활동이 있다면 옆에 함께 적어봅니다. '책 10분 읽기, 교과서 낭독 5분 하기'처럼요.

이렇게 모두 다 적었으면 아이에게 필요하다고 생각되는 활동부터 순위를 설정합니다. 적혀 있는 모든 활동에 대해 순위를 매기는 거지요. 아이가 현재 진행하고 있는 활동과 해야 할 일이 모두 10가지라면 1순위부터 10순위까지 중요도에 따라 순서를 매겨봅니다. 이때 1순위~2순위는 어떠한 일이 있어도 반드시 해야 하는 활동, 절대 포기할 수 없는 일이겠지요. 하위 순위로 갈수록 상대적으로 중요성이 덜 한 활동일 테고요.

이렇게 1순위부터 최하 순위까지가 결정되면 최하 순위의 활동부터 과감히 하지 않는 겁니다. 최하 순위 활동이 만약 '미술 학원 가기'였다면 과감히 일정을 정리합니다. 최하 순위부터 줄여가야 합니다. 일정을 정리하면서 생긴 여유 시간을 '책 읽기'에 투자하는 거지요. 불필요하거나 나중으로 미룰 수 있는 활동을 줄이고, 문해력 향상을 위한 책 읽기 시간을 확보하는 것이 무엇보다 중요합니다.

> **Point |** 지금 아이가 해야 할 것이 너무 많습니다. 그래서 시간이 없지요. 지금 당장 아이에게 필요한 것이 무엇인가 냉철하게 파악하고 그것에 집중해야 합니다. **과감한 선택이 필요한 때**이지요. 이것도 중요하고 저것도 중요해 포기할 수 없다고 생각하면 변할 수 없습니다. 다만, 시간이 없다고 책을 읽는 시간을 마련하지 않는다면, **문해력 향상은 불가능**합니다. 기초 문해력이 부족한 아이는 학업 성취도 보장할 수 없다는 것을 잊지 마세요.

〈작성해보세요〉

선택과 집중을 위한 일과 정리하기

현재 하는 일	새롭게 했으면 해야 하는 일	순위 정하기
(예) 수학 문제집 4쪽 풀기	예) 책 30분 읽기	①
		②
		③
		④
		⑤
		⑥

> **Tip |** 아이가 하루에 해야 할 활동의 양이 너무 많으면 안 됩니다. 아주 중요하지만 **정말 적은 양으로 꾸준히 할 수 있는 활동**을 설정하셔야 합니다. '수학 문제집 30페이지 풀기'라는 활동은 매일매일 하기 엄청 힘들겠지요. 아이가 달성할 수 있는 분량으로 구성해야 합니다. 그리고 반드시 해야 하는 활동 중에 **책 읽기 시간**을 포함해주세요. 중요도에 따라 순위를 선정할 때, 상위권에 위치시켜야 하겠지요. 1순위면 가장 좋고요.

핸드폰과의 전쟁에 참전하라

지금 이 책을 읽고 계신 학부모님께 여쭤볼 것이 있습니다. 혹시 책을 읽다가 핸드폰을 보지 않으셨나요? 다시 책을 보다 금세 누군가 보낸 카카오톡 메시지를 확인하지 않으셨나요? 아니면 실시간 검색어에 오른 기사가 무엇인지 보셨거나요. 나도 모르는 사이에 자꾸 핸드폰에 시선이 가지요. 왜 자꾸 그러는 걸까요?

책을 읽는 것보다 핸드폰을 하는 것이 재미가 있거든요. 일단 핸드폰에서 볼 수 있는 글은 전반적으로 길이가 짧아요. 그리고 글 사이 사이에 사진과 동영상도 첨부되어 있고요. 그중 내가 관심 있는 주제를 선택해서 읽는 것이기 때문에 책보다 흥미도 있습니다. 읽다가 궁금한 것이나 새롭게 알고 싶은 것이 생기면 즉시 확인할 수 있고요. 핸드폰을 하는 시간은 정말 즐겁지요. 그런 화면에서 눈을 떼기란 어른이든 아이든 무척 어려운 일입니다.

하지만 책은 화려하지 않습니다. 소리가 나거나 움직이지도 않지요. 읽기 흥미가 떨어져 중간에 페이지를 넘기거나 대충 훑어본다면 구체적인 내용을 이해할 수도 없답니다. 그러니 읽는 동안 계속 집중해야 하고요. 그만큼 책을 읽는 것은 핸드폰을 보는 것보다 많은 에너지가 필요한 힘든 일이랍니다. 결과적으로 아이들이 책 읽기보다는 핸드폰을 하고 싶어 하는 것이 당연한 일인지도 모릅니다. 핸드폰으로 영상을 보거나 웹툰을 보는 게 더 쉽고 즐거우니까요. 그렇게 점점 많은 사람이 손에서 핸드폰을 놓지 못하게 됩니다.

그러는 사이 '스압 주의'라는 말이 생겨났어요. '글이 길어서 스크롤의 압박이 예상되니 주의해야 한다'라는 의미인데요. 긴 글에 대한 거부감이 웹상에서 더욱 일반화됐다는 것을 알 수 있습니다. 인터넷 창을 열었는데 '스압 주의' 말을 적혀 있으면 금방 창을 닫아버리기도 하니까요. 긴 글은 아예 읽지 않는 것이지요. 그래서 웹상의 글은 점점 더 핵심적인 내용만 짧고 간단하게 간추려 제시하게 됩니다. 그렇게 우리는 알게 모르게 짧은 글에 길들어 왔습니다.

간혹 웹상에서 긴 글을 읽게 되더라도 처음부터 끝까지 집중해서 보기보다는 훑어 읽는 현상을 보이게 됩니다. 글의 처음 몇 줄을 읽고, 스크롤 해서 내리면서 중간중간을 건너뛰면서 읽는 거지요. 아니면 본문은 아예 읽지 않고, 처음이나 끝에 요약정리해놓은 내용만 보는 경우도 많습니다.

이렇게 핸드폰을 통해 긴 글을 읽지 않고도 전체 내용을 알 수 있는 깔끔한 정리 자료를 볼 수 있습니다. 또 수많은 동영상은 화려한 영상미를 뽐내며 한시도 핸드폰에서 눈을 뗄 수 없게 하지요. 그런데 아이에게 길이도 길고 집중하는 데 힘도 많이 드는 '책'을 읽으라고요? 어림없지요.

"온종일 핸드폰으로 유튜브만 보지, 책을 도통 안 봐요."
"핸드폰 그만하고 책 좀 읽으라고 하면, 책 읽는 것은 너무 재미없다고 말해요."

학부모 상담 과정에서 역시 참 많이 들었던 말입니다. 아이들에게 핸드폰이 아주 매력적인 존재라는 것을 부정할 수 없는 거지요. 그만큼 아이가 혼자만의 의지로 핸드폰을 내려놓기란 정말 어려운 일이고요. 그러니 늘 핸드폰을 들고 있는 아이의 습관을 바꾸고 싶으시다면 온 가족이 함께 노력해야 해요. 아이가 핸드폰 사용 시간을 줄이길 바라는 만큼, 부모님께서도 습관적인 핸드폰 사용을 참아주셔야 합니다. 서로 의지하면서 함께 고쳐나가는 거지요.

또 부모님께서 기억하셔야 할 것이 한 가지 더 있습니다. 학부모님 중에 자녀의 핸드폰 사용 시간을 줄이기만 한다면, 아이가 자연스럽게 책을 읽을 것이라 여기는 분들이 의외로 많습니다. 하지만 아이가 핸드폰을 하지 않는다고 해서 그 시간에 책을 읽는다는 보장은 없습니다. 다만 시간적인 여유가 생기니 책을 읽을 가능성이 높아지는 거지요.

그러니 혹여나 성급한 마음에 처음부터 책 보라고 아이를 윽박지르시면 안 됩니다. 핸드폰을 하는 것이 아닌 '다른 일'에 집중하는 습관부터 들여야 합니다. 그러기 위해서는 먼저 가족 모두가 충분한 대화를 하셔야 해요. 아이가 핸드폰을 지나치게 사용하는 것을 부모님께서 얼마나 걱정하는지 이야기를 나누셔야 합니다. 또 우리가 습관적으로 핸드폰을 사용하는 습관을 왜 바꿔야 하는지를 함께 고민해봐야 합니다. 그러면서 가족 모두가 변화하기 위해 노력할 수 있는 구체적인 방법도 찾아보세요. 그리고 이야기 과정에서 나온 다양한 방법을 구성원 모두가 실천해야 합니다.

예를 들면 온 가족의 핸드폰을 함께 모아두는 시간과 장소를 정해보면 좋습니다. '7시부터 7시 30분까지 거실 장 위에 가족 구성원의 핸드폰을 함께 모아두고 그 시간은 사용하지 않는다'처럼요. 또 핸드폰 사용 제외 시간에 가족 모두가 함께하고 싶은 활동을 마련하는 것도 필요합니다. 함께 집 근처를 산책한다든지 가벼운 운동을 하는 것처럼 말이지요. 취미생활을 마련해 조금씩 하는 것도 좋고요. 일단 아이가 좋아하는 활동으로 시작해보세요. 그렇게 아이가 핸드폰을 하지 않는 시간을 서서히 늘려나가는 거지요. 이 연습을 충분히 해야 합니다. 아이가 핸드폰이 없어도 어느 정도 다른 활동에 집중할 수 있다면, 가족과 함께 책을 읽는 활동 역시 할 수 있다는 의미거든요. 단, 아이가 책 읽기에 대한 거부감이 들지 않도록 아주 천천히, 자연스럽게 진행하는 것이 중요합니다.

아이가 핸드폰을 지나치게 사용한다면 아이의 독서 습관에 좋지 않은 영향을 끼치는 것은 분명합니다. 만약 이렇게 노력을 다했음에도 아이가 핸드폰을 한순간도 손에서 놓지 않는다면 조금은 강력하게 사용 습관을 관리할 필요가 있습니다. 아주 힘든 싸움일 것입니다. 하지만 반드시 필요한 과정입니다. 이 과정을 통과하지 못하면 아이의 문해력 향상이 어려울 수 있거든요.

Tip | 아이가 온종일 핸드폰을 전혀 사용하지 못하게 막으라는 것이 아닙니다. 책 읽는 시간을 확보하라는 것이지요. 짧아도 됩니다. 특히 처음 함께 책 읽기를 시작할 때는 **시간을 짧게** 해야 합니다. 그리고 조금씩 서서히 늘려나가세요. 처음부터 욕심내고 많은 시간을 설정하면 금방 지쳐 그만두게 됩니다. 조금씩 오래 하는 편이 훨씬 낫습니다. 그 과정에 아이에게 **약간의 보상**을 해주는 것도 좋습니다. 아이가 책 읽은 시간만큼 주말에 아이가 좋아하는 것을 마음껏 하도록 하는 방법도 있고요. 온 가족이 함께할 방안에 대해 이야기를 나눠보세요.

Chapter 2 | 문해력 신장을 위한 준비 사항

■ 무엇보다 '문해력 신장'이 중요함을 잊지 않기

■ 아이가 혼자 공부할 수 있는 '자기 학습 시간'을 확보해주기

■ 문해력 신장 이전에 '아이의 마음' 살피기

■ 부모가 먼저 책 읽기를 즐기고, 온몸으로 책 읽기의 즐거움을 표현하기

■ 아이가 재미를 느끼는 책, 흥미 있어 하는 주제의 책으로 독서에 대한 긍정적인 정서 갖게 하기

■ 책 읽기를 싫어할 경우, 원인을 찾아 문제를 해결하기

■ '교과서 읽기'를 통해 아이의 읽기 수준 '객관적'으로 파악하기

■ 서점 나들이를 통해 아이의 책 고르는 눈 키워주기

■ 선택과 집중을 통해 '절대적인 책 읽기 시간' 마련해주기

■ 온 가족의 핸드폰 사용 습관 점검하고 관리하기

소리를 잡으면
내용이 보인다

지금까지 문해력이 얼마나 중요한지, 또 우리가 준비해야 할 것은 무엇인지 알아봤습니다. 이제부터는 본격적으로 문해력 향상을 위한 구체적인 실천법을 알아보려 합니다. 그 첫 단계인 '소리'를 잡으러 가겠습니다. 유창하게 읽지 못하면, 내용을 이해하기 힘들거든요. '그냥' 읽는 것이 아니라 '잘' 읽어야하지요. 우리 아이가 '잘' 읽을 수 있도록 돕는 방법을 알아보겠습니다.

놓치기 쉬운 천하장사, 읽어주기

사랑스러운 아이가 처음 생긴 것을 알았을 때, 기억나세요? 아마 가슴이 두근거렸겠지요. 그리고 그때부터 아이를 위해 모든 것에 신경을 쓰게 되지요. 먼저 육아 서적을 사서 읽기 시작합니다. 따뜻한 손길로 배를 문지르며 태교 동화책을 읽어주기도 했을 것입니다. 동화를 읽어주다 태동이라도 느껴질 때면 어찌나 신기하던지요.

아이가 태어나 우리의 품에 안겼을 때는 또 얼마나 사랑스러웠나요. 옹알옹알 움직이는 입이며, 동글동글한 눈이며 모든 것이 귀엽지요. 그런 아이에게 부모는 쉴 새 없이 말을 걸었습니다. 아이가 하품하면, "우리 아기 졸려요? 잠이 와요?" 하고요.

그러다 아이가 조그만 입을 움직이며 옹알이라도 하면 부모는 적극적인 경청자가 되어 대답을 참 열심히 해주었지요.

"그랬구나. 우리 ○○이 배가 고픈가 보다. ○○이 배고파요?", "우리 ○○이 엄마하고 이야기하고 싶구나. 엄마가 옛날이야기 들려줄게"처럼요.

그 사이 사이에 "엄~마, 엄마 해보자. 엄~~마", "아빠, 아~빠,

아~~빠" 하는 말을 수백 번 수천 번 반복하셨지요? 그것도 입을 크게 벌리고 큰소리로 정확하게 계속 말해주셨을 거예요.

아이가 우리를 불러 주기까지 입 모양을 보여 주고 소리를 들려주면서, 발음하는 시범을 보이신 겁니다. 엄청난 노력을 쏟아 아이에게 발음 방법을 가르쳐주신 거지요. 그 노력 때문인지 아이는 어느 순간 '엄마, 아빠'를 외칩니다. 그때의 감동이란 잊을 수가 없지요.

이렇게 아이의 옹알이가 '엄마, 아빠'가 되기까지 그야말로 부모는 아이를 위해 헌신합니다. 아이가 말을 하고, 글자의 소릿값을 알 때까지 이러한 노력은 끊임없이 이어지지요. 그래서일까요? 우리나라에는 글을 읽지 못하거나 쓰지 못하는 문맹(文盲)이 거의 없습니다. 놀라운 수준지요. 그러나 책을 아예 읽지 않거나 제대로 읽지 못하는 사람은 참 많아요. 우리 아이가 그럴 수 있습니다. 만약 그렇다면 아이가 태어나서 처음 '엄마, 아빠'라는 말을 가르쳐주셨을 때처럼 지금도 부모님께서 **많이 보여 주고 꾸준히 들려주셔야 합니다.** 아이가 어릴 때 사랑을 가득 담아 책을 읽어주셨듯이 말입니다.

그림책과 함께 멀리 떠나버린 문해력

아이가 단어부터 짧은 문장까지 조금씩 말을 하기 시작하면 부모님들은 더 열심히 책을 읽어주십니다. 초점 책부터 시작한 책 읽기는 다양한 종류의 그림책 읽어주기로 확장됩니다. 아이가 좋아하는 동물이 나온 그림책도 읽어주고요. 기초 생활 습관을 키우는 데 도움이 되는 그림책도 읽어주셨지요. 그림책을 읽어줄 때 엄마와 아빠는 명품 배우가 됩니다. 무서운 괴물이 되기도 하고 사랑스러운 토끼가 되기도 하지요. 아이는 엄마, 아빠가 그림책을 읽어주는 시간이 참 좋습니다. 잠을 자지 않고 계속 책을 읽어달라고 떼를 쓸 만큼요.

그렇게 열심히 그림책을 읽어줬더니 아이가 글자를 조금씩 읽기 시작합니다. 신이 나지요. 그래서 부모님은 똑같은 책을 수십 번 넘게 반복해서 읽어주는 것도 마다하지 않습니다. 잠은 쏟아지는데 아이가 계속 책을 읽어달라고 하니 겨우겨우 읽어주다 먼저 잠이 든 적도 많았지요. 대한민국의 부모님들이 아이에게 그림책 읽어주는 것에 얼마나 진심이었는지 모릅니다.

그런데 아이가 글자를 읽기 시작하면서부터 그림책을 읽어주는 횟수가 급격히 줄어듭니다. 아이가 한글을 깨쳤다는 생각이 들기 시작할 때 부모는 아이에게 책을 건네줍니다. 그리고 혼자 읽어보라고 말하지요. 글을 읽을 수 있을 때까지 책을 읽어준 것으로 부모의 역할이 끝난 것처럼요. 그때부터 아이는 혼자서 책을 읽습니다. 책 읽는 아이 옆에서 고요히 쉴 수 있는 그 시간이 부모에게는 정말 꿀맛 같습니다. 얼마나 오랫동안 기다리던 휴식 시간이던가요. 그렇게 부모님들의 책 읽어주기는 아이의 한글 깨침과 함께 막을 내렸지요. 그렇게 아이는 책을 혼자 읽어 왔습니다. 지금까지요.

과연 우리 아이가 책을 잘 읽고 있었던 걸까요? 혹시 문자 해득을 한 뒤부터 읽기 교육보다 수학이나 영어 문제집을 풀리며 학습에 집중하지 않았나요? 아이가 책을 혼자 읽을 때부터 생긴 달콤한 휴식 시간 사이에 아이의 문해력이 조금씩 저하되고 있었는지도 모릅니다.

> **Point |** 부모님께서 '엄마, 아빠'라고 말해준 만큼, 다양한 그림책을 실감 나게 읽어준 만큼, 아이의 문해력 향상에도 노력이 필요합니다. 아이가 말을 할 수 있고, 글을 읽을 수 있더라도 부모는 아이에게 **많은 시범**을 보여야 합니다. 읽어주셔야 합니다. 그리고 아이는 부모의 목소리를 많이 들어야 합니다. 들으면서 배워야 하지요.

책으로 이끄는 가장 매혹적인 초대장, 목소리

'아이가 책을 읽었으면' 하고 바라는 부모님께서는 집에 아이가 읽을 만한 책을 일찌감치 마련해두었을지 모릅니다. 하지만 그 책이 아이의 손에 쥐어지기까지 너무 오랜 시간이 걸리지요. 그럴 때는 부모님께서 아이에게 먼저 책을 읽어주시는 것이 좋습니다. '다 큰 아이에게 책을 읽어준다고?'라고 생각하실 수 있어요. 왠지 부끄럽고 어색하거든요. 읽어준다고 아이가 들을 것 같지도 않고요.

하지만 생각보다 아이들은 부모님이 책 읽어주는 것을 좋아합니다. 어린 시절 엄마, 아빠의 무릎에 앉아 책을 읽던 따뜻함을 알거든요. 물론 아이도 처음에는 어색하다고 입을 삐죽 내밀 수도 있어요. 그렇지만 계속 시도해보세요. 아이는 못 이기는 척하며 부모님 곁에 앉아 엄마, 아빠가 읽어주는 책의 내용에 귀를 기울일 거랍니다. 그리고 집중할 것입니다. 아이가 혼자 책을 읽을 때는 책의 내용에 집중하지 못하는 경우가 생각보다 많답니다. 자꾸 딴생각이 들거든요. 이해가 안 가기도 하고, 핸드폰을 확인하고 싶은 마음도 계속 들고요. 하지만 책의 앞부분을 부모님께서 읽어준다면 아이들은 혼자 읽을 때보다 훨씬 집중할 수 있답니다.

책을 얼마나 읽어줘야 할까요? 5분이면 충분합니다. 물론, 책 읽기를 시작한 시점이라면 짧은 책의 경우 부모님이 끝까지 다 읽어주셔도 좋습니다. 하지만 글밥이 어느 정도 되는 책이라면 다 읽어주실 필요는 없어요. 책의 앞부분만 읽어줘도 충분합니다. 집중이 잘되지 않는 초입을 부모님의 목소리로 듣고, 그 뒤에 재미있는 부분은 아이가 직접 읽도록 하는 것이지요.

학교에서도 같은 방식으로 아이들을 책 읽기로 유도합니다. 책을 읽는 것을 좋아하지 않는 아이들은 책을 손에 잘 들지 않아요. 어떠한 내용이 있는지 읽어보려고도 하지 않지요. 특히 책의 앞부분에는 사건이 일어나는 배경이나 인물 소개 등이 주로 나오기 때문에 아이들이 더욱 집중하지 못해요. 아직 재미를 느낄 수가 없거든요. 이 구간을 참고 넘어가야 하는데 그것을 넘기지 못하고 책을 덮어 버립니다. 그 앞부분을 선생님이 읽어주는 겁니다.

실제로 수업 시간에 아이들이 흥미 있어 하는 주제로 작성된 청소년 소설의 앞부분을 5분 정도 읽어줬어요. 그리고 멈췄지요. 아이들은 뒷부분을 읽어달라고 성화였답니다. 하지만 읽어주지 않았어요. 뒷부분은 직접 책으로 읽어보라고 했지요. 어떤 일이 벌어졌을까요? 쉬는 시간이 되자 아이들은 제가 읽어줬던 책을 서로 빌려달라고 이야기했답니다. 뒷부분이 어떻게 되었을지 너무 궁금하대요. 책을 빌리지 못한 아이들은 도서관으로 달려가 해당 책을 대출해 읽기 시작했답니다.

이렇게 아이들은 자기가 읽고 싶은 마음이 생기면 찾아 읽습니다. 그런 마음이 생기도록 가정에서도 도와줘야 해요. 아이가 재미있어하고 관심 있는 분야의 책을 골라보세요. 그리고 앞부분을 읽어줘 보세요. 더도 말고 덜도 말고 5분씩만 읽어주시면 충분합니다. 집에 책을 읽어주는 부모님의 목소리가 가득 차면 그 속에 아이와 부모님 사이에 끈끈한 무언가가 몽글몽글해지는 것은 덤이고요.

Tip | 만약 아이가 엄마, 아빠가 책을 읽어주는 것이 정말 싫다고 할 수도 있어요. 그러면 그냥 곁에서 **각자가 선택한 책을 읽으면 됩니다.** 부모는 부모가 보고 싶은 책을 보고, 아이는 아이가 선택한 책을 보는 것이지요. 어떤 방식이든 책을 손에 잡으면 됩니다.

그런데도 아이가 책을 보지 않을 경우도 있어요. 그럴 때는 아이가 정말 좋아할 것 같은 주제를 담은 책이나 글을 골라 **부모님께서 소리 내어 읽어보세요.** 아이와 어느 정도 떨어진 상태에서 읽습니다. 이럴 때 아이가 좋아하는 연예인에 관한 신문 기사를 활용하는 것도 좋습니다. 바로 옆에 앉아 듣지는 않겠지만 그 소리에 분명 집중하게 됩니다. 그렇게 조금씩 부모님의 목소리에 귀를 기울이도록 해주세요.

엄마가 100점짜리 모범 답안이다

　읽어주는 것은 아이에게 책에 대한 흥미를 북돋아줄 것입니다. 그러나 더 중요한 읽어주기의 목표가 있어요. 그것은 바로 아이에게 어떻게 읽는 것인지 '읽기 방법'을 가르쳐주는 것입니다. 부모님이 시범을 보이며 가르쳐주는 것이지요. 그러니 부모님께서는 책을 읽어주면서 자신이 어떠한 생각을 하고 어떻게 읽어나가는지 아이에게 하나하나 보여주고, 들려주셔야 합니다. 부모가 책을 읽는 모습을 보며 아이는 자신이 어떻게 책을 읽어야 하는지를 배울 테니까요.

　그렇다면 우리가 아이에게 어떻게 책을 읽어줘야 하는지 차례대로 살펴보겠습니다. 우선 어린 시절 아이에게 책을 읽어줄 때를 떠올려 보세요. 아마 그때는 전문 성우보다 더 열심히 목소리를 바꿔가며 실감 나게 읽어주셨을 겁니다. 그러나 지금은 구연 동화하듯 읽어주실 필요는 없습니다. 초등 고학년이나 중학교에 막 입학한 아이의 경우 구연 동화하듯이 읽어주다 보면 아이가 부모님 모습에 더 집중할 테니까요. 책의 내용에 집중해야 하는데 목소리가 그것을 방해하는 것이지요. 그러니 지금은 **너무 느리지 않은 속도로 차**

분하게 읽어주는 것이 좋습니다.

다음으로 책을 읽으면서 든 생각이나 의미를 이해하는 과정을 **구체적인 말로** 표현해주어야 합니다. 책 표지를 보고 어떤 내용일지 예측해보는 모습부터 이야기해주는 거지요. 책을 읽는 중간에 단어의 의미를 잘 모르는 경우라면 앞뒤 문맥을 통해 의미를 추론해가는 과정을 말로 설명해주는 겁니다. 또 등장인물의 마음이 어떠했을지, 나의 경험과 어떻게 연관되는지 질문하는 과정을 언어로 표현해야 하지요. 어렵게 느껴지지요? 연습해봅시다.

'소나기'라는 소설을 읽어볼게요.

〈책을 읽기 전〉

- 책 표지를 보니 OO이는 어떤 내용일 것 같아? (생각 시간 갖기) 엄마는 비가 오는 것을 보니 소나기 내릴 때 있었던 일을 담고 있을 것 같아.

- 소나기가 황순원 작가님이 쓴 책이구나. 황순원 작가님이 쓴 작품은 또 뭐가 있을까? 어떤 작품이 있는지 작가 소개를 한 번 읽어 봐야겠다. (작가 소개 읽기) OO이도 황순원 작가님 작품 중에 읽어 본 것이 있니?

〈책을 읽는 중〉

단어의 의미 파악

- '소년이 고삐를 바투 잡아 쥐고….' 바투? '바투'가 무슨 의미일까? (앞뒤의 글을 다시 읽어 본 후) 앞뒤에 문맥을 보니 고삐를 잡은 모습을

나타내는 단어 같네. 그렇다면 '무엇인가와 가깝게'라는 의미로 사용
된 것 같아.

인물 심리 파악하기

— 징검다리에 앉아 있던 소녀가 "이 바보야!" 하고 소년을 향해
돌을 던지네. 왜 던진 걸까? (생각 시간 갖기) 엄마는 왠지 소녀가 소년
에게 관심이 있는 것 같아. 자기한테 말을 먼저 걸지 않는 게 답답
했던 것이 아닐까?

— 소년이 징검다리에 앉아서 소녀가 했던 행동을 따라 했잖아.
물에 손도 담가보면서 말이야. 그런데 그 모습을 멀리서 소녀가 다
보고 있었네. 그때 소년의 마음은 어땠을 것 같아? (생각 시간 갖기) 갑
자기 달려서 도망간 걸 보면 엄청 부끄러웠나 봐.

이어질 내용 예측하기

— 소녀가 소년에게 산 너머에 같이 가 보자고 하잖아. 소년이 그
제안을 받아들였을 것 같아? 아니면 거절했을 거 같아?

— 소년은 소녀가 이사 간다는 소식을 듣고, 덕쇠 할아버지네 호
두를 따서 소녀에게 맛보여 주려고 하네. 이후 소년은 소녀를 만날
수 있었을까?

자기의 경험 연결하기

— 징검다리를 건너가려고 할 때 누군가가 앉아 있다면 어떻게
할 거야? 비켜달라고 할 거야? 아니면 소년처럼 기다릴 거야? (생각

엄마는 바로 비켜달라고 할 것 같아.

— 갑자기 소나기가 내려서 당황했던 경험이 있니? (생각 시간 갖기) 엄마는 어릴 적에 학교 끝나고 집에 오는데 소나기가 내려서 신문지로 종이배를 접어 모자로 쓰고 왔었어. 근데 비가 제법 많이 와서 종이배 모자가 다 찢어졌었지. 당황스러웠지만 비에 젖으니 시원했던 기억이 나.

이렇게 부모님께서 책을 읽으면서 무슨 생각을 하고, 어떤 질문 하는지 그 과정을 말로 표현해주셔야 합니다. 또 의미를 어떻게 이해해 나가는지 아이에게 들려주어야 하지요. 부모님께서 좋은 독자로서 책을 읽어나가는 방법에 대해 시범을 보여주는 것입니다. 부모님이 100점짜리 모범 답안이니까요.

> **Tip |** 부모님께서 아이에게 읽어주려고 책을 선정할 때는 부모님께서 읽어본 책 중에서 **아이가 흥미 있어 할 책**을 선정하는 것이 좋습니다. 정말 감동하거나 인상 깊어서 아이와 함께 읽었으면 하는 책을 고르셔도 좋고요. 꼭 책이 아니어도 됩니다. 아이가 좋아하는 잡지나 인터넷 신문 기사도 괜찮습니다. 대신 부모님께서 반드시 **먼저 읽어보신 후** 아이에게 읽어줄 것을 선정해주세요.

책임을 넘기면 주도성이 자란다

부모님께서 충분히 읽기 시범을 보여주셨다면 이제 다음 단계로 전진해야 할 때입니다. 바로 책 읽기의 책임을 조금씩 아이에게 이양하는 것인데요. 부모님의 읽기 시범 단계에서는 책 읽고 이해하는 것의 책임이 대부분 부모님에게 있었습니다. 하지만 부모님의 시범을 통해 아이가 어느 정도 책 읽기 방법을 터득했다면 이제는 조금씩 역할을 아이에게 넘겨야 합니다. 아이가 책을 주도적으로 읽도록 기회를 주는 것이지요.

아이와 책을 읽으며 연습해볼게요. 우선 아이에게 책을 건네고 '어떤 내용일 것 같아?' 하고 질문합니다. 그러면 아이는 부모님께서 보여 줬던 방식대로 앞뒤의 표지를 살펴보겠지요. 제목이나 책 속의 삽화를 훑어보고 이야기를 할 겁니다. 《어린 왕자》 책을 읽는다고 한다면, '어떤 왕자가 비행기를 타고 여행하는 이야기일 것 같아'처럼 이야기하겠지요.

그렇게 대화하면서 책을 읽습니다. 책의 앞부분은 부모님께서 평소 하시던 대로 시범을 보이면서 읽어주세요. 읽으면서 표지를 보고 예측한 것과 같은지 다른지 이야기를 나눠봅니다. 중간중간 책을 읽으면서 생긴 궁금증이 있다면 꼭 언어로 표현해주시고요. 뒷부분에는 어떤 이야기가 나오는지 예측하며 읽는 모습도 꾸준히 보여 주세요. 그리고 이런 활동들이 읽는 과정에 도움이 되는지도 아이와 이야기 나눠보시면 좋습니다.

책의 앞부분 어느 정도를 부모님께서 시범 보이며 읽어주었다면, 이제는 아이가 읽어볼 차례입니다. 아이에게 부모가 했던 것처럼 내용에 대해 질문도 하고, 예측하면서 읽어보도록 하는 것이지요. 읽는 과정을 곁에서 지켜보시다가 아이가 어려워하면 살짝 도움을 주시면 됩니다.

처음 아이에게 읽도록 하는 시간과 분량이 많지 않아야 합니다. 처음부터 많은 양을 읽도록 한다면 아이가 읽기를 거부할 수도 있으니까요. 그러니 책을 읽어주는 시간이 총 5분이라고 한다면, 책임 이양 초반에는 부모님께서 4분을 읽고, 아이는 나머지 1분 정도만 읽는 거예요. 초반에는 부모님께서 더 많이 읽어주시는 거지요. 그 뒤로 부모님께서 읽는 시간은 줄이고, 아이가 읽는 시간을 늘려가는 겁니다.

분량도 아이가 한 문단 정도를 읽는 것에서 시작해도 괜찮습니다. 아이가 한 문단을 충분히 읽고 이해할 수 있을 때 한 페이지, 한 상 등으로 늘려가면 되기든요. 단, 아주 천천히 조금씩 양을 늘려가야 한다는 것을 잊으시면 안 돼요.

이렇게 아이가 책 읽기에 책임을 갖고 주도적으로 읽는 연습을 서서히 해나가야 합니다. 그러다 보면 아이가 책 읽기에 재미를 느끼고, 혼자 책 한 권을 끝까지 읽는 날이 올 것입니다.

> **Point |** 아이가 책을 읽지 않는 이유는 어떻게 읽어야 하는지 방법을 몰라서일 수도 있답니다. 읽는 방법을 터득하는 데는 **부모님의 시범 보이기**가 가장 효과적이에요. 어떠한 생각을 하고, 내용을 어떻게 이해해 가는지 말로 표현하면서 책 읽어가는 과정을 충분히 보여 주셔야 합니다. 그 후 아이가 부모님께서 보여주신 방식대로 책을 읽어보도록 기회를 주세요. 책 읽기에 대한 책임을 아이에게 넘기면서 아이의 주도성을 높여줍니다. 단, 부모님의 조바심에 **책임 이양 속도를 너무 빠르게 하면 안 된다**는 것을 명심하세요.

유창하게 읽어야 이해한 것이다

수업 시간에 학생에게 교과서에 수록된 지문을 소리 내어 읽어 보라고 하는 경우가 있습니다. 지목된 학생은 글을 읽지요. 중학교에 입학한 아이 중에 글을 읽지 못하는 경우는 거의 없어요. 그러나 유창하게 읽지 못하는 학생들은 매우 많답니다.

예를 들면 100미터 달리기 경주를 하는 것처럼 아주 빠르게 글을 읽습니다. 빠르게 읽으면 잘 읽는 걸까요? 아닙니다. 의미를 이해할 수 있는 적당한 속도로 읽는 것이 잘 읽는 거랍니다. 의미를 이해하지 못하는 상태로 빨리만 읽어서는 잘 읽는다고 볼 수 없지요. 또 이렇게 빨리만 읽다 보니 단어와 문장을 정확하게 읽지 못하는 경우도 많습니다.

산수가 수려해 보는 이의 마음을 빼앗았다. 절경이로다!

이 문장을 읽을 때 '수려(秀麗)해'와 같은 단어를 '수여해'라고 획 읽고 지나가는 겁니다. 적절히 띄어 읽지 못하는 경우도 비일비재하고요. 또 훌륭한 경치를 보고 감탄하는 이의 마음이 전달되도록 읽어야 하는데, 학생들의 읽기는 감흥이 전혀 없습니다. 왜 그럴까요?

아이들은 분명히 글자를 읽을 수 있습니다. 글자의 소릿값을 알고 있고, 그것을 활용할 수 있습니다. 해독(解讀) 능력이 있는 것이지요. 그러나 의미를 이해하는 독해(讀解)가 되지 않는 것입니다.

'읽기 유창성'이란 정확한 단어의 의미를 살리면서 적절한 속도로 매끄럽게 문장을 읽는 것을 의미합니다. 이것은 단지 글자를 소리 내어 읽을 수 있는가에 그치는 것이 아닙니다. 단어와 문장의 의미를 이해하고 표현 효과를 살려 읽을 수 있는 능력까지 포함하는 것이지요. 따라서 유창성 있게 읽지 못하면 글의 의미를 이해하지 못하는 것일 수 있습니다. 의미를 이해하지 못하면 느낌을 살려 읽을 수 없거든요. 실제로도 글을 유창하게 읽지 못하는 아이들에게 자신이 읽은 내용이 어떤 내용인지 다시 물어보면, 내용을 파악하지 못하는 경우가 대부분이었답니다. 유창하게 읽는 것이 의미를 이해하는 것과 관련이 있다는 것을 아시겠지요?

즉, 의미를 이해하지 못하면 유창하게 읽을 수 없습니다. 의미를 이해하지 못하면 학업 성취도도 높을 수가 없지요. 따라서 아이가 유창하게 읽을 수 있는가는 아이의 학업 성취도를 가늠할 수 있는 하나의 방법이 됩니다. 그러니까 정확하고 유창하게 읽지 못하는 경우 성적도 좋지 않을 가능성이 높다는 것이지요.

우리 아이가 큰 목소리로 자신감 있게 읽는다고 안도하고 읽기를 멈추시면 안 됩니다. 의미를 이해하면서 느낌을 살려 읽는 것까지 되어야 합니다. 그러니 소리 내어 읽는 연습을 꾸준히 할 필요가 있습니다.

Tip | 읽기 유창성의 획득은 **문해력, 학업 성취도와 밀접하게 관계**되어 있습니다. 꾸준한 연습을 통해 읽기 유창성을 획득해야 합니다. 그래야 문해력 수준이 높아집니다. 의미를 명확히 이해할 수 있어야 목표하는 학업 성취를 거둘 수도 있지요. 각 과목 교과서를 정확하고 유창하게 읽을 때, 긍정적인 학업 성취를 예측할 수 있다는 점을 기억하세요.

읽기 에너지 비축하기

우리의 '소리 내어 읽기' 목표는 글자를 읽고 이해하는 것에 어려움을 느끼지 않으며 **신속하고 자동적**(Automaticity)으로 읽는 것입니다. 또 단어와 문장을 **정확하게**(Accuracy) 읽도록 하는 것입니다. 더불어 의미에 따라 적절하게 띄어 읽으면서 억양이나 강세 등을 활용해 **효과적으로 내용을 표현**(Prosody)하는 독자가 되는 것입니다.

만약 아이가 유창하게 글을 읽고 의미도 정확하게 파악한다면 바로 〈Chapter 4〉로 넘어가셔도 됩니다. 모든 활동의 시작점은 **아이의 수준**이니까요. 그렇지만 아이가 유창한 읽기를 하지 못한다면 나이에 상관없이 유창성 획득을 위해 무엇보다 먼저 노력해야 합니다. 앞서 이야기했듯이 더듬더듬 읽는 것은 이해를 방해하니까요.

글을 유창하게 읽지 못하는 아이는 글자 자체를 해독하는 데 자신의 모든 에너지를 사용하게 됩니다. 에너지를 다 사용해버려서 글 속에 담긴 의미를 이해할 힘이 남아 있지 않지요. 정작 중요한 것은 글의 내용을 이해하는 것인데 거기까지 갈 수가 없는 겁니다.

따라서 글자를 읽는 것 자체에 지나치게 많은 에너지가 사용되지 않도록 해야 합니다. 의미를 이해하는 데 많은 힘을 쏟을 수 있도록 아껴야 합니다. 에너지를 비축해야 해요. 그러기 위해서 글자를 정확하고 유창하게 읽을 수 있어야 합니다. 소리 내어 읽는 연습을 해야 하는 거지요. 그래야만 의미를 이해하며 비판하고, 내용을 재구성하는 단계로 나아갈 수 있기 때문입니다. **반드시 읽기 유창성을 획득해야** 합니다.

Tip | 아이와 **하루에 5분, 소리 내어 읽기**를 시작해보세요. '아침에 일어나서, 저녁 간식을 먹은 후'처럼 **읽기 시간을 정하는 것**이 좋습니다. 그리고 부모님께서 먼저 그 시간에 읽어주세요. 그리고 아이에게도 읽을 기회를 주시고요. 해당 시간이면 으레 해야 하는 자연스러운 습관이 될 때까지 말입니다. 오늘 소리 내어 읽은 5분이 아이를 유창하게 읽는 독자로 만들 테니까요.

천 리 길도 소리 내어 읽기부터

　유창성 획득을 위해서는 꾸준하게 소리 내어 읽는 연습을 꼭 해야 합니다. 우선 아이가 글을 소리 내어 읽을 때 어떻게 읽는지 잘 살펴봐야 합니다. 그리고 아이의 읽기 수준이 다음 단계 중 어느 단계인지 확인해보세요. 아이의 수준에 맞는 방법을 선택해 충분히 연습할 수 있도록 도와주세요.

<1단계> 우선 멈춰라!
- 문장부호와 의미 관계에 따라 쉬어 읽기

　가끔 말하는 속도보다 빨리 글을 읽는 아이가 있어요. 글을 읽을 때 적절한 속도는 말하는 정도의 빠르기입니다. 그보다 빠르게 읽을 경우, 내용을 이해하지 못하고 넘어갈 확률이 높아요. 책을 많이 읽어 자연스럽게 속독 능력이 길러진 경우가 아니라면 읽는 속도를 조절해야 합니다. 아이가 단어와 문장을 빠른 속도로 읽지만, 글의 의미를 이해하지 못하는 경우 다음을 단계적으로 적용해보세요.

우선 문장부호를 고려해 읽는 방법입니다. 문장부호는 글의 의미를 효과적으로 전달하기 위해 사용된 것인데요. '쉼표(,), 마침표(.), 물음표(?), 느낌표(!)'가 대표적이지요. 이러한 문장부호가 있는 곳에서는 한 번 쉬어 간다고 생각하면 됩니다.

우와 ! // 효주가 노래를 시작했어요 . // 음정 , / 박자 , / 모든 것이 완벽했지요 . //

1. 문장부호를 살펴보게 합니다.
– 쉼표(,), 마침표(.), 물음표(?), 느낌표(!)가 있는 곳을 확인합니다.

2. 문장부호의 쓰임에 따라 읽기 속도를 조절하도록 해주세요.
– 쉼표(,)가 있는 곳에서는 읽을 때 조금 쉬어가도록 합니다.
– 마침표(.), 물음표(?), 느낌표(!) 뒤에서는 쉼표(,)가 나와 쉬어 읽을 때보다 조금 더 길게 쉬어 읽어야 함을 알려주세요.

아이가 문장부호에 따라 쉬어 읽는 것을 잘할 수 있다면, 이제는 의미 단위로 끊어 읽는 것을 연습해야 할 차례입니다. 비슷한 내용이나 의미상 연결되는 내용이 있다면 이것을 하나의 묶음으로 보고 나누어 읽는 것입니다. 연습해볼게요.

3. 우선 한 문장을 앞부분과 뒷부분으로 나눠봐야 합니다. 의미에 따라 '누가(무엇이)'에 해당하는 앞부분과 이를 설명하는 뒷부분으

로 나누는 겁니다. 두 부분으로 나누었다면 앞부분을 읽은 뒤에 조금 쉬어 읽는 거예요.

효주가 / 노래를 시작했어요. //

– '효주가'가 '누가(무엇이)'에 해당하는 말이기 때문에 '효주가'를 읽은 뒤에 잠시 쉬어 읽는 거지요. 문장이 끝났다는 표시의 '마침표(.)'가 있는 곳에서는 조금 더 쉬어 읽어야 하고요.

(효주가)/ 노래를 시작했어요. //

– 글을 읽을 때, '누가(무엇이)'에 해당하는 말을 찾아 '○'와 같은 표시를 하고 읽으면 글의 내용과 뜻을 정확하게 이해하는 데 큰 도움이 됩니다. 아이가 '누가(무엇이)'에 해당하는 말을 찾아 표시하면서 읽도록 알려주세요.

4. 한 문장 안에서 말의 앞부분('누가, 무엇이'에 해당하는 부분)이나 뒷부분이 길다면 중간에 한 번 더 쉬어 읽어야 합니다.

늘 무대 아래에만 있었던 /(효주가)/ 화려한 조명 속에서 / 노래를 시작했어요. //

– 우선 누가(무엇이)에 해당하는 말을 찾아 '○'와 같은 표시를 하고, 앞이나 뒷부분이 긴 곳에서 한 번 더 쉬어 읽는 거지요. 긴 글을 끊어 읽으면 의미가 명확히 전달되거든요.

5. 하나의 문장이 끝나고 새로운 문장이 시작할 때는 조금 더 길게 쉬어 읽도록 합니다.

늘 무대 아래에만 있었던 / 효주는 / 화려한 조명 속에서 / 노래를 시작했어요. //

아름다운 노랫소리가 / 울려 퍼졌어요. //

– 첫 번째 문장을 읽고 두 번째 문장을 읽을 때는, 문장 내에서 쉬어 읽을 때보다 조금 더 길게 쉬어야 해요. 두 번째 문장에서도 '누가(무엇이)'에 해당하는 말을 찾아 '○'와 같은 표시를 하며 읽습니다.

처음에는 아이가 문장을 읽을 때 모든 부분을 같은 속도로 읽을 가능성이 있습니다. 띄어 쓴 곳과 문장부호를 고려하지 않고 읽는 것이지요. 반면에 띄어 쓴 어절마다 모두 쉬면서 읽을 수도 있고요.

이제부터는 문장부호를 살피고 문장 내의 의미 관계를 고려하면서 읽어야 합니다. 천천히 뜻을 생각하면서 속도를 조절할 수 있도록 연습해야 하지요. 띄어 읽어야 하는 곳에 ' / (쉬어 읽기)'와 ' // (조금 더 쉬어 읽기)'와 같은 끊어 읽기 표시를 하거나, '누가(무엇이)'에 해당하는 말에 '○' 표시하며 읽는 것은 속도를 조절해야 하는 곳을 알 수 있는 좋은 방법입니다. 의미 파악을 돕기도 하고요. 이러한 읽기 전략을 충분히 활용해, 온전한 의미를 파악하며 자연스럽게 읽을 때까지 소리 내어 읽는 연습을 해야 합니다.

⟨2단계⟩ 그리고 생각을 맛보라
– 의미를 이해하고 정확하게 읽기

아이가 글을 읽을 때 제시된 단어를 다르게 읽거나 일부를 빠뜨리는 경우가 종종 있습니다. 또 글에는 없는 조사를 추가하기도 하고 어미를 바꾸어 읽기도 하지요. 겹받침의 경우는 잘못 읽는 경우가 특히 많습니다. 의미를 명확하게 이해하려면 정확하게 읽어야 하지요. 따라서 아이가 주어진 단어와 문장을 정확히 읽을 수 있도록 연습해야 합니다.

1. 소리는 유사하지만, 사용된 글자와 의미가 다른 낱말들을 구분하며 발음하도록 합니다. 단어의 의미를 생각하며 정확하게 읽어야 하는 거지요.

지렁이가 느리다 vs 고무줄을 늘이다 vs 공부 시간을 늘리다
– '느리다'는 어떤 동작을 하는 데 걸리는 시간이 길 때 사용하는 말입니다. 반면 '늘이다'는 주로 '길이'와 관련될 때 사용되지요. '늘리다'는 '넓이나 부피' 또는 '시간, 분량, 능력, 살림' 등을 더 늘게 하는 것과 연관이 있는 낱말이지요. 그런데 모두 발음이 유사합니다. 각각의 단어가 어느 상황에서 어떠한 의미로 사용되는지 구분하며 정확히 발음할 수 있어야 합니다.

2. 겹받침이 사용된 낱말을 정확한 소리로 읽을 수 있도록 연습해야 합니다.

작년에는 감자가 **굵지** 않더니 올해는 **굵게** 잘 여물었네요.

– 겹받침의 경우, 환경에 따라 발음을 다르게 해야 하지요. 같은 겹받침 'ㄹㄱ'이 굵지 [국:찌]와 같이 'ㄱ'으로 발음하는 경우도 있고, 굵게[굴:께]처럼 'ㄹ'로 발음하는 경우도 있지요. 어색하게 느껴질지라도 정확한 발음이 입에 붙도록 해야 합니다.

단어나 문장을 정확하게 읽지 않고 후루룩 읽을 경우, 내용이 잘 이해되지 않을 수 있습니다. '공부 시간을 늘려라'라는 문장을 [공부 시간 느려라]처럼 조사도 빠트리고 단어도 잘못 읽는다면 의미를 이해할 수가 없을 거예요. '속도가 느린 것인가?', '공부 시간이 빨리 지나가지 않는다는 의미인가?' 하고 고민하겠지요.

아이가 글을 읽다가 이해가 되지 않는다면 잠깐 읽기를 멈추도록 해야 합니다. 그리고 생각해야 하지요. '단어와 문장을 의미에 맞게 정확하게 읽었는가?' 하고요. 아이가 글을 읽을 때, 단어와 문장의 의미를 맛보며 정확하게 읽을 때까지 꾸준히 연습해야 합니다.

> **Tip |** 부모님과 함께 소리 내어 읽기 연습을 할 때, 부모님께서 문법적인 내용을 적용해 하나씩 설명하면서 읽어준다는 것은 불가능한 일입니다. 그러니 부담 갖지 않으셔도 돼. 친숙한 낱말을 **정확하게 읽어주는 것**만으로도 충분합니다. 아이가 어떤 낱말 읽기를 어려워하는지 주의해 듣고, 해당 단어를 **반복해서 읽어주시면 됩니다.**
> 이때 부모가 한 번 읽으면 아이도 따라서 한 번 읽어보는 것이 좋아요. 한 번씩 번갈아가면서 읽어도 좋고요. 동시에 함께 읽는 방법도 좋으니 다양한 방법을 적용해보시길 바랍니다.

⟨3단계⟩ 그러면 느낄 것이다
– 표현 효과를 살리며 실감 나게 읽기

글을 실감 나게 읽기 위해서는 글의 분위기와 등장인물의 감정을 파악해야 합니다. 또 글의 내용과 흐름을 이해하고 있어야 하지요. 그래야 가장 적절한 목소리를 선택해 느낌이 잘 전달되도록 읽을 수 있으니까요. 즉, 글을 실감 나게 읽을 수 있다는 것은 글을 이해하고 있다는 것을 의미합니다. 그러니 우리 아이도 내용을 이해하고 실감 나게 읽을 수 있어야 합니다. 이 또한 연습이 필요합니다. 다음 글을 실감 나게 읽을 수 있도록 단계적으로 연습해볼게요.

강아지 한 마리가 처량하게 걷고 있었다. 눈물이 가득 고인 눈으로 정류장 주위를 한참 동안 맴돌았다. 어디에도 인기척은 없었다. 강아지 목에 달린 이름표만 분주히 움직일 뿐이었다.

"낑―― 낑――"

서글픈 울음소리가 컴컴한 하늘을 채웠다. 마음이 쓰렸다. 먹고 있던 빵 조각이라도 던져 줄까 싶어 다가갔다. 하지만 녀석은 나를 극도로 경계했다. 꼼짝하지 않고 벌벌 떨다가 날카로운 비명을 남긴 채 달아나버렸다.

1. 먼저 글 속에서 감정을 표현하는 낱말을 찾습니다. 그리고 그에 어울리는 목소리를 생각하며 읽어봅니다.
   – 앞의 글 속에는 '처량하게', '눈물', '서글픈'과 같이 슬프고 외로운 상황을 알 수 있는 단어들이 많이 사용되었지요. 그렇다면

그러한 마음을 잘 전달할 수 있는 어조로 읽어야 합니다.

2. 인물이 처한 상황이나 마음을 짐작한 후 읽도록 합니다.

- 윗글에는 강아지 한 마리가 등장하지요. 주인에게 버림을 받았는지 이름표는 있지만, 주변에는 사람이 없습니다. 그런 강아지를 안쓰럽게 보는 '나'도 등장하지요. 주인을 잃은 강아지의 마음은 어땠을까요? 또 도움을 주려는 자신을 극도로 경계하는 강아지의 모습을 봤을 때 '나'의 심리는 어땠을까요? 이렇게 등장인물의 마음을 상상하면서 읽어야 합니다.

- 앞의 경우, 속도는 약간 느리고, 목소리는 낮게, 조용한 분위기로 읽으면 적당하겠지요.

3. 나의 경험 중에 비슷한 경험이 있다면 생각해보며 읽습니다.

- 아이에게 글 속의 내용과 관련 있는 경험이나 사건을 생각해보도록 하는 거예요. 유기견을 봤거나 관련 기사를 읽은 적이 있다면 떠올려보는 거지요. 직접 겪은 일이 아니더라도 괜찮다는 것을 이야기해주세요. 글 속에 담긴 유사한 사례를 기억해보는 거지요. 그리고 그때 받은 느낌을 생각하면서 읽으면 훨씬 실감 나게 읽을 수 있답니다.

> **Tip |** 아이가 표현 효과까지 고려해 읽어보자고 하면 엄청나게 부담을 느낄 수 있어요. 해보라고 너무 강요하시지 않아도 됩니다. 내용을 이해하는 것이 먼저니까요. 부담되지 않는 선에서 **자연스럽게 연습**하세요. 시범 보여주실 때도요. 우리가 전문 구연동화가까지 될 필요는 없습니다.

일상을 전하는 아나운서가 되자

　아이가 읽기 유창성을 획득할 수 있도록 노력해왔습니다. 가장 중요한 것은 부모님이 소리 내어 읽는 '시범'을 많이 보여주는 것이었지요. 아이가 유창하게 읽는 모습을 자주 보는 것이 아이의 유창성을 신장하는 데 아주 효과적이기 때문입니다. 이때 주위에 책을 잘 읽는 친척이나 형제, 자매가 있다면 소리 내어 읽어주기를 부탁해보는 것도 좋은 방법입니다.

　또 아이에게 소리 내어 읽을 기회를 충분히 주는 것이 필요했지요. 아이가 읽는 소리를 들어보면 유창하게 읽는지 알 수 있잖아요. 잘 들으신 후에 적절히 피드백하면서 아이가 '잘' 읽을 수 있도록 도와주는 것이 중요함을 이해했습니다. 그러면 지금부터는 생활 속에서 실천할 수 있는 유창성 신장 방법에 대해 조금 더 알아볼게요.

　첫 번째는 '반복 읽기'입니다. 같은 책을 여러 번 읽는 거지요. 우선 책을 처음 읽을 때는 부모님께서 시범을 보이며 읽어주세요. 적절히 끊어 읽으면서도 느낌을 살려서 정확하게 읽는 모습을 보여주는 거지요. 그리고 그 책을 다시 또 읽습니다. 다만 두 번째 읽을 때는 한 문장씩 번갈아 가면서 읽으면 좋아요. '아이에게 읽기 책임 이양하기' 기억나시지요? 이후에 또 같은 책을 읽는 것입니다. 세 번째 읽는 거지요. 이때는 부모님과 아이가 동시에 책을 읽어보면 좋아요. 그리고 마지막 네 번째로 책을 읽을 때는 아이 혼자서 읽어보도록 하는 것입니다. 똑같은 책을 반복해서 읽으면서 서서히 아이에게 읽기 과정의 책임을 넘기는 거지요.

이렇게 같은 글을 여러 번 읽다 보면 이해가 훨씬 더 잘됩니다. 처음에 낯설었던 단어도 두 번, 세 번 읽으면 이해가 되지요. 그리고 더 정확하게 발음하고, 의미 단위로 적절히 끊어 읽을 수 있고요. 결과적으로 반복 읽기를 통해 글의 온전한 의미를 명확하게 파악할 수 있습니다.

두 번째로 '녹음'을 해서 들어보는 것도 효과적입니다. 책 읽는 것을 녹음해서 들어보는 거지요. 핸드폰의 녹음 기능을 이용하면 되는데요. 우선 부모님께서 책 읽기 시범 과정을 녹음해서 아이에게 들려줘보시길 바랍니다. 녹음한 것을 다시 들으면 엄청 재미있답니다. 아마 웃음꽃이 필 거예요. 직접 듣는 목소리와 핸드폰 속 목소리가 사뭇 다르거든요.

그리고 아이가 읽는 것도 녹음해 함께 들어보세요. 녹음한다고 하면 처음에는 평소에 읽을 때보다 긴장해서 더 틀리기도 합니다. 하지만 금방 적응해요. 그리고 녹음하지 않을 때보다 읽을 때 더 신경 써서 읽으려 노력한답니다. 그렇게 녹음한 것을 함께 들어보세요. 아이가 처음에 자신의 목소리가 너무 어색해 날뛸 수도 있습니다. 듣기를 거부할 수도 있고요. 혼자 조용히 방에 들어가 들어보기도 한답니다. 자신이 책 읽는 것을 직접 들어보면 어떤 부분에서 어색하게 읽는지 스스로 쉽게 느낄 수 있답니다. 그렇게 계속 부모와 자신의 목소리를 들으면서 아이는 서서히 유창하게 읽어나갈 겁니다.

Tip | 유창하게 읽는 것을 듣기 위해 **오디오북**을 활용하는 것도 아주 좋은 방법입니다. 눈으로는 책을 보면서 귀로는 전문 성우가 유창하게 읽는 것을 듣는 것이지요. 훌륭한 읽기 시범이 됩니다. 무료 앱도 많으니 활용해보세요.
또 아이들이 다양한 방식으로 소리 내어 읽도록 기회를 마련해주세요. 특별한 날에 감동적인 시를 낭송할 기회를 준다든지, 오늘 자신의 기분을 가장 잘 나타내는 책의 구절을 찾아 알려달라고 한다든지요.

한편 '**시간을 재보는 것**'도 아이의 읽기 유창성 신장에 효과를 더하는 방법입니다. 아이가 게임처럼 느껴 재미있어하거든요. 특히 남자아이가 좋아합니다. 일단 초시계를 준비해야 해요. 핸드폰의 타이머 기능을 이용해도 괜찮습니다. 그리고 짧은 시간 동안 아이가 얼마나 읽을 수 있는지 체크를 하면 돼요. 예를 들면, 읽기 시간을 30초 주는 거지요. 시작과 동시에 아이는 책을 읽고, 시간이 끝나면 읽기를 멈춥니다. 그리고 그동안 몇 개의 어절을 읽었는지 확인하는 것입니다. 또 주어진 시간에 잘못 읽어서 다시 고쳐 읽었거나, 버벅거리며 읽은 것이 몇 번인지 체크를 하는 것도 재미있답니다. 아이들은 자신의 실력이 얼마나 늘었는지 눈으로 확인하고 싶어 하거든요. 수치가 나오니 승부욕이 발동해 더 열심히 책 읽기 연습하기도 합니다. 잘 활용하면 아주 유용한 방법입니다.

단, 여기서 주의할 점은 아이가 빨리 읽기만 해서는 안 된다는 것입니다. 의미 파악이 목표이니까요. 읽은 후에 반드시 내용을 이해했는지 확인하셔야 합니다. 내용을 파악하며 읽는다는 전제하에 얼마나 신속하고, 정확하게 읽는지를 측정하는 것이라는 것을 잊지 마세요.

> Tip | 소리 내어 읽는 활동의 시간을 재보려고 할 때, **비문학 책**을 이용할 것을 추천합니다. 아이가 문학보다 비문학 읽기를 힘들어하거든요. 읽는 시간을 측정하는 방법은 아이가 게임을 하는 것처럼 느끼기 때문에, 읽기 힘든 비문학 책을 조금 쉽게 다가가는 방법이 됩니다. 또, 한 번 읽으며 측정했으면, 같은 글을 다시 반복해서 읽으며 측정하는 것이 좋아요. 그 과정에 한 번 읽어서는 이해되지 않던 내용도 여러 번 읽으면서 이해할 수 있으니까요. 꿩 먹고 알 먹고이지요. 아, 교과서로 읽기 시간을 재는 활동을 한다면 유창성도 기르고 학습 효과도 높일 수 있다는 것은 비밀입니다. **교과서** 잘 읽은 사람에게 간식 선택권도 줘보시길 바랍니다.

그밖에 자투리 시간에 **거꾸로 말하기**를 해보셔도 좋습니다. 단어나 문장을 거꾸로 말해보는 건데요. '해바라기'라면 '기라바해'로 말하는 겁니다. '기라바해'라고 말하면 아이는 무슨 말인가 곰곰이 생각할 거예요. 머리를 쓰는 거지요. 생각하면서 뇌를 활성화하고 어휘를 이해하는 능력도 정교화할 수 있습니다. 그리고 역할을 바꾸어서 아이에게도 문제를 내보도록 하세요. 아이는 어려운 단어를 골라서 거꾸로 말하려고 고민할 겁니다. '쥐람다늘하'처럼 점차 긴 단어로 글자 수를 늘려가세요. 그리고 짧은 문장도 시도해보시길 바랍니다. 놀면서 아이의 언어 유창성이 자랍니다. '요여트 가리머 각생 서면놀'

Chapter 3 | 아이의 유창한 읽기를 위한 핵심 지원 방안

■ 중학교 입학을 앞둔 아이가 문해력이 부족하다면, 읽는 시범을 많이 보여 주기

■ 아이가 재미있어하는 분야의 책을 골라 5분씩 읽어주기
- 읽어줄 때는 너무 느리지 않은 속도로 차분하게 읽어주기
- 책 읽기의 책임을 서서히 아이에게 이양하기

■ 아이가 읽기 유창성을 획득할 수 있도록 '하루 5분 소리 내어 읽기' 실천하기
- 아이가 적절하게 띄어 읽고, 정확하게 발음하고, 실감 나게 읽을 수 있도록 함께 '소리 내어 읽기' 연습하기

■ 생활에서 유창성 획득을 위해 노력하기
- 같은 책을 반복해서 읽기, 녹음해 들어보기, 읽기 시간 재보기

교과서를 이해하는 힘으로
업그레이드하기

우리는 지금까지 아이의 유창성 신장을 위해 노력해왔습니다. 아이가 관심 있어 하는 분야의 책을 선정해 읽어주기도 하고, 하루 5분씩 아이와 함께 소리 내어 읽기 연습도 했지요. 꾸준한 연습을 통해 아이가 유창하게 읽을 수 있다면, 이제는 '내용 이해'에 집중할 차례입니다. 아이가 중학교에 입학하면 성적에 대한 부담이 생기기 시작하잖아요. 목표로 하는 학업 성취를 거둘 수 있으려면 교과서를 잘 읽고, 내용을 명확히 이해할 수 있어야 합니다. 지금부터 그 힘을 키우어 가겠습니다.

학습의 튼튼한 골격을 세우는 어휘

앞에서 잠시 이야기했듯이 중학교에 입학한 학생 중 수업에 집중하지 못하는 아이들이 제법 많습니다. 특히 교과서를 읽고 이해하지 못하는 학생들이 눈에 자주 띄지요. 그렇다면 왜 아이들은 읽은 내용의 의미를 파악하지 못하는 걸까요? 여러 가지 원인이 있겠지만 분명한 하나는 아이들이 교과서에 사용된 **어휘의 의미**를 알지 못하기 때문이라는 겁니다. 기본적인 어휘의 의미를 모르는데 교과의 핵심 내용을 이해한다는 것은 거의 불가능한 일이지요.

> **Tip | 단어**란 문법 단위 중 기본이 되는 언어 단위입니다. 분리해 자립적으로 쓸 수 있는 말을 의미하지요. 또 **'낱말'**과 혼용해 사용하기도 하고요. 반면 **어휘**는 어떤 일정한 범위 안에서 쓰이는 단어의 수효나 단어 전체라고 정의합니다. 그러니까 어휘는 '단어 또는 낱말을 담는 그릇'이라고 생각하시면 될 듯합니다. 이러한 어휘를 마음대로 부리어 쓸 수 있는 능력을 **'어휘력'**이라고 하고요.

다음 글을 함께 읽어보겠습니다. 중학교 3학년 과학 교과서에 실린 내용입니다.

간이 가압 장치의 펌프를 누른 후 뚜껑을 열면 공기의 부피가 팽창하면서 페트병 내부의 온도가 낮아진다. 이처럼 물체가 외부와 열을 주고받지 않고 부피가 팽창하는 것을 단열팽창이라고 한다. 공기가 단열 팽창하면 기온은 낮아진다.

간이 가압 장치의 뚜껑을 열었을 때 페트병 내부가 뿌옇게 흐려지는 것은 단열팽창으로 기온이 낮아져 응결이 일어났기 때문이다.

– 《과학 3》, 김호련, 두산동아, 2015 개정 –

앞의 글은 구름 생성 원리를 알아보기 위한 실험과정과 그 원리를 설명한 것이지요. 수업 시간에 교과서를 읽습니다. 그리고 선생님께서 '구름 생성 원리'에 대해 설명을 시작하려 합니다. 그런데 아이들의 질문이 끝이 없습니다. 본격적인 설명은 시작하지도 않았는데 말이지요.

"'간이 가압 장치'가 뭐지요? '간이?', '가압?'이 다 무슨 의미예요?"

"'팽창'한다는 것은 어떻게 되는 거예요?"

"'단열'은 뭔가요?"

"'응결'이 무슨 뜻이에요?"

이때 아이들이 하는 질문은 대부분 어휘의 의미에 대한 것입니다. 교과서를 읽고 뜻을 모르는 어휘에 대해 질문을 하는 거지요. 구름이 만들어지는 원리에 대해 질문하는 것이 아닙니다. 글을 읽고 이해하려면 일단 글 속에 사용된 어휘의 의미를 아는 것이 기본입니다. 개별 어휘의 의미를 토대로 글 전체 내용을 이해할 수 있는 거니까요. 그러니 교과서에 사용된 '가압, 팽창, 응결' 등의 의미를 모르는데, 구름이 만들어지는 원리를 이해하기란 힘든 일입니다. 그래서 선생님께서는 아이들이 질문한 어휘들의 뜻부터 하나씩 풀이해주기 시작합니다.

"'가압'이란 '더할 가(加), 누를 압(壓)'으로 이루어진 말이야. '누르는 힘, 압력을 더 한다'라는 의미지."
"'팽창'은 부풀어 공간을 차지하는 크기가 커진다는 말이야."

이렇게 선생님께서 어휘의 의미부터 설명해주시면 아이들은 조금씩 내용을 이해하기 시작합니다. 그런 후에야 이번 시간의 학습 목표인 '구름 생성 원리'에 대해 이야기를 할 수 있지요. 그러니 아이들이 구름 생성 원리를 이해하기까지 얼마나 많은 시간이 필요하겠어요. 그래도 이 경우는 긍정적이랍니다.

아이들이 모르는 낱말에 대해 입학 초기에는 이렇게 적극적으로 질문을 해요. 자신이 가진 학습 에너지를 어휘의 의미를 파악하는 데 주로 사용하는 것이지요. 그런데 그마저도 점점 힘들어집니다. 학년이 올라갈수록 모르는 어휘의 수가 급격히 많아지기 때문이에요. 선생님께 매번 모르는 어휘의 뜻을 여쭤볼 수는 없거든요. 그리고 그 단어들을 친구들은 다 알고 있는 것 같고요. 계속 질문을 하자니 부끄럽기도 하고, 수업을 방해하는 느낌마저 듭니다. 그래서 가만히 있기로 합니다.

그렇게 아이들의 질문이 급격히 줄어듭니다. 줄어든 질문의 수만큼 어휘의 의미를 알지 못하고 넘어가는 경우가 늘어나지요. 그러니 학습 내용은 더욱 이해할 수 없습니다. 그렇게 알 수 없는 내용이 차곡차곡 쌓여 갑니다. 어느새 수업이 지루하고 재미가 없습니다. 참여할 수도 없어요. 무슨 말인지 모르겠거든요. 이해가 되지 않으니 교과서는 더 보기 싫습니다. 그렇게 '눈 뜬 채 잠자는 학생'이 한 명씩 생겨납니다.

반면 평소 책을 꾸준히 읽어 어휘력을 갖추고 있는 학생의 경우는 어떨까요? '가압, 팽창, 응결'과 같은 어휘의 의미를 알기 때문에, 큰 어려움 없이 글을 읽고 이해할 수 있을 겁니다. 또 '단열팽창'이라는 새로운 개념도 쉽게 배울 수 있고요. 그러니 자신의 학습 에너지를 '구름이 생성되는 원리'를 이해하는 데 온전히 사용할 수 있습니다.

선생님의 설명을 집중해서 듣고 교과서의 글을 읽어보면 충분히 내용을 이해할 수 있지요. 학습 내용을 이해할 수 있으니, 수업 시간이 재미있습니다. 그러니 더 적극적으로 참여하게 되지요. 또 관련된 내용을 더 찾아보고 싶다는 생각이 듭니다. 그래서 선생님께 더 알고 싶은 것에 대해 질문을 하거나, 관련 도서를 찾아 읽어보기도 하지요. 그렇게 점점 배경지식도 쌓여 가고 어휘력도 늘어갑니다. 문해력도 높아지지요. 당연히 다음 수업 시간에도 훨씬 잘 이해할 수 있겠지요?

아는 만큼 보입니다. 어휘를 아는 만큼 교과서를 읽어낼 수 있고요. 이해할 수 있는 만큼 수업이 즐겁습니다. 그러니 우리는 아이의 어휘력에 관심을 가져야 합니다. 아이가 자기 학년의 교과서를 읽어 낼 수 있을 만큼의 어휘력을 지닐 수 있도록 도와줘야 합니다. 어휘와 독해는 떼려야 뗄 수 없기 때문입니다.

세상은 아는 만큼만 보인다

가상자산 및 관련 플랫폼을 개발하는 과정에서 지출된 원가는 가상자산 및 플랫폼을 무형자산으로 인식할 수 없거나, 개발 활동이 무형자산 기준서(K-IFRS 제1038호)에서 규정한 개발 활동에 해당한다고 볼 수 없다면 발생 시 비용으로 처리하도록 했다. 또 무형자산에 해당할 경우 그 가치의 손상 여부를 매 회계연도마다 검토하도록 했다. 특히 회사가 발행 후 자체 보유(Reserve)한 가상자산의 경우 가상자산과 직접 관련되는 원가가 있는 경우를 제외하고 취득원가가 없는 만큼 재무제표에 자산으로 계상하지 않도록 했다.

– <금융경제신문> 기사 일부 발췌, 2023년 7월 11일 –

앞의 글을 읽어보세요. 이해가 잘 되시나요? 이해할 수 있는 분은 아마 경제에 관심이 많거나 경제 관련 지식이 풍부한 분일 거예요. '가상자산, 무형자산, 취득원가, 재무제표, 자산, 계상' 등 어휘의 의미를 알고 있다는 의미니까요.

이런 분은 평소 경제에 관심이 있어, 관련 기사나 책을 꾸준히 읽으셨을 것입니다. 배경지식을 틈틈이 쌓아오신 거지요. 그러니 당연히 경제 분야의 어휘력도 늘고요. 어휘력이 느는 만큼 잘 이해할 수 있습니다. 그래서 점점 경제 관련 정보를 더 많이 읽고, 더 많이 얻게 됩니다. 아는 만큼 보이거든요. 그렇게 경제 분야의 어휘를 누구보다 잘 알고 적절하게 사용할 수 있는 경제 전문가가 탄생합니다.

반면에 경제 관련 어휘를 모르는 경우라면 어떨까요? 아마 앞의 신문 기사를 읽어볼 생각 자체를 하지 않을 거예요. 봐도 이해할 수가 없거든요. 흥미도 없고요. 이후 신문을 보더라도 경제 관련 기사가 실린 부분은 살포시 뛰어넘게 됩니다. 그러면 더 이상 경제에 관련된 정보를 얻을 수가 없지요. 세상의 경제 관련 흐름을 읽기는 점점 힘들어집니다.

세상은 내가 아는 어휘만큼만 보입니다. 경제 어휘를 알면 경제가 보이고, 법률 용어를 알면 법이 보이지요. 그만큼 자신의 어휘력 수준이 미래의 직업과 소득, 삶의 질을 크게 좌우하게 됩니다. 우리 아이가 세상을 넓게 볼 수 있도록, 삶의 질을 높일 수 있도록 어휘를 잡아야 합니다. 어휘력을 키워야 합니다.

전문가가 되기 위해 반드시 해야 할 일

어떠한 직업을 가졌다는 것은 그 분야의 일을 하는 데 필요한 어휘를 알고 적절하게 사용할 수 있다는 것을 의미합니다. 즉, 한 분야 어휘를 능통하게 사용할 수 있으면 그 분야의 전문가가 되는 거지요. 그러니 우리 아이가 미래에 전문가가 되기 위해서는 어휘를 놓쳐서는 안 됩니다.

RUQ Tenderness는 있고, Rebound Tenderness는 없습니다.

- 우상복부 압통은 있고, 반동통(압통점을 눌렀던 손을 떼면 통증이 심해지는 반발 압통)은 없습니다'라는 의미다.

누가 사용하는 말일까요? 의사들이 사용하는 의학 전문 용어입니다. 의사가 아닌 사람은 들어도 무슨 뜻인지 이해할 수 없지요. 이처럼 한 분야에서 사용되는 용어를 다양한 상황에서 적절히 활용할 수 있다는 것은 그 분야에 전문지식이 있음을 의미합니다. 곧 의학 분야의 전문가라는 거지요. 그러면 이번에는 의사가 다음 글을 읽었다고 가정해봅시다.

대리권 없는 자가 타인의 대리인으로 계약을 한 경우에 상대방은 상당한 기간을 정해 본인에게 그 추인 여부의 확답을 최고할 수 있다. 본인이 그 기간 내에 확답을 발하지 아니한 때에는 추인을 거절한 것으로 본다.

– 민법 제131조, 상대방의 최고권 –

'대리권, 추인' 등의 어휘에 대한 대략적인 의미는 추론할 수 있을 겁니다. 하지만 아주 정확한 의미까지 이해하고, 개별적인 상황에 맞게 사용하기란 조금 어려울 것입니다. 이러한 글은 판사나 변호사와 같은 법조인들이 정확하게 이해할 수 있답니다. 법률 관련 전문가들이니까요.

만약 변호사라는 직업을 가졌던 '누군가'가 의사가 되기를 바란다면, 의학 분야의 어휘를 배워야 합니다. 처음부터요. 법률 관련 어휘력은 높지만, 의학 분야의 어휘력은 부족하기 때문입니다. 이처럼 어떤 분야의 전문가가 되려면 그 분야에 맞는 어휘를 배워야 하지요.

특정 분야의 전문 어휘를 알고 활용할 수 있는 사람이 전문가입니다. 그러니 우리 아이도 자신이 관심 있어 하는 분야의 전문가가 되기 위해서는 어휘력을 키워야 합니다. 그리고 지금부터 그 기초 작업을 단단히 해놓아야 하지요. 어휘력은 한순간에 늘지 않기 때문이에요. 만약 아이가 미래에 의학 전문가가 되기를 꿈꾼다면 의학 관련 서적을 읽고, 이해할 수 있을 정도의 어휘력을 다져놓아야 합니다. 법조인이 되기를 희망한다면 법률 분야의 전문 서적을 읽고 지식을 획득할 수 있도록 어휘력을 키워놓아야 하지요.

미래 사회에서 아이의 어휘력은 더욱 중요해질 겁니다. 그리고 아이의 삶에 지금보다 더 많은 영향을 끼칠 겁니다. 그만큼 어휘가 배움에 있어 중요하니까요. 지금부터 어휘 학습에 공을 들여야 합니다. 당장 눈앞에 교과 학습을 위해서라도, 나아가 아이의 미래 생활을 위해서라도 말입니다.

> **Point |** 변화하는 사회에서 새로운 정보를 얻고, 잘 활용하기 위해서도 **꾸준한 어휘 학습**이 필요합니다. 배운다는 의미는 어휘를 학습하는 것과 같은 의미랍니다. 그러니 아이는 배워야 합니다. 어휘를 배워야 하지요. 그리고 아이가 가진 어휘의 '양과 질'이, 아이가 책을 읽고 이해할 수 있는가를 판가름할 것입니다.

어휘와 친해지고 지름길에 들어서기

　교과서를 읽고 이해할 수 있다는 것은 그 속에 사용된 '어휘'의 의미를 안다는 것입니다. 어휘를 알아야 개념을 알 수 있고, 내용을 이해할 수 있습니다. 어휘가 개념을 수반하기 때문이지요. 이 과정에서 우리가 학습을 어떻게 해야 하는지도 알 수 있습니다.

　우선 학습을 위해 교과서를 읽어야 하지요. 그리고 학습 내용 중 가장 중요한 핵심 어휘가 무엇인지 파악해야 합니다. 그리고 그 핵심 어휘에 대해 명확히 알아야 하지요. 어휘가 어떠한 의미를 지녔는지, 그 의미에 해당하는 구체적인 사례에는 어떤 것이 있는지 등을 말입니다. 그래야만 학습 내용을 명확히 이해했다고 할 수 있는 거고요.

　예를 들어 살펴보겠습니다. 과학 교과에 척추동물과 관련된 학습을 하는 단원이 있습니다. 척추동물에는 포유류, 양서류, 조류 등이 있다는 내용이 등장하지요. 아이가 이 부분을 읽다가 '포유류'라는 말을 접했을 때, 무엇인지 모를 수 있어요. 그러면 잠시 읽기를 멈춰야 합니다. 그리고 이 어휘가 어떤 의미인지 생각해야 하지요. 앞뒤 문맥이나 교과서 내에 제시된 그림 자료, 세부 설명 등을 확인하고 의미를 추론해봐야 합니다. 의미를 추론할 수 없는 경우라면 사전을 찾아볼 수도 있고요. 그래서 포유류가 '젖을 먹여 새끼를 키우는 동물'이라는 의미를 파악해야 합니다.

더 나아가 포유류에 해당하는 구체적인 예에 무엇이 있는지도 알아야 합니다. '인간을 포함한 개, 고양이, 사자 등이 있다'라는 사실까지 확인해야 하는 거지요. 그래야 내용을 명확히 이해했다고 할 수 있거든요. 이처럼 '포유류'란 단어의 의미와 사례를 명확히 아는 것이 해당 단원의 내용을 이해하는 것과 큰 차이가 없다는 것을 확인할 수 있습니다.

여기서 한 가지 말씀드릴 것이 더 있어요. 이렇게 개념을 나타내는 단어 중에는 한자어가 참 많다는 점이에요. 방금 예를 들었던 '포유류'라는 단어도 한자를 알면 금방 의미를 이해할 수 있거든요. '哺 먹일(포) 乳 젖(유) 類 무리(류)' 단어를 구성하고 있는 한자를 보니 의미를 바로 확인할 수 있겠지요?

그렇다고 한자를 모두 쓸 수 있을 때까지 외워야 할까요? 그렇지는 않습니다. 쓰지 못해도 단어가 어떠한 한자로 구성되어 있는지 확인할 수 있다면 충분합니다. 우리말에서 한자어는 큰 비중을 차지하고 있어요. 그러니 한자에 대해 이해하면 교과서의 내용을 훨씬 더 쉽게 이해할 수 있습니다.

한자를 공부할 때는 한 글자씩 낱자로 암기하는 것보다 한자가 사용된 문장을 접하면서 자연스럽게 의미를 익히는 것이 좋습니다. 인문 고전 도서에는 이러한 한자가 들어간 좋은 문장과 글들이 많습니다. 그러니 책을 읽으며 한자까지 챙겨보세요.

어? 이 단어 또 나왔네? 학습 도구어

일상생활을 하는 데 빈번하게 사용되는 어휘들이 있습니다. 이런 어휘를 일상 어휘(Sight Word)라고 하는데요. 일상 어휘의 경우, 아이가 성장하는 과정에서 자연스럽게 습득합니다. 또 그 수가 엄청 많지 않기 때문에 사용하는 데 큰 어려움은 없었을 것입니다.

하지만 학습할 때는 다릅니다. 일상에서 잘 사용하지 않던 어휘들이 등장하지요. 그 어휘는 아이에게 굉장히 낯설게 느껴집니다. 담고 있는 의미도 정교하고, 수도 많지요. 과학 교과에는 과학과 관련된 어휘가 나오고, 사회 교과에서는 사회 현상과 관련된 어휘가 나오겠지요. 그런데 다양한 주제나 영역에서 교과를 넘나들며 두루두루 사용되는 어휘가 있답니다. 그것은 바로 '학습 도구어'인데요. 생각을 이끄는 단어라고 해서 '사고 도구어'라고도 불리지요. 아이가 학습 도구어에 대한 이해 정도가 높다면 더욱 원활하게 학습할 수 있습니다. 범교과적으로 사용되는 어휘니만큼 모든 과목의 학습에 긍정적인 영향을 미치는 것이지요.

신명선 교수는 이러한 학습 도구어 이해의 중요성을 강조하며, 중학교 3학년 국어, 사회, 과학 교과서를 중심으로 학습 도구어를 정리했는데요. 무려 2,440개나 되는 단어를 난이도와 함께 제시했답니다. 몇 가지만 살펴보겠습니다.

단어	난이도	단어	난이도	단어	난이도
가변	5	단정적	4	세분하다	4
개괄	5	모순되다	4	숙고	4
개편	4	변동성	6	연계하다	5
계량	3	보존	2	종속되다	5
구현되다	5	불변	4	탈피	4
논지	4	상징	2	형상	4

출처 : 〈국어 사고 도구어 교육 연구〉, 신명선, 서울대 박사논문(2004)

'가변'이라는 단어는 사물의 모양이나 성질이 바뀌거나 달라질 수 있음을 의미하는 말입니다. 이러한 '가변'이라는 단어는 국어 교과에도, 사회 교과에도, 과학 교과에도 등장합니다. 다양한 교과에 사용되는 단어인 거지요. 이렇게 반복적으로 사용되는 단어의 의미를 아는 것과 알지 못하는 것은 학습 이해도에서 큰 차이로 나타날 것입니다.

나만의 교과서 어휘 노트 만들기

교과서를 읽다가 개념을 나타내는 어휘가 나오면 따로 정리해 둘 필요가 있습니다. 과목별로 노트를 준비해서 어휘를 정리하는 건데요. 단어와 뜻을 함께 적어 두고 틈나는 대로 살펴봅니다.

예를 들어 '은유법'이라는 단어가 나왔을 경우, 다음과 같이 어휘와 개념을 함께 적는 것이지요.

은유법 : 원관념과 보조관념을 동일시해 다루는 기법, 'A=B이다'의 형식

앞뒤 문맥을 통해서도 의미를 정확히 알 수 없는 단어가 있을 수 있습니다. 이런 경우 국어사전을 활용하면 좋아요. 국어사전에서 해당 낱말을 찾아 의미와 용례를 확인하는 겁니다. 그리고 그 내용을 바탕으로 하되 자기의 언어로 다시 정리한 후 노트에 적습니다.

은유법 : 표현하고자 하는 것(원관념)과 비유되는 것(보조관념)을

동일시해 다루는 기법, 'A=B이다'의 형식

(예) 내 마음은 호수요. 삶은 여행이다.

'원관념'과 '보조관념'에 대해 자신이 이해할 수 있도록 한 번 더 풀어서 정리하는 것입니다. 더불어 사용된 예를 함께 적습니다. 요즘에는 전자사전도 많이 활용하는데요. 편한 방식으로 선택하시면 될 것 같습니다.

이렇게 교과서를 읽고 개념 어휘를 아이만의 어휘 노트에 정리하면 좋습니다. 그리고 어딘가로 이동할 때, 잠자기 전 등의 자투리 시간을 이용해 반복적으로 보는 거지요. 구체적인 노트 정리법은 〈Chapter 5〉에서 살펴보겠습니다.

교우 관계에서도 어휘 꽃을 피워라

지금까지 어휘력이 아이의 학습에 끼치는 영향에 대해 알아봤습니다. 그런데 어휘력은 학습에만 영향을 미치는 것이 아닙니다. 대인 관계에서도 지대한 영향을 미친답니다. 우리는 누군가와 대화할 때 자신도 모르게 상대를 평가합니다. 상대방이 사용하는 어휘를 통해 상대의 지식과 교양 수준을 판단하는 거지요. 그리고 판단 결과에 따라 곁에 두고 싶은 사람과 거리를 두어야 할 사람을 결정하기도 합니다.

교실에서는 더욱 그렇습니다. 아이들 각자가 사용하는 어휘의 양과 질이 교우 관계를 좌우합니다. 긍정적인 의미를 담은 어휘를 자주 사용하는 친구들은 전반적으로 인기가 많습니다. 친구의 활동을 보고 '잘했다, 멋지다, 고맙다, 네 덕분에'처럼 말해주는 아이들이지요. 모둠 활동을 하거나 자리 배치를 할 때, 확실히 긍정적인 어휘를 다양하게 사용하는 친구와 짝이 되었으면 하고 바라더라고요.

또한 아이들은 상황이나 감정을 정확하고 명확한 어휘로 표현하는 친구들을 더 선호하는 경향이 있습니다. 많은 아이가 기분이 나쁠 때는 '짜증 나'로, 기분이 좋을 때는 '좋아'처럼 한정된 단어로 감정을 표현합니다. 하지만 그것을 '서운했다. 불안하다, 답답하다' 또는 '날아갈 것 같다, 행복하다, 세상을 다 가진 기분이다'처럼 구체적으로 표현하는 아이들이 있어요. 그런 친구와 대화하면 감정이 정확하게 전달되기 때문에 오해가 적어 싸우는 일도 적었습니다.

반면에 비속어를 습관적으로 내뱉는 아이들도 있습니다. 그런데 신기하게도 욕을 많이 하는 아이 곁에는 그런 아이들이 함께 있어요. 주로 사용하는 어휘의 종류와 수준이 비슷한 아이들끼리 친구가 되더라고요. 자신은 욕을 많이 사용하지 않는데 옆 친구가 비속어를 지나치게 많이 사용해 불편한 거지요. 그리고 그 친구가 조금씩 꺼려지기 시작합니다.

자기가 아는 어휘를 다른 친구가 이해하지 못할 수 있습니다. 처음에는 자세하게 설명해줍니다. 하지만 이런 상황이 반복되면서 대화 횟수가 줄다가 결국 사이가 멀어지더라고요. 사용하는 어휘의 종류와 질의 차이가 교우 관계에 영향을 미치는 것입니다.

긍정적인 의미를 지닌 어휘를 익혀 다채롭고 유창하게 사용하면 교우 관계에 분명히 도움이 됩니다. 어느 때보다 친구의 존재가 중요한 시기에 아이의 어휘력을 높여 교우 관계에 꽃이 필 수 있도록 해주세요. 그러려면 부모님께서 긍정 어휘를 먼저 자주 사용해주셔야 합니다. 감정을 세밀하게 표현해주시는 것도 필요합니다. 오늘 아이에게 '기특하다, 덕분에 행복하다, 정말 고맙다' 하고 말씀해보시길 바랍니다.

> **Tip |** 청소년 언어의 특징 중 하나가 다른 연령층에 비해 비속어를 많이 사용한다는 것입니다. 그만큼 아이가 비속어를 사용하지 않기란 무척 힘든 일입니다. 다만, '입에 배어 있다'고 하지요? 의식하지 못한 채 습관처럼 내뱉는 비속어 사용 습관은 좋지 않다는 것을 아이에게 이야기해줘야 합니다. 때와 장소를 가려서 사용하는 것이 중요하다는 것도 말이지요. 이럴 때 **비속어의 어원**에 대해 함께 이야기해주면 좋습니다. 아이들은 비속어가 어떤 의미인지도 모르고 사용하는 경우가 많거든요. 어떤 말에서 유래했는지 알려주면 아이들은 깜짝 놀라 덜 사용하려고 노력한답니다.

어휘는 생활 속에서 배워야 한다

　일상 어휘와 학습 과정에서 사용되는 어휘가 다르다는 것을 알았습니다. 이제 우리는 아이가 학습 도구어나 개념 어휘를 일상에서 자주 접할 수 있도록 의도적으로 노력해야 합니다. 해당 어휘가 어떠한 상황에서 사용되는지도 알려주어야 하고요. 어렵게 느껴지지요? 그래서 지금부터 '지속적인 어휘 노출'이라는 목표를 향해 달려가 볼까 합니다. 막상 방법을 살펴보면 어렵지 않아요. 부모님께서 벌써 하고 계실 수도 있습니다. 하나씩 연습해보겠습니다.

대화 속 단어 수준 높이기

　아이와 대화를 나누면서, 아이가 사용하는 단어의 수준을 높이고 범위를 넓히는 방법입니다.

"애벌레가 허물을 벗고 나비가 되었습니다."

　앞의 문장을 아이가 말했다고 가정해볼게요. 그때 부모님께서는 다음과 같이 단어의 수준을 높여서 말씀하시면 됩니다.

"허물을 벗는 것을 '탈피'라고 해. 이때, '탈'은 '탈의실' 할 때, '탈'과 같은 거야. 무엇인가를 벗는 것이지. '피'는 '피부' 할 때 '피'와 같은 말이고."

이렇게 말입니다. 허물을 벗는다는 의미를 지닌 '탈피'를 사용해 단어 수준을 높이는 거지요. 또 단어와 연관된 단어들을 함께 제시해주면서 의미 이해를 돕는 겁니다.

만약 아이와 엘리베이터를 탈 때면, 다음처럼 대화를 이끌어가면 됩니다.

"엘리베이터를 승강기라고 해. 승강기의 '승'은 오른다는 의미야. '상승'할 때 '승'과 같은 말이지. 그러면 '승강기'의 '강'은 무슨 의미일까? 또 '강'이 사용되는 말에는 뭐가 있을까?"

다른 어휘도 예로 들면서 이야기해주면 아이는 보다 다양한 어휘를 접할 수 있는 거지요. 일상 대화 속에서 아이의 어휘력을 키울 수 있습니다.

놀면서 어휘력 키우기

다음은 어휘력을 키울 수 있는 놀이 방법입니다. 중학생에게 유치할 것 같지요? 간식을 걸어보세요. 아주 열심히 합니다. 자주는 아니더라도 차를 타고 이동할 때나 시간이 남을 때 하면 재미도 있고요. 우리의 목표는 지속적이고 다양한 '어휘 노출'이라는 것을 잊지 마셔야 합니다.

1. 끝말잇기

아이와 특별한 준비 없이 언제 어디서나 할 수 있는 놀이로 '끝말잇기'가 제격입니다. 대화할 기회가 생기면 잠깐씩 시도해보세요. 이때 부모님은 아이가 일상에서 잘 사용하지 않는 단어나 어휘를 사용해주셔야 합니다.

휴가 – 가지 – **지양**(부모) – 양치 – 치마 – 마음 – **음미**(부모)

평소에 쉬운 단어로 하던 끝말잇기에 조금 수준 높은 단어를 사용해주는 것이지요. 단어를 사용하면서 간단한 개념과 사용 예를 다음과 같이 들어주면 좋습니다.

"'지양'이라는 말은 '더 높은 단계로 오르기 위해 어떤 것을 하지 않는 것'을 의미하는 단어야. '무분별한 개발을 지양해야 한다'와 같이 사용할 수 있지."
"'음미'라는 말은 '내용을 새겨서 느끼거나 생각하는 것'을 의미해. '커피의 향기와 맛을 음미한다'처럼 사용할 수 있어."

부모님께서 해당 단어의 의미를 정확히 모르는 경우는 어쩌지요? 걱정하지 마세요. 어떤 상황에서 사용할 수 있는지 대략 설명해주는 것만으로도 충분합니다.

그리고 중간중간 경쟁심을 자극하기 위해, 이렇게 말해주세요.

"이건 진짜 어려운 단어라 OO이는 못 들어봤을 수 있어! 엄마는 이런 어려운 단어를 사전에서 보면 일부러 외워뒀거든. 끝말잇기 이 기려고! 대단하지? 따라올 테면 따라와 봐."

아이가 이기려고, 사전을 찾아 일부러 어려운 말을 외우기도 한 답니다. 간식이 걸려 있다면 더 열심히 하고요.

> **Tip |** 살짝 귀띔해드리는 건데요. 조금 뒤에 부모님께서 하셔야 할 예습법이 소개되어 있답니다. 부모님들께서는 예습하면서 **'교과서의 핵심 어휘'**를 알 게 되실 텐데요. 그 교과서 속 어휘와 단어를 끝말잇기와 같은 **일상 게임 활동 에 자주 사용**해주시면 좋습니다.

2. 보드게임 - 고피쉬

요즘 교육 현장에서 보드게임을 활용하는 비율이 많이 높아졌습 니다. 아이들이 학습 과정에 부담 없이 누구나 즐겁게 참여할 수 있 기 때문이지요. 특히 '고피쉬'는 낯선 어휘를 게임으로 접하면서 새 로운 어휘에 대한 거부감을 줄여 줍니다. 게임을 하면서 어휘력을 신장할 수 있는 것은 덤이고요. 특히 반대말, 비슷한 말, 속담, 고사

성어 등과 같이 다양한 어휘를 접할 수 있지요. 그 밖에 과학, 역사, 인물 등 다양한 분야를 접할 수도 있습니다.

부피가 크지 않으니 아이와 여행을 가거나 커피숍에 갈 때 챙겨가 보세요. 아이는 놀면서 새로운 어휘를 접하는 거지요. 초등학교 시절 했던 보드게임을 지금 하라고요? 지금 하는 것이 투자한 시간에 대비해 훨씬 더 큰 효과를 거둘 수 있습니다. 오늘 아이와 게임한 판 어떠신가요?

어느 정도 활동이 진행된 후에는 학습 내용을 토대로 고피쉬 게임 카드를 직접 만들어보는 것도 좋습니다. 아이가 교과 학습 과정에 새로 알게 된 어휘나 중요 개념이 있다면 그것을 활용하는 것입니다. 종이카드에 어휘와 어휘의 의미, 사용 용례를 적어 '나만의 고피쉬' 게임을 만드는 거지요. 〈나만의 고피쉬 : 중학교 1학년 과학〉처럼 교과 학습을 한 다음 교과서에 등장한 어휘로 제작하면 됩니다.

〈나만의 고피쉬 카드〉 만들기

① 인터넷 검색 창에 '무지 카드, 무지 메모지'를 검색해 구매합니다.

② 카드에 적을 단어를 선택하기 위해 교과서를 읽습니다. 이때, 범위를 정해 읽는 것이 부담이 적습니다.

③ 교과서에서 단어를 선택해 카드에 '어휘와 의미'를 작성합니다. 같은 단어로 2장씩 만듭니다.

④ 대략 30개의 어휘로 1세트(총 60장의 카드)를 완성합니다.

⑤ 보드게임 고피쉬와 같은 방법으로 게임을 진행합니다.

과학 카드 (앞) [어휘] **광합성**	국어 카드 (앞) [어휘] **지양하다**	(뒤) - 공통
[의미] 녹색 식물이 빛 에너지를 이용해서 이산화탄소와 수 분으로 유기물을 합성하는 과정 (의미를 알 수 있는 그림을 함께 넣으면 더 좋음)	[의미] 더 높은 단계로 오르기 위 해 어떤 것을 하지 않는 것 [용례] 자연의 무분별한 개발은 **지양**해야 한다.	**(작성하지 않음)**

아이가 교과서를 읽고, 〈나만의 고피쉬 카드〉를 만들었다면 격렬하게 칭찬해주세요. 특별한 음식을 해주셔도 좋습니다. 카드 만드는 일이 쉽지 않거든요.

또한 이렇게 아이가 직접 만든 어휘 카드로 온 가족이 모여 게임을 한다면 아이는 훨씬 기억을 잘할 겁니다. 카드를 만들기 위해 교과서를 읽을 때도 한 번, 카드에 적을 때도 한 번, 게임을 할 때도 한 번, 여러 번 반복해서 어휘를 봤으니까요. 무엇보다 가족과 함께한 시간은 따뜻한 추억으로 기억될 것입니다.

> **Tip |** 〈나만의 고피쉬 카드〉를 만들기 위해서는 시간이 꽤 들어요. 하루에 몰아서 다 하지 않아도 됩니다. 아이가 **교과서를 읽기를 할 때마다 한 번씩 만들도록** 도와주세요. 같은 카드를 2장씩 만들어야 하니, 아이가 카드를 1장 만들면 부모님이 곁에서 나머지 1장을 함께 만들어주셔도 좋고요. 어느 정도 카드가 쌓였을 때 게임을 하시면 됩니다.

3. 어휘 빙고

아이와 저녁 메뉴를 선정하기 위한 빙고 게임 한판 어떠세요? 전혀 책을 읽지 않던 아이를 위해 흥미 위주의 책부터 시작한 책 읽기는 서서히 비문학 읽기로 진행되어야 합니다. 다양하고 넓게 읽을 수 있도록 말이지요.

비문학이란 사회, 과학, 예술, 기술 등 학술 정보를 다루고 있는 글을 말합니다. 아이가 처음부터 흥미롭지도 않고, 내용도 어려운 비문학을 스스로 찾아 읽기란 쉽지 않은 일입니다. 이때 게임을 이용하는 겁니다. 비문학 글을 읽고, 글에 사용된 단어를 활용해 빙고를 하는 것인데요. 게임을 위해서 비문학 텍스트를 먼저 읽어야 하지요. 하지만 비문학 텍스트를 읽고 게임을 하자고 하면 분명히 안 하려고 합니다. 그러니 오늘 저녁 식사 메뉴 선택권 정도는 주셔야 합니다.

빙고 게임을 하기 위한 비문학 글은 어떤 것이 좋을까요? 가장 좋은 것은 뭐니 뭐니 해도 교과서랍니다. 교과서의 범위를 한정하고 그 속에 사용된 중요 어휘를 사용해 게임을 하는 것이지요. 신문도 활용하기 좋습니다. 몇 개의 기사를 선정해 집중해서 읽고 게임을 진행하는 거예요. 어린이나 청소년을 위한 잡지를 읽고 활동하는 것도 좋습니다.

단, 게임에 활용하는 글이 지나치게 길지 않아야 합니다. 아무리 게임이더라도 읽어야 할 글이 너무 많거나 읽는 데 오랜 시간이 걸린다면, 아이는 읽을 생각조차 하지 않을 테니까요. 부담 없는 양으로 시작하세요. 또 글을 선택할 수 있는 권한을 아이에게 주시면 좋아요. 교과서든, 신문이든, 잡지든 게임에 활용할 글을 아이가 직접 고른다면 훨씬 적극적으로 참여하게 됩니다. 자기가 고른 글이니 기억에도 오래 남고요.

더불어 게임 전이나 후에 아이와 글 내용에 대해 간단한 이야기를 나누시면 더욱 좋습니다. 글에 대한 의견이나 생각을 말해보는 것도 좋고요. 게임을 하는 궁극적인 목표가 글을 읽고 이해하기 위한 것이니까요.

순간순간 읽기

온 세상은 활자(活字)로 덮여 있답니다. 간판에도, 광고 전단에도, 공원에 있는 나무의 이름표에도 글씨가 가득하지요. 그것을 그냥 지나치지 말고 아이와 함께 읽어보세요. 우리 주변 곳곳에 있는 글들을 끊임없이 읽고 살펴봅시다. 찰나의 순간이 모이면 엄청난 힘이 될 수 있거든요.

아이와 함께 길을 걷는다면 가게의 간판에 적힌 상호가 무슨 뜻일지, 어떠한 의도로 만들었을지 아이와 이야기를 나누는 겁니다. 내가 만약 가게 주인이라면 어떻게 이름을 붙일 건지도요.

길을 걷다가 길거리에서 병원 홍보 전단을 나눠준다면 그대로 버리지 말고 아이와 한 번 읽어보세요. '전환기 검진, 재활의학과, 백내장' 등 어휘를 살펴보는 겁니다. 아이와 장을 보는 중이라면 광고 전단이 무엇을 홍보하는지 함께 유심히 읽어보시고요. 물건을 사고 난 후 받은 영수증에 있는 말들에도 관심을 가져보는 거예요.

작은 영수증 속에도 '부가세, 비과세'처럼 아이에게는 낯선 단어가 많습니다.

아이가 먹는 과자 봉지 뒷면에 식품 성분표에도, 방금 받아 온 약 봉투에도 익숙하지 않은 어휘가 가득합니다. 아파트 게시판에 공고문도 읽어보고, 버스 안의 광고판도 살펴보려면 시간이 부족할 정도지요.

이렇게 평소 우리가 눈여겨보지 않았던 곳곳에 어휘가 있습니다. 아이가 모르는 어휘들이 가득 담겨 있지요. 이것을 그냥 넘기지 마세요. 아이와 함께 끊임없이 읽고, 의미를 추론해봅니다. 주변의 글자들에 관심을 가지고 읽기를 시작해보세요. 그러면 모든 순간이 아이의 어휘력을 키우는 기회가 됩니다.

Tip | 주변으로 눈을 돌리려면 무의식적으로 꺼내던 핸드폰을 꺼내지 않는 결단이 필요합니다. 부모님도 아이와 함께, 손에 쥐고 있던 **핸드폰을 잠시 가방 깊숙한 곳에** 넣어보세요. 그리고 아이와 **주위에 있는 글에 집중**해보세요. 사춘기에 접어든 아이가 싫다고 할 수도 있어요. 주객이 전도되면 안 되겠지만 지나치지 않는 선에서 아이가 좋아할 만한 유인책을 제시하는 것도 좋습니다. 주말 가족 여행지 선택권 주기, 추가 용돈 주기, 남학생의 경우에는 게임 1시간 자유이용권처럼 말입니다. 하지 않는 것보다 하는 것이 나으니까요.

성적을 높이려면 교과서로 질러가라

지금까지 우리 아이가 책과 친해질 수 있도록 노력해왔습니다. 아이가 좋아하는 재미난 책을 소리 내어 읽어주기도 하고, 일상에서 함께 다양한 어휘를 배울 수 있도록 대화를 나누기도 했지요. 주변의 글 속에 담긴 어휘를 유심히 살펴보기도 했습니다. 이제는 우리 아이의 차례입니다. 문해력도 신장하고, 원하는 학업 성취도 얻을 수 있는 두 마리 토끼를 잡으러 가보실까요? 그 중심에는 늘 교과서가 있습니다.

후루룩 읽는 습관을 없애라

교과서 공부를 제대로 시작하기 전에 꼭 없애야 하는 습관이 하나 있어요. 바로 '후루룩 읽는 습관'입니다. 천천히 정확한 의미를 이해하며 글을 읽어야 하는데, 빨리 대충 읽는 거지요. 이러한 '후루룩 읽는 습관'은 학습에 특히 좋지 않은 영향을 미칩니다. 아이가 후루룩 읽는 습관이 있는지, 있다면 어떻게 고쳐야 하는지 알아볼게요.

먼저 새해가 시작되었을 무렵을 떠올려 보세요. 혹시 아이에게 과목별 문제집을 하나씩 사주지 않으셨나요? 아이가 좋은 학업 성취를 거두길 바라는 마음을 가득 담아서요. 그리고 아이에게 하루에 몇 페이지씩 풀게 하셨을 가능성이 높습니다. '영어 문제집 3~4쪽 풀기, 수학 문제집 2쪽 풀기' 이렇게요.

아이는 매일매일 부모님이 사준 문제집을 탑처럼 쌓아놓고 풀기 시작합니다. 그런데 혹시 문제를 풀기 시작한 지 얼마 지나지 않았는데, 아이가 '이거 모르겠어' 하고 문제집을 가지고 나오지 않았나요? 설명해준 뒤에 얼마 지나지 않아 또 아이가 다른 문제를 들고 부모님을 찾지 않았나요? 만약 그렇다면 아이에게는 '후루룩 읽는 습관'이 있는 겁니다.

부모님은 종일 일을 하고 돌아온 후라 힘들고 지친 상태지요. 그래서 아이가 진득하게 앉아 스스로 문제를 끝까지 해결했으면 합니다. 하지만 사랑하는 아이가 모르겠다고 물어보니 가르쳐 줘야지요. 열심히요.

그런데 모르겠다고 가져온 문제를 읽어보면 아이가 충분히 풀수 있는 수준의 문제입니다. 대부분 문제가 무엇을 묻는지 정확히 읽지 않아 틀린 거지요. 다시 천천히 읽어보면서 풀어보라고 하면 아이는 읽었는데도 모르겠다고 투덜거립니다. 잘 읽고 있나 살펴보면 낙서하면서 딴짓하고 있어요. 5분이면 끝날 것을 지금 30분째 하고 있습니다. 부모는 점점 화가 납니다. 아이의 행동이 너무 답답하거든요. 집중해서 풀면 금방 끝날 걸 왜 시간 낭비를 하고 있는지 도통 이해가 안 됩니다. 그리고 '우리 아이는 공부 머리가 없는 것 같다'라는 생각에 이르지요.

아이는 왜 제대로 읽지 않고 조금이라도 이해가 안 되면 부모를 찾는 걸까요? 아이의 관점에서 살펴볼 필요가 있습니다. 아이는 부모님이 풀라고 이야기한 범위까지 문제집을 풀어야만 합니다. 그래야 하고 싶은 일을 할 수 있지요. 이걸 끝내야만 나가서 놀 수 있습니다. 그러니 어떻게든 빨리 답을 찾아야 합니다. 그러다 보니 문제를 국수 먹듯 후루룩 대충 읽는 거예요. 천천히 입에 넣고 꼭꼭 씹어 정확히 이해해야 하는데, 씹을 생각도 하지 않는 겁니다. 꼼꼼히 이해하면서 읽으면 시간이 오래 걸리거든요. 그만큼 놀 수 있는 시간은 점점 줄어들고요. 그러니 무엇인가 모르는 것이 있을 때 아이는 고민할 필요가 없습니다. 빨리 부모를 찾으면 됩니다. 부모님은 금방 가르쳐주시거든요. 답이 금방 나오지요. 아이가 가장 빨리 과제를 끝낼 방법이 '부모님 찾기'였던 거지요.

부모님은 아이의 질문에 성실히 대답해주었을 뿐입니다. 그런데 오히려 아이에게 후루룩 글을 읽는 습관이 생긴 겁니다. 그렇다면 부모님이 잘못한 걸까요? 아닙니다. 아이가 모르는 것을 꼼꼼하게 가르쳐주신 것은 정말 훌륭한 일이지요. 피곤한데도 버티며, 아이의 학습까지 챙긴다는 건 쉬운 일이 아닙니다. 다만, 지금부터는 **조금 천천히 가르쳐주시면** 됩니다.

아이가 모르는 것이 있다고 책을 들고 올 때, 바로 가르쳐주지 마세요. 바로 가르쳐주는 대신 아이에게 그 문제를 **'소리 내어 3번씩'** 읽어보라고 하면 됩니다. 학습의 기본은 소리 내어 읽는 거잖아요. 〈Chapter 3〉에서 오랫동안 연습했던 소리 내어 읽기를 학습 과정에서도 적용합니다.

아이는 소리 내어 읽으려고 문제를 집중해서 볼 거예요. 아이가 문제를 읽을 때는 너무 빠르지 않은 속도로, 의미 단위로 끊어서 읽어야 한다는 것도 말씀해주세요. '누가(무엇이)'에 해당하는 것에는 'O표'도 하면서 읽도록 말이지요. 이렇게 이해가 안 되는 문제를 자신의 목소리로 말하고, 귀로 듣는 과정에서 아이는 스스로 놓친 부분을 확인할 수 있답니다. 소리 내어 3번 반복해서 읽는 과정에서 문제가 점점 더 명확히 이해되지요. 문제를 이해하니 답이 술술 나오는 경우도 많습니다. 아이가 문제를 정확히 읽고 답을 찾을 수 있도록 충분한 기회를 주세요.

> **Point |** 아이가 제대로 된 학습을 하기 위해서는 반드시 **'후루룩 읽는 습관'을 고쳐야 합니다.** 후루룩 읽는 습관은 글을 대충 읽는 거예요. 낱말이나 문장을 정확히 읽지 않고 너무 빨리 읽는 거지요. 그러면 당연히 내용이 이해되지 않습니다. 아이가 모르는 것을 질문했을 때, 부모님께서 바로바로 설명해주시고 가르쳐주시면 이런 습관을 고칠 수 없습니다. **가르쳐주시는 데 게으름을 피우셔야 합니다.** 아이에게 **소리 내어 읽도록 기회**를 주고 스스로 의미를 파악할 수 있도록 해야 합니다.

문제집만 풀다가 큰코다친다

교과서가 중요하니 아이에게 교과서를 보라고 합니다. 그런데 아이가 싫다고 합니다. 재미가 없거든요. 어렵고요. 하지만 자습서나 문제집에는 자세한 설명도 있고 요약·정리도 잘 되어 있어 보기에 편합니다. 알록달록 편집도 잘 되어 있고요. 그냥 문제집으로 공부하면 안 될까요?

결론은 '안 됩니다'입니다. 학습의 시작은 무조건 교과서여야 합니다. 교과서는 과목별 전문가들이 모여 심혈을 기울여 만든 최고의 교재입니다. 다양한 사례와 이해를 돕기 위한 사진 등이 체계적으로 수록되어 있지요. 선생님들께서 문제를 출제하실 때도 무조건 기준은 교과서입니다. 다른 문제집을 참고하실 수는 있으나 문제집에 나온 문제를 출제할 수는 없어요. 그러니 선생님들께서는 교과서를 보고 학생들이 중요한 내용을 잘 이해했는지 파악할 수 있게 문제를 출제하십니다. 중요한 내용은 수업 중에 여러 번 강조도 해주셨을 테고요. 그러니 아이가 공부할 때는 교과서를 중심으로 하도록 해야 합니다.

문제집이나 자습서에 중요한 내용이 잘 요약되어 있긴 하지요. 하지만 시험에 나오는 글은 요약된 글이 아니라 교과서에 제시된 원문의 형태가 출제되는 거예요. 그러니 요약된 형식이 아니라 원문을 많이 봐야 합니다.

또 교과서에 실린 글을 아이가 읽고 이해한 후, 직접 요약해서 정리할 때 의미가 있는 거랍니다. 누군가 정리해놓은 요약본으로 공부하면 조금 편할 수 있습니다. 그러나 쉽게 얻은 지식은 쉽게 잊어버리는 법이지요. 교과서를 후 순위에 두면 절대 안 됩니다.

Tip | 모든 학습의 시작은 교과서입니다. **교과서를 중심으로 공부**해야 합니다. 교과서를 반복해서 읽으면서 중요한 내용을 중심으로 요약할 수 있어야 합니다. 만약 아이가 교과서 읽는 것을 힘들어 한다면, 부모님이 **소리 내어 읽어주세요.** <Chapter 3>에서 연습한 소리 내어 읽기 방법을 교과서 읽기에도 적용하는 거지요. 읽을 때는 잘 이해가 가지 않던 것이 귀로 들으면 더 잘 이해되니까요. 그리고 아이도 **직접 소리 내어 읽도록 합니다.** 중요한 내용에 밑줄도 긋고, 끊어 읽기 표시도 하면서요. 그렇게 여러 번 반복해 소리 내어 읽으며 내용에 관한 대화를 나눠보세요. 교과서 안에 담긴 의미까지 이해할 수 있습니다.

교과서 제대로 읽고 수준 높이기

교과서는 수업 전, 후에 반복해서 읽으면 좋습니다. 아이가 수업 전에 예습 차원에서 교과서를 읽고자 한다면, 소리 내어 읽는 것이 먼저입니다. 소리 내어 읽으며 모르는 어휘를 찾아 문맥 속에서 개념을 추론해봐야 합니다. 교과서를 읽고 어려운 단어를 확인하는 수준으로 진행하되, 해당 단어와 연관된 다양한 도서를 읽고 배경지식을 쌓는 것이 예습의 전부입니다. 이것은 단지 당장 배울 교과에만 도움을 주는 것이 아닙니다. 차곡차곡 쌓여 앞으로 이어질 학습 전반에 힘이 되어주지요. 단, 이 과정에서 뒤에 이어지는 학습 활동이나 연습 문제까지 교과서의 모든 내용을 미리 해결해서는 안 된다는 점만 기억하시면 됩니다. 아이의 예습을 위해 부모님께서 해주셔야 할 일은 조금 뒤에 자세히 말씀드릴게요.

수업이 종료된 후 복습 과정에서 교과서를 읽는 것이 훨씬 더 중요합니다. 예습은 어설프게 하더라도 복습은 확실하게 해야 하지요. 복습도 역시 교과서를 제대로 읽는 것이 가장 중요합니다. 복습은 다음과 같이 진행됩니다. 아이에게 우선 학습 단원의 제목을 보고 어떤 내용일지 예측해보도록 합니다. 그리고 난 후 단원 목차와 학습 목표를 꼼꼼하게 살필 수 있게 해야 합니다. 특히 학습 목표는 아이가 학습하는 과정에서도 늘 기억하고 있어야 한다는 것을 알려주세요. 부모님께서는 아이가 교과서를 읽으며 복습하는 과정에 단원의 학습 목표를 알고 있는지 틈틈이 살펴보셔야 합니다. 학습을 통해 달성해야 할 목표, 우리가 도착해야 할 곳이니까요. 가야 할 곳을 명확히 알고 있어야 방향을 잃지 않습니다.

주제, 목차와 학습 목표를 살펴봤으면 아이에게 본문을 소리 내어 읽도록 합니다. 수업 시간에 어떠한 부분에 강조했는지 생각하면서 집중해서 읽어야 합니다. 중요한 내용에 밑줄도 긋고, 핵심 어휘에 표시도 하면서요. 그 과정에 내용이 명확히 이해되지 않는 부분을 질문하고 대화하면서 답을 찾아야 합니다. 그리고 복습 과정에서는 학습 활동이나 연습 문제까지 꼼꼼하게 풀면서 명확하게 내용을 이해했는지 확인해야 해요. 이런 방식으로 교과서를 반복해서 읽어야 합니다. 조금이라도 이해되지 않는 부분이 있다면 반복 읽기를 통해 명확히 이해해야 합니다.

Tip | 아이가 교과서를 읽을 때, 노트에 '핵심 개념과 중요 내용'에 대해 **질문과 답의 형식**으로 필기하면서 읽으면 이해를 도울 수 있습니다. 왼쪽에는 '① 민주주의의 개념은 무엇인가?'처럼 번호와 질문을 적고, 오른쪽 칸에는 답을 적어두는 것입니다. 읽으면서 질문을 만들면 그냥 읽을 때보다 내용에 대해 이해하려고 노력하게 되지요. 또 손으로 질문과 답을 적으면서 오래 기억할 수 있고요. 더불어 시험 직전, 복습할 때 아주 유용하답니다.

교과서 읽으며 질문 만들고 적기(예)

노트 앞장(오른쪽 페이지) 질문	노트 뒷장(왼쪽 페이지) 답
① 민주주의의 개념은 무엇인가?	① : 국민이 권력을 가지고 그 권력을 스스로 행사하는 제도, 또는 그런 정치를 지향하는 사상

　이렇게 수업이 끝나고 복습을 위한 교과서 반복 읽기까지 마쳤습니다. 그러면 이제 다시 '책 읽기'로 돌아가야 해요. 교과서 학습 이전에는 다소 쉬운 책을 읽으며 배경지식을 넓혀야 합니다. 아직 배우기 전이니까요. 그런데 지금은 충분히 내용을 학습하고 난 뒤이기 때문에 예습할 때 읽었던 책보다 수준을 조금 올릴 필요가 있습니다. 아이가 학습한 내용과 관련 있는 주제의 도서 중, 도전 의식을 느낄 수 있는 살짝 어려운 책을 찾아 읽어보도록 하는 겁니다. 내용을 이해하고자 노력하며 읽는 거지요. 자신의 현재 능력보다 조금 높은 수준의 책을 읽으며 이해하려고 노력할 때, 아이의 문해력은 성장합니다.

Point | 문해력을 높이는 방법, 목표하는 학업 성취를 달성하는 방법, 답은 정해져 있습니다. 그리고 부모님은 알고 계시지요. **수업 전에도 교과서, 수업 후에도 교과서입니다.** 그리고 학습 과정 전반에 **다양한 책 읽기**가 포함되어 있어야 합니다. 지금 눈앞에 보이는 아이의 점수에 흔들리지 마세요. 멀리 보셔야 합니다.

Tip | 교과서 순환 읽기

학습을 위한 교과서 읽기를 할 때 **'순환 읽기'**를 하는 것이 좋습니다. '순환 읽기'는 중학교 수업 시간인 45분을 기준으로 운영됩니다. 우선 교과서를 읽고 공부한 후, 10분의 휴식 시간을 갖습니다. 그리고 쉬는 시간이 끝나면 다음 공부를 시작하기 전에 5분간 직전에 공부한 내용을 다시 훑어보고 다음 공부를 시작하는 방식이에요. 따라서 실제 학습 과정은 **'5분 : 이전 학습 내용 복습 – 40분 : 새로운 학습 – 10분 휴식'의 과정**으로 이루어집니다. 학습한 내용은 빨리 복습해야 잊어버리지 않거든요. 10분간 쉬면서 잠시 뇌에 휴식 시간을 준 뒤, 다음 학습을 시작하기 전에 반복해줘서 오래 기억할 수 있도록 하는 것입니다.

나만 모르는 우등생의 공부법

아이가 오늘 혼자 공부를 하면서 어떤 책을 봤나요? 자습서나 문제집인가요? 아니면 학원에서 나눠준 학습지인가요? 학원도 오랫동안 다녀왔고, 집에 와서 오랜 시간 책상에 앉아 있는데도 성적의 변화가 없다면 한 번쯤 고민해보셔야 합니다. 왜 그런지 이유를 찾아 도와주셔야 해요.

제가 지금까지 근무하면서 만났던 상위 1%의 학생 중 특히 기억에 남는 두 학생에 대해 이야기할까 합니다. 우선 범균이라는 아이는 중고등학교 시절 내내 최상위 성적을 유지하는 아이였답니다. 수업 시간 참여 태도는 어떤지 알고 있었지요. 직접 관찰했으니까요. 그야말로 참 훌륭했습니다. 그런데 학교 밖에서 혼자 공부할 때 어떻게 하는지 정말 궁금했어요. 학원에 다니거나 과외를 하는지도요. 모든 과목에서 한결같이 아주 좋은 성적을 거두는 특별한 비법이 있지는 않을까 생각했습니다. 집에 있는 아들이 범균이처럼 컸으면 하는 흑심도 조금 있었고요. 그래서 아이에게 물어봤습니다. 범균이의 답은 이랬답니다.

"평소 학원에 다니지는 않아요. 예전에는 저도 학원에 많이 다녔었는데, 그러다 보니 혼자서 공부할 시간이 전혀 없더라고요. 그래서 부모님과 대화 후에 과감하게 학원을 줄였지요. 그래서 보통 때는 혼자 공부하다가 필요할 때만 잠깐씩 학원에 다녔어요. 짧게요."

"학원에 가지 않고 집에서 혼자 공부할 때는 어떻게 했어?"

"학교가 끝나면 일단 집에 와서 간식을 먹고 잠깐 쉬었지요. 그리고 2시간 동안 그날 배운 과목의 교과서를 집중해서 읽었어요. 읽다가 이해되지 않는 부분은 체크를 해놓고 다음 날 선생님께 여쭤봤지요. 그리고 자기 전에는 읽고 싶은 책을 읽고 잤어요. 소설책 같은 거요."

"시험을 대비하기 위한 특별한 방법이 있니?"

"시험 대비는 한 달 반 전부터 시작했는데 특별한 것은 없어요. 그냥 교과서를 무조건 5번씩 집중해서 읽는 거예요. 처음 교과서를 읽을 때는 시간이 오래 걸렸어요. 1과목의 시험 범위를 다 읽는 데 10일 정도 걸리더라고요. 그리고 다시 읽는 거예요. 두 번째 읽을 때는 5~6일 정도 걸리고, 세 번째, 네 번째 읽을 때는 기간이 점점 더 짧아졌어요. 그러다 다섯 번째 읽을 때는 몇 분 안 걸려요. 그렇게 교과서를 5번 정도 읽으니 교과서 안에 있는 내용은 거의 다 알게 되더라고요."

"문제집은 보지 않았니?"

"봤지요. 그런데 모든 과목 교과서를 5번 이상 읽은 후에 문제집을 풀었어요. 이해한 것이 맞는지 확인하는 목적에서요. 그러면 시간도 많이 들지 않거든요. 저는 그냥 계속 교과서를 읽었던 것 같아요."

범균이의 학습법은 특별한 것이 없었습니다. 그냥 교과서를 외울 때까지 반복해서 본다는 것이지요. 그리고 스스로 교과서를 중심으로 공부하다가 부족한 것이 생겼을 때, 학원이나 과외의 도움을 받았습니다. 평소에는 교과서 읽기와 책 읽기에 특히 많은 시간을 투자한 것이 인상 깊지요. 우리가 생각하는 일반적인 패턴과는 조금 다르지만 의외로 단순합니다.

중학교 생활을 이렇게 한 범균이는 특수목적고등학교에 진학했어요. 그리고 2년 만에 조기 졸업을 합니다. 그리고 이른바 우리가 최고 명문대라고 부르는 곳들에 모두 합격했지요. 그중 한 곳에 4년 전액 장학금을 받고 입학했답니다. 아주 기특해서 연신 등을 두드려줬던 기억이 나네요.

또 다른 최상위권 학생이었던 수진이 이야기도 들려드릴게요. 수진이는 언어 감각이 참 좋은 아이였어요. 책도 잘 읽고, 말도 조리 있게 잘했지요. 친구들에게 모든 과목 학습 내용을 어찌나 잘 설명해주던지요. 그런데 수진이도 범균이처럼 교과서 이야기를 줄곧 했답니다.

"저는 교과서가 두 권씩 있어요. 일단, 공부할 때 활용한 모든 자료를 교과서 한 권에 모아서 적어요. 수업 시간에 활용하는 교과서에요. 선생님께서 나누어주신 학습지의 내용도 요약해서 교과서에 적고요. 관련 있는 자료도 찾게 되면 포스트잇에 적어서 교과서에 붙여놨지요. 여러 곳에 퍼져 있는 내용들을 교과서를 중심으로 모으는 거예요. 그리고 난 후 모든 것이 정리된 교과서를 반복해서 읽었어요."

"읽는 데 어려움은 없었어?"

"읽다가 이해되지 않는 게 나오지요. 그러면 그냥 넘어가지 않았어요. 한참 생각했어요. '무슨 의미일까? 답이 뭘까?' 하고요. 그렇게 이해가 잘되지 않던 부분이 시험에 거의 나오더라고요. 혼자 계속 생각해서 답을 찾고 넘어간 부분이라 그런지 절대 안 잊어버렸어요. 그래서 문제로 나왔을 때도 틀리지 않을 수 있었지요."

"얼마만큼 반복해서 읽었어?"

"외울 때까지요. '몇 번 읽어야지' 하고 정해놓지는 않았어요. 교과서를 반복해서 읽다 보면 '어느 부분에 무슨 내용이 있다'까지 이미지처럼 생각나거든요. 그때까지 읽는 거지요."

"교과서가 두 권이라고 했는데 나머지 한 권은 어떻게 활용한 거야?"

"교과서를 충분히 외웠다는 느낌이 들면 그걸 잘 기억하는지 확인하는 용도로 썼어요. 두 번째 교과서에 학습한 내용을 외워서 그대로 적어보는 것이지요. 필기했던 위치까지 그대로요. 지문이 있는 곳에 중요하다고 필기해놓은 것이 있었다면 그것도 떠올려서 중요 표시를 했어요. 학습 활동 문제도 직접 답을 달면서 풀어보고요. 그렇게 하다 보면 완벽하게 똑같이 필기 된 교과서 두 권이 생기는 거지요."

수진이는 학습 과정에서 활용한 모든 내용을 교과서 한 권으로 단권화시켰습니다. 그리고 그 교과서를 외울 때까지 반복해서 봤습니다. 읽을 때 이해되지 않는 부분에서는 충분히 생각하는 시간을 가지면서 말이지요. 그리고 표시가 전혀 없는 또 한 권의 교과서에 자신이 이해하고 암기했던 내용을 적으면서 확인했고요. 수진이는 교과서가 구체적인 하나의 이미지로 머릿속에 완벽히 각인될 때까지 무한으로 반복해서 읽었다는 점이 인상 깊지요. 수진이는 자신의 원하는 대학에 진학했답니다.

그 밖에 제가 매년 만나는 최상위권 학생들은 모두 교과서를 소홀히 하지 않는다는 공통점이 있었습니다. 정말 한결같았지요. 단한 명도 빠짐이 없었습니다. 최상위권 학생들은 이렇게 시험 직전까지 교과서를 손에서 놓지 않았답니다.

그런데 교실 속 모습은 이런 상황과 조금 달라요. 시험 직전에 1~2시간 정도 자율학습을 할 수 있는 시간을 줍니다. 그러면 아이들이 대부분 문제집을 꺼내 열심히 풉니다. 아니면 학원에서 나누어 준 학습 평가 문제를 풀더라고요. 당연히 교과서를 충분히 읽은 후에 점검 차원에서 문제집을 푸는 것이려니 생각했습니다. 하지만 많은 학생이 교과서를 읽지 않았더라고요. 수업 시간에 선생님과 교과서로 진도를 나간 것이 교과서 읽기의 전부였습니다. 대부분 교과서를 뒤로한 채 오로지 문제 풀이에 몰두하고 있었습니다.

아이들이 열심히 풀던 문제지를 살펴봤습니다. 물론 해당 단원에서 중요한 내용이 담겨 있습니다. 그렇지만 아주 지엽적인 내용까지 너무 많은 내용이 광범위하게 실려 있더라고요. 분명 수업 시간에 중요한 내용을 강조하고, 교과서에 필기하도록 열심히 안내했는데도 말입니다. 교과서를 보면서 그런 핵심 내용을 중심으로 공부해야 하는데 교과서는 뒷전이니 큰일입니다. 무엇이 중요한지 파악하지 못한 채 많은 에너지를 낭비하고 있었습니다.

아이의 공부 과정을 살펴봐주세요. 아이가 열심히 교과서를 봤나요? 교과서에 손때가 묻어있나요? 교과서를 충분히 읽고 이해하는 것이 가장 중요합니다. 그 이후에 학원 강의를 수강하고 문제집을 살펴봐야 효과가 있습니다. 교과서 집중 읽기를 배제한 채 이루어지는 맹목적인 문제 풀기가 어쩌면 시간 낭비일 수 있습니다.

어린 시절 공룡 이름을 줄줄이 외우는 우리 아이를 보고 '천재인가?' 하고 생각한 것 기억나시지요? 하지만 그것이 끊임없는 반복, 복습의 효과라는 것을 간과해서는 안 됩니다. 오늘 '국어 문제집 5페이지 풀었니?' 하고 확인할 것이 아닙니다. 물어야 한다면 '국어 교과서 소리 내어 읽었니?' 하고 질문해야 하지요. 교과서 반복 읽기의 힘을 기억하셔야 합니다.

Point | 자습서? 문제집? 아닙니다. 교과서를 제대로 이해하며 공부하는 것이 핵심입니다. 소설 읽듯이 후루룩 읽으라는 것이 아닙니다. 천천히 단어 하나, 문장 하나의 의미를 생각하면서 읽어야 합니다. **교과서를 반복해서 읽으며 완벽하게 내용을 숙지하는 것**이 원하는 학업 성취를 달성할 수 있는 최고의 방법입니다.

예습, 엄마가 반드시 해야 한다

　'선행학습'과 '예습'의 차이는 무엇일까요? '선행학습'은 아이가 자기 학년보다 상위 학년의 학습 내용을 앞당겨 깊게 배우는 것입니다. 예를 들면 초등학교 5학년 학생이 중학교 2학년 수학을 오랜 시간 투자해 심도 있게 공부하는 것이지요. '선행학습'을 통해 이미 모든 것을 다 배운 아이는 정작 학교 수업 시간에 집중하지 못합니다. 온통 아는 내용뿐이거든요. 쉬운 내용을 왜 그리 오랫동안 설명하시는지 따분하기만 하지요. 그러니 수업이 재미가 없습니다. 분수의 곱셈과 나눗셈에 능통한 아이에게 자연수의 덧셈만 계속 시키는 격이니 따분할 뿐이지요. 그래서 해당 과목 교과서 밑에 슬그머니 다른 과목 숙제를 꺼내놓고 하기도 합니다.

　그렇다면 '예습'은 무엇일까요? 수업 시간 전에 자신이 무엇을 모르는지 미리 점검해 준비하는 겁니다. 기본적인 개념이나 내용을 간단히 파악하는 정도로 이루어지지요. 상위 학년의 내용을 저학년 때 모조리 배우는 '선행학습'과는 명확한 차이가 있습니다. 수업의 흥미가 떨어지지 않는 수준에서, 내용을 이해할 수 있도록 가볍게 대비하는 거니까요. 이때 부모님의 도움이 필요합니다. 아이의 예습을 위해 먼저 움직여주셔야 합니다. 아이를 위해서 이 책을 읽고 계실 정도이니 누구보다 잘 도와주실 수 있습니다. 너무 걱정은 하지 마시고요. 함께할 준비되셨지요?

교과서 훑어보기

아이의 예습을 돕기 위해서는 부모님께서 아이의 교과서를 보셔야 합니다. 아이보다 먼저 봐야 하지요. 부모님께서는 지금까지 아이의 교과서를 한 번도 살펴보지 않았을 수 있습니다. 그렇다고 자책하실 필요는 없어요. 또 '그 많은 양의 교과서를 어떻게 다 보지?' 하고 부담 갖지 않아도 됩니다. 아이가 공부하는 건데 왜 부모가 교과서를 읽어야 하는지 의아할 거예요. 아이의 교과서를 부모님께서 먼저 보는 이유는, 아이에게 **제대로 된 예습의 시범**을 보여주기 위해서랍니다. 부모님께서 시범으로 앞장을 서주시면 아이는 금방 앞서갑니다. 이제 본격적으로 시작해볼까요?

새 학기가 시작되면 아이가 교과서를 받아옵니다. 겉표지가 반짝반짝 빛나는 새 책이지요. 그러면 부모님이 먼저 아이의 교과서를 쭉 훑어보는 겁니다. 전 과목 교과서를 목차부터 살펴보는 거지요. 그리고 단원별로 어떤 내용이 담겨 있는지 빠르게 책장을 넘기며 확인하세요. 그렇게 한 학기에 배울 교과서를 모두 살펴보는 것은 2~3시간이면 충분합니다. 훑어보는 거니까요. 읽기에 능숙하신 부모님의 경우에는 더 빨리 끝날 테고요. 이렇게 아이의 한 학기 예습을 위해 2~3시간을 투자해주세요.

막상 교과서를 훑어보니 아이가 학교에서 배워야 할 내용이 그렇게 어려워 보이지 않습니다. 그런데 아이는 교과서 읽기를 무척 어려워해요. 아주 많은 학생이 이해하지 못하지요. 그러니 쉽다는 것은 어른의 느낌일 뿐입니다. 따라서 우리는 아이가 교과서를 읽을 때, 어렵다고 느끼지 않도록 예습을 해줘야 합니다. 교과서에 나온 어휘를 미리 접할 수 있도록 기회를 주어야 합니다. 그 시작이 부모님의 교과서 훑어보기입니다.

> **Tip |** 교과서를 훑어보면서 아이가 어려워할 것 같은 단어들을 찾아보세요. 그 단어들을 끝말잇기에도 적용하고, 빙고 게임에도 활용하며, 일상 대화 속에서 자주 노출해줍니다. 부모님이 보기에 쉬워보이는 어휘도 아이에게는 어려울 수 있거든요. 그래서 **교과서에 나오는 어휘를 아이에게 익숙하게 해주는 것**이 목표입니다.
>
> 만약 부모님이 교과서를 훑어보는 것에 아이가 관심을 보인다면 훑어보기 활동을 아이와 함께해도 좋습니다. 아이가 교과서를 잘 볼 수 있도록 하기 위함인데 벌써 관심을 보인다면 고마울 따름이지요.

교과서에서 보물을 찾자

교과서를 훑어보면서 무엇을 해야 할까요? 바로 단원의 중요 개념, 핵심 어휘를 찾는 겁니다. 교과서 속에 숨겨진 보물을 찾아야 합니다. 그렇다고 교과서를 하나하나 꼼꼼하게 읽으실 필요는 없습니다. 교과서의 '목차와 단원의 학습 목표'를 보면, 해당 단원에서 학습하고자 하는 중요 개념이 무엇인지 알 수 있을 거예요. 또 '단원 정리 부분'을 보면 부모님께서 핵심 어휘를 잘 찾았는지를 점검 하실 수 있습니다.

다음은 중학교 역사 교과서의 한 부분인데요, 이 단원의 중요 개념, 핵심 어휘가 무엇인지 찾아보세요.

[목차] Ⅰ. 문명의 발생과 고대 세계의 형성

　1. 역사의 의미와 역사 학습의 목적

　2. 세계의 선사 문화와 고대 문명

　3. 고대 제국의 특성과 주변 세계의 성장

　　(이하 생략)

[단원 본문]

Ⅰ. 문명의 발생과 고대 세계의 형성

　2. 세계의 선사 문화와 고대 문명

　4. 메소포타미아 문명과 이집트 문명

　[이 주제를 배우면] 메소포타미아 문명과 이집트 문명의 특징을 설명할 수 있다.

메소포타미아 문명

기원전 3500년경 수메르인이 티그리스강과 유프라테스강 사이의 비옥한 평야 지대에 정착했다. 이들은 청동기 문화를 바탕으로 우르, 라가시 등의 도시 국가를 건설했다. 또한 도시의 중앙에 거대한 신전인 지구라트를 세웠으며, 왕은 신을 대신하는 존재로 백성을 통치했다. 수메르인은 쐐기 문자로 진흙 판에 왕의 업적이나 제사에 대한 기록을 남겼다.

메소포타미아 지역은 개방적인 지형으로 다른 민족의 침입이 잦았다.

그래서 수메르인은 죽은 뒤의 세계보다는 현세의 삶을 중시했다.

수메르인의 도시 국가가 다른 민족의 침입으로 쇠퇴한 후, 기원전 18세기 무렵에 아무르인이 바빌로니아 왕국을 세웠다. 바빌로니아 왕국의 함무라비왕은 메소포타미아 지역을 통일하고, 함무라비 법전을 편찬했다.

– 중등《역사 1》교과서 24p, 노대환, 동아출판 –

[정리와 점검]

– 메소포타미아 문명과 이집트 문명의 특징을 설명할 수 있나요?

다시 한번 말씀드리지만, 교과서의 세부 내용까지 모두 읽어보실 필요는 없습니다. 목차를 중심으로 단원명을 살펴보세요. 그리고 단원에 해당하는 페이지를 보면 학습 목표가 제시되어 있거든요. 그것을 중심으로 보면 됩니다.

예시에는 학습 목표가 [이 주제를 배우면] 이라는 표현으로 제시되어 있지요. 이렇게 학습 목표까지 훑어보면 이 단원에서 '문명에 대해 배우는구나'를 파악하실 수 있습니다. 그러니 이 단원의 '중요 개념, 핵심 어휘'로 '문명'을 선택하시면 됩니다. 실제로 이 소단원에서는 문명이 무엇인지, 다양한 문명과 각각의 문명의 특징에 대해 알려줍니다. 메소포타미아 문명, 이집트 문명, 중국 문명, 인도 문명 등 주제별로 구성되어 있고요. 우리가 주제어를 잘 잡았는가는 단원 정리 부분을 확인해보면 더 명확해집니다. [정리와 점검] 부분에도 '문명'에 대해 언급하고 있으니 중요 개념을 잘 찾은 거지요. 이렇게 꼭 단원 정리 부분까지 확인해주세요.

교과서 훑어 읽기를 할 때, 소단원 내의 세부적인 내용에 미련두지 않아도 됩니다. 앞의 경우에 '수메르인, 쐐기 문자, 함무라비 법전' 같은 세부 단어에 신경을 쓰실 필요가 없는 거지요. 모두 '문명'의 하위 범주에 속하는 것이니까요. 예습을 위해 훑어 읽기를 할 때는 항상 이렇게 큰 주제어에 집중해야 합니다. 세부적인 내용은 아이가 수업 시간에 선생님의 설명을 들으며 이해할 수 있도록 남겨둬야 하거든요.

> **Tip |** 부모님의 교과서 훑어보기는 교과서의 모든 내용을 샅샅이 보는 것이 아닙니다. 목차와 학습 목표를 중심으로 훑어보면서 교과서에 담긴 **이야기의 큰 흐름**을 잡는 것입니다. **중요 개념, 핵심 어휘**를 찾는 거지요. '교과서 속 핵심 주제 찾기'라는 것을 꼭 기억해주세요.

연계 도서 제공하기

단어가 지닌 의미를 명확히 이해하기 위해서는 그 단어를 8~10회 정도 접해야 한다고 해요. 그래야 기억할 수 있다고요. 그렇다고 단어 암기장에 적어놓고 달달 외운다고 될 일이 아닙니다. 해당 어휘가 다양한 상황 속에서 어떻게 사용되는지 알아야 하기 때문이지요. 문맥을 고려하며 의미를 파악해야 합니다. 그러니 '중요 개념, 핵심 어휘'를 정확히 이해하려면 '글을 읽는 과정'을 통해 어휘를 접해야 합니다. 다양한 책을 읽어야 하는 거지요.

지금까지 부모님께서 아이의 교과서를 훑어보며 단원별로 '중요 개념, 핵심 어휘'를 찾았잖아요. 이제부터 부모님께서는 아이가 볼 '중요 개념과 관련된 책'을 찾으셔야 합니다. 아이가 글을 통해 그 '중요 개념, 핵심 어휘'를 8번 이상 접할 수 있도록 읽을거리를 제공하는 거지요.

앞의 경우에는 '문명'이라는 주제의 책을 찾는 것입니다. 그리고 아이에게 읽도록 건네주는 겁니다. 부모님께서 찾은 책 속에는 쐐기 문자나 함무라비 법전 등 문명과 관련된 이야기가 자연스럽게 나올 거예요. 이렇게 아이는 '중요 개념, 핵심 어휘'와 관련된 다양한 책을 읽으며, 학습에 연관된 어휘를 눈에 익히게 됩니다.

그런데 아이의 예습을 위해서 학습 주제와 관련된 책을 찾으실 때, 주의할 점이 한 가지 있어요. 그것은 교과서보다 어려운 책을 선택해서는 절대 안 된다는 겁니다. 교과서보다 쉬운 책으로 접근해야 해요. 아직 학습하기 전이잖아요. 그러니 무조건 읽기 쉬워야 합니다. 교과서도 읽기 힘들어하는 아이에게 더 어려운 책을 건네면 절대 읽지 않을 테니까요.

그렇다면 교과의 '중요 개념'과 관련된 도서는 어떻게 찾아야 할까요? 우선 아이와 직접 도서관을 방문해서 찾아보는 방법이 있습니다. 도서 검색대에 주제어를 넣어 연관 도서를 찾는 것이지요. 실제로 '문명'이라는 단어로 도서를 검색해보면 관련 도서들이 많이 나온답니다. 그러면 검색된 도서를 직접 찾아 살펴보세요. 아이의 수준에 맞는 책인지, 아이가 좋아할 책인지 직접 확인해보는 겁니다. 확인 후, 아이가 보기에 적절한 책을 골라 아이에게 건네주시면 됩니다.

또 교보문고나 알라딘 같은 인터넷 서점을 이용하는 것도 좋은 방법입니다. 서점 웹사이트를 이용하면 주제와 관련된 도서들을 쉽게 검색할 수 있습니다. 더불어 관련 주제의 도서를 구매한 사람들이, 다른 책은 어떠한 것을 구매했는지도 알 수 있지요. 그중 아이에게 맞을 법한 책을 선택하시면 됩니다.

그 밖에도 인터넷에 해당 학년 교과 연계 도서를 검색하면 아주 잘 정리된 목록들이 수없이 나옵니다. 이 목록을 활용하셔도 편리하답니다.

지금까지 부모님께서는 교과서를 훑어보며 교과서 속 '중요 개념'을 찾고, 이와 관련된 다양한 책도 마련했습니다. 이제 아이가 책을 읽기만 하면 되는데요. '중요 개념'과 관련된 도서 중에서 어떤 것을 읽을지는 아이가 선택할 수 있게 해주세요. 책 제공은 해주시되, 최종적으로 읽을 책을 선택하는 것은 아이의 몫이기 때문입니다.

Tip | 교과서 속 '중요 개념, 핵심 어휘'와 관련된 **다양한 읽을거리를 제공**해주세요. 도서관이나 서점에 함께 가서 책을 골라 슬쩍 건네보세요.
아이가 밖에 있는 경우라면 핸드폰으로 교과 주제와 관련 있는 신문 기사나 블로그 글 링크를 보내는 방법도 좋습니다. 더불어 대화하거나 게임을 할 때도 슬쩍슬쩍 해당 단어를 노출해주세요. 책도 읽고, 기사도 보고, 게임도 하면서 아이는 교과서 속 중요 개념에 익숙해질 것입니다.

읽고 정리하며 탄탄한 배경지식 만들기

아이가 예습을 위해 읽고자 최종 선택한 책을 가족이 함께 읽으면 더 좋습니다. 또 아이가 선택하지 않은 책의 경우에는 부모님께서 읽고 아이와 이야기를 나눠주세요. 책을 읽으며 각자가 알게 된 정보를 가족 대화를 나누며 공유하는 것입니다.

예시로 말하자면 '문명'에 관련된 책을 여러 권 빌려와서 한 권씩 읽는 거예요. 각자 읽고 싶은 책을 선택하는 거지요. 예를 들면 아빠는 '메소포타미아 문명'이란 책을 읽고, 엄마는 '고대 문명', 아이는 '문명의 발달'을 전반적으로 설명한 책을 각각 읽습니다. 각자 선택한 책을 읽고 '문명'에 대한 이야기를 나누는 것입니다. 서로 책을 바꿔서 읽어봐도 좋고요.

이 과정에 아이는 앞으로 배우게 될 '문명'에 대해 접하게 됩니다. 학교에서 본격적으로 학습하기 전에 중요 개념이나 핵심 어휘를 다양한 책에서 먼저 만나는 거지요. 더군다나 책을 여러 권 읽으면 유사한 내용과 어휘가 반복적으로 등장하니 금방 익숙해질 겁니다. 또 가족들과 이야기도 나누었잖아요. 대화를 나누는 과정에서도 아이는 자연스럽게 학습 어휘에 반복 노출되지요. 그렇게 중심 개념과 핵심 어휘는 아이의 배경지식으로 자리 잡습니다.

아이가 처음 교과서 속 '핵심 어휘'를 봤을 때 분명 어휘가 어렵고 낯설다고 느꼈을 겁니다. 그런데 관련된 책을 읽으며 자신도 모르는 사이에 조금씩 어휘와 친해진 거지요. 아이에게 친숙해진 그 낱말이 학교 수업 시간에 언급됩니다. 교과서에도 등장하지요. 그때 아이는 어떨까요? '내가 들어봤던 말이야, 내가 아는 내용이야!'

하고 생각할 겁니다. 수업에 훨씬 더 집중하겠지요. 이해가 잘 되는 것은 당연하고요.

예습은 이렇게 해야 합니다. 모든 것을 미리 다 가르쳐주는 지금의 '선행학습' 방식은 아이의 수업 흥미를 급격히 떨어뜨립니다. 그러니 교과서 읽기가 어렵지 않도록 다양한 학습 주제의 책으로 배경지식을 쌓아 줘야 합니다. 교과서에 사용된 단어들을 미리 접할 수 있도록 기회를 주어야 합니다. 그것으로 충분합니다. 학습 활동이나 탐구활동, 연습 문제 같은 문제 풀이는 수업 시간이나 수업 후에 할 수 있도록 양보하세요.

> **Point |** 책 읽기를 통해 **배경지식**을 쌓아야 합니다. 지식이 없으면 이해할 수가 없거든요. 그 과정에 자연스럽게 교과서 어휘를 접할 기회를 미리 주어야 합니다. 그래서 교과서 속 새로운 단어에 대한 거부감을 줄여주는 것이지요. 전에 봤던 단어가 수업 시간에 나오면 아이는 교사의 말에 귀를 쫑긋 세울 겁니다. 아는 단어, 들어본 내용이 나왔으니까요. 풍부한 배경지식과 미리 접한 낱말의 덕을 톡톡히 보는 거지요. 그렇게 수업에 흥미를 느끼기 시작합니다. 자신감 역시 높아지겠지요?
>
> 진정한 의미의 예습은 **배경지식을 쌓는 것, 사용된 어휘를 친숙하게 하는 것**이라는 점을 명심하세요. **'만약 어떤 학생이 읽기에 문제가 없다면 내용을 이해하는 능력은 배경지식을 얼마나 갖고 있느냐에 달려 있다'**라는 대니얼 T. 윌링햄(Daniel T. Willingham)의 말처럼요.

Tip | 예습의 시작은 부모님께서 도와주세요. 그런데 언제까지 도와줘야 하는 걸까요? 중고등학교 시절 내내 해야 할까요? 절대 아닙니다. 예습의 처음은 부모님께서 도와주시더라도 점차 **아이에게 역할과 책임을 넘기셔야 합니다.** 예습 과정에 조금씩 아이를 참여시키면서요. 단, 성급하게 하시면 안 됩니다. 아주 천천히 진행하셔야 하지요.

처음에는 아이에게 교과서 훑어보는 법을 알려주세요. 다음에는 중심 주제, 핵심 개념 어휘 찾는 것을 가르쳐주시고요. 마지막에는 관련 도서를 아이와 함께 찾아보세요. 그리고 함께 읽어보는 겁니다. 아이가 예습하는 방법을 알게 될 때까지요.

아이에게 예습 방법을 단계적으로 가르쳐주신 후에는 **아이가 혼자의 힘으로 예습하도록** 해야 합니다. 온전히 아이가 스스로 할 수 있도록 말입니다. 부모님께서 예습을 먼저 시작한 것도, 아이에게 시범을 보여주기 위한 것이었으니까요.

Chapter 4 | 아이가 교과서를 이해하는 힘을 키우기 위한 지원 사항

■ 교과서를 읽고 이해하기 위해서 반드시 '어휘 학습'이 필요함을 잊지 말기

■ 개념 어휘가 한자어인 경우, 한자의 의미를 알 수 있도록 도와주기

■ 아이의 학년 수준의 '학습 도구어' 목록 확인하고, 이해 여부 점검하기

■ 생활 속에서 아이가 자연스럽게 어휘력을 키울 수 있도록 대화할 때 다양한 어휘 사용하기
  – 놀이에 학습 도구어 사용하기, 주변에 있는 글을 함께 읽기

■ 아이가 교과서를 반복해서 읽고 이해했는지 확인하기
  – 수업 전에도 교과서, 수업 후에도 교과서!

■ 아이가 문제를 풀다가 모른다고 하는 경우, 일단 문제를 소리 내어 3번씩 읽도록 안내하기

■ 예습하기
  1단계 : 목차와 학습 목표를 중심으로 교과서 훑어보기
  2단계 : 단원의 중요 개념, 핵심 어휘 찾기
  3단계 : 중요 개념, 핵심 어휘와 관련된 다양한 읽을거리 제공하기(책, 기사, 블로그 글 등)
  4단계 : 함께 교과 연계 도서 읽고 대화 나누기

아이의 문해력 향상을 위해 숨 가쁘게 달려왔습니다. 제대로 이해하기 위해서 끊임없이 듣고 읽었지요. 이제는 말하고 쓰는 '표현'에 힘쓸 차례입니다. 아이가 더 많이 말하고 자주 쓸 수 있도록 기회를 마련해주어야 하지요. 자신의 의견을 명확하게 말하고, 논리적으로 쓸 수 있도록 말입니다. 이러한 '표현 능력'은 아이가 사회에서 굳건히 자리매김하는 데 큰 힘이 될 것입니다. 이제부터 아이의 표현 능력을 키우러 가볼게요.

쓰기가 어려운 것은 당연한 일이다

초등학교에 비해 중학교에서는 '쓰기'의 활동 비율이 급격히 늘어난답니다. '보고서 쓰기, 비평문 쓰기, 건의문이나 논설문 쓰기, 감상문 쓰기, 창의적인 글쓰기' 등 쓰는 것이 정말 많지요. 왜 이렇게 쓰기 활동이 많은 걸까요? 국어 교육과정을 살펴보면 그 이유를 짐작할 수 있습니다.

국어과 교육과정은 '듣기-말하기-읽기-쓰기' 영역 순으로 성취 기준이 제시되어 있어요. 이것은 언어 발달의 순서를 고려한 것입니다. 충분히 들어야 말할 수 있잖아요. 그리고 많이 읽어야 잘 쓸 수 있고요. 즉, '쓰기'는 듣고, 말하고, 읽는 것이 충분하게 이루어진 후에 발달하는 상위 수준의 언어 능력에 해당합니다. 고급 언어 기술이라고 해야 할까요? 그러니 아이의 학년이 올라가면 갈수록 이러한 쓰기의 중요성은 더 커집니다. 사회생활을 하는 데도 매우 중요한 역할을 할 테고요. 그만큼 쓰기는 어렵고 중요합니다.

쓰기는 평가에도 많이 활용됩니다. 쓰기를 통해 듣기, 말하기, 읽기를 포함한 전반적인 문해 능력을 평가할 수 있거든요. 그러니 중학교 입학을 앞두거나 갓 입학한 아이가 쓰기 활동 과정에 어려움을 느끼지 않도록 준비해야 하지요. 듣기, 말하기, 읽기를 충분히 하면서 이제 쓰기도 함께 연습해야 합니다.

그런데 요즘 학생들은 책을 읽기보다 영상을 더 많이 보잖아요. OTT 등 영상을 비롯한 모바일 콘텐츠를 활용하는 데 훨씬 익숙하지요. 재미도 있잖아요. 영상을 보는 시간이 늘어나면서 점점 아이들은 글을 읽는 것을 부담스러워하기 시작했습니다. 그래서 서서히 책과 멀어진 것도 사실이지요. 잘 쓰려면 일단 많이 읽어야 합니다. 그런데 읽지 않으니 쓰기가 어려운 것은 당연한 일인지도 모릅니다.

아이가 웹상에서 글을 읽을 때도 있을 거예요. 하지만 이때 읽는 글은 주로 길이가 짧은 글이지요. 물론 웹상에 문어체로 된 긴 글이 없는 것은 아닙니다. 다만 아이가 그러한 긴 글을 읽고 싶어 하지 않을 뿐이지요. 긴 글을 읽는 대신 그 내용을 요약해놓은 글이나 영상으로 쉽게 설명해놓은 것을 보지요.

이처럼 많은 아이가 긴 글을 잘 읽으려 하지 않습니다. 어떻게 써야 하는지도 모르고요. 그런 글을 많이 접하지 못했으니까요. 그래서일까요? 아이들이 작성한 글을 읽다 보면, 집중해서 읽어도 무슨 말을 하는 것인지 내용을 이해할 수 없을 때가 정말 많습니다.

공식적인 글쓰기 상황에서도 인터넷 용어, 줄임말이나 이모티콘 등을 사용하는 경우가 흔합니다. 또 적절하지 않은 단어를 사용한 사례는 셀 수 없을 정도이지요. 문장의 호응이 잘 이루어지지 않아 의미를 파악하기가 힘든 경우도 비일비재합니다. 평소 글을 잘 읽지 않으니 아이들이 잘 쓰지 못하는 것은 어쩌면 당연한 일이 아닐 수 없습니다.

그러면 어떻게 해야 글을 잘 쓸 수 있을까요? 일단 **많이 읽어야 합니다.** 많이 읽어서 글을 쓸 때 사용할 재료를 머릿속에 가득 채워야 해요. 언제 어디서라도 꺼내 쓸 수 있도록 말이지요. 하지만 잘 읽는다고 반드시 잘 쓰는 것은 아니랍니다. 잘 쓸 가능성이 높아지는 것이지요. 그만큼 **쓰기는 연습이 필요합니다.** 무조건 직접 쓰면서 연습해야 해요. 충분한 읽기를 한 아이가 꾸준한 쓰기 연습을 한다면 분명히 잘 쓸 수 있을 것입니다.

만약 누군가 쓰는 연습을 하지 않으면서 잘 쓰기를 바란다면 그것은 절대 이루어질 수 없는 허황된 꿈입니다. 쓰기 능력을 키우는 방법은 오로지 많이 읽고, 꾸준히 쓰는 것뿐입니다. 그러니 이제는 많은 글을 읽고, 꾸준히 쓰기를 연습해야 합니다. 아이가 다양한 내용을 다채로운 표현을 활용해 논리 정연하게 쓸 수 있는 그날까지 말입니다.

> **Point |** 쓰기를 잘하려면 다양한 책을 **충분하게 읽어야** 합니다. 쓰다가 잘 써지지 않았을 때도 읽기로 해결해야 하지요. 읽기를 통해, 글쓴이가 내용을 어떻게 전달하고 구성했는지, 표현을 어떻게 했는지 등을 배워야 합니다. 충분히 읽으며 배워야 하지요. 그리고 그 배운 내용을 토대로 쓰기 연습을 꾸준히 해야 합니다. 잘 읽지 못하면 잘 쓰지 못하니까요. **읽기와 쓰기는 항상 같이** 가야 해요. 쓰기에 대한 막연한 두려움을 없애고 도전해야 합니다.

글쓰기에는 정답이 없다

문해력을 키우기 위해서는 듣기와 말하기, 읽기와 쓰기 활동을 골고루 연습할 필요가 있습니다. 그런데 유독 쓰기를 부담스럽고 어려운 것으로 느껴 기피하는 학생들이 있습니다. 그만큼 쓰기가 어렵기 때문입니다.

하지만 앞서 말했듯이 자기의 입장이나 의견을 글로 표현하는 능력은 꼭 필요합니다. 정말 중요하지요. 그리고 그 능력은 글을 써봐야 늘어요. 수영을 잘하려면 물속에 들어가 동작 연습을 꾸준히 해야 하는 것처럼 글도 직접 계속 써야 늡니다. 글쓰기 비법을 정리해놓은 책을 아무리 많이 읽더라도 스스로 쓰지 않으면 쓰기 실력은 늘지 않아요. 자주 써야 늡니다.

그래서 일기 쓰기처럼 **매일 글을 쓰는 활동**이 쓰기 능력 향상을 위한 좋은 방법이랍니다. 하지만 놀랍게도 초등학교 저학년 시절 아이에게 주어졌던 '일기 쓰기' 과제가 오히려 아이의 글쓰기 흥미를 떨어뜨렸을 수도 있습니다. 옛날의 기억을 떠올려 볼까요?

선생님께서 과제로 '일기 쓰기'를 내주셨어요. 아이는 열심히 일기를 씁니다. 아이가 일기를 다 썼다고 이야기하면 부모님께서 아이의 일기를 살펴보시지요. 그런데 작성된 일기가 너무 짧고, 내용도 부실합니다. 글씨도 엉망진창이지요. 무슨 내용을 쓴 건지 도통 알 수가 없습니다. 선생님께서 검사하실 텐데, 이렇게 써서는 안 될 것 같다는 생각이 뇌리에 스칩니다. 그래서 부모님은 어디까지나 조금 더 잘 썼으면 하는 마음에 아이에게 훈수를 두기 시작합니다. '이렇게 써라, 저렇게 써라' 하고요. 부모님의 말씀에 아이는 자신이 썼던 내용을 이렇게도 고쳤다가 저렇게도 고쳤다가 합니다. 글씨도 다시 또박또박 쓰고, 내용도 새로 추가하면서 부모님의 마음에 들 때까지 고쳤을 것입니다. 5분이면 다 끝날 줄 알았던 일기 쓰기가 30분이 넘도록 끝나지 않습니다. 부모님의 말씀대로 계속 고쳐 쓰다 보니 처음 아이가 쓴 글은 어디로 갔는지 알 수 없을 정도입니다. 그렇게 인고의 노력 끝에 결국 부모님의 마음에 드는 글이 탄생하지요. 무척 재미있게 시작한 일기 쓰기가 아이에게 너무나 힘든 시간이 되어버립니다. 이런 즐겁지 않은 일기 쓰기 시간이 아이에게 '글을 쓰는 일은 어려운 것, 정말 하기 싫은 일'이라는 고정관념을 갖게 했을지도 모릅니다.

일기를 쓰는 것은 참 좋은 습관입니다. 단순히 글을 쓰는 능력을 키우는 것뿐만이 아닙니다. 아이가 하루의 일을 일기장에 적으면서 자신을 돌아볼 수 있거든요. 겪었던 일이나 그 상황에서 느꼈던 감정을 풀어내면서 자신의 대응 방식이나 감정에 대해 조금 객관적으로 바라보는 기회가 됩니다. 동시에 가슴 속에 쌓였던 부정적인 감정도 해소할 수 있고요. 어떠한 문제에 대해 해결할 힘을 얻기도 하지요. 그만큼 일기를 쓴다는 것은 장점이 많습니다.

그러니 아이가 무언가를 쓰고자 한다면 마음껏 쓸 수 있도록 두시는 편이 좋습니다. 그것이 일기이든 편지이든 소설이든 말이지요. 스스로 무엇인가를 쓴다는 것 자체가 기특한 일이거든요. 그리고 이제는 아이만의 영역을 존중해주셔야 할 때기도 하고요.

만약 아이가 자신이 쓴 글을 부모님께 보여준다면 기쁜 마음으로 읽어주세요. 그리고 아이를 응원하고 지지해주세요. 마음에 들지 않은 것이나 고쳐주고 싶은 것이 넘쳐나지만 참으셔야 합니다. 내용이나 맞춤법, 문장의 호응이나 표현 방법 등이 마음에 들지 않더라도 지나친 언급은 말아주세요. 부족한 부분을 너무 많이 언급하면, 아이가 더 이상 글을 쓰지 않을 수도 있거든요. 또 앞으로는 부모님께 자신이 쓴 글을 절대 보여주려고 하지 않을 거예요. 부모님과의 관계에 보이지 않는 금이 갈 수도 있는 거지요.

아이가 쓴 글에 긍정적으로 반응해주세요. 그리고 **잘한 점을 찾아 이야기**해주세요. "이야! 정말 웃기다. 겪은 일이야?" 하고 격한 반응을 보여주세요. "이 부분은 정말 실감 나게 표현했네. 진짜 잘했어" 하고 엄지손가락을 '척' 들어주세요. 등도 두드려주시고요. 부모님의 반응에 아이는 기분이 좋아질 것입니다. 이러한 기분 좋은 느낌은 글을 더 쓰고 싶다는 생각으로 이어질 거고요.

아이가 자유롭게 쓰면서 쓰기에 재미를 느낄 수 있도록 하는 것이 훨씬 더 중요합니다. 그렇게 쓰기를 즐기다보면 아이가 자신의 글에서 부족한 점을 스스로 찾아간답니다. 쓰기에 대한 부담을 떨치고 술술 쓸 때까지 응원해주세요.

> **Tip |** 글을 처음 쓰기 시작할 때, 부모님께서는 아이의 글쓰기에 **너무 큰 기대를 하시면 안 됩니다.** 쓰기는 정말 어렵거든요. 몇 번 해본다고 느는 것이 아니랍니다. 조급한 마음에 아이를 채근하면 아이는 넘어지게 됩니다. 아이가 자기의 생각을 글로 표현하는 것이면 충분하다고 생각하셔야 합니다. **여유를 가지고 꾸준히** 아이가 글을 쓰도록 곁에서 함께 해주시면 됩니다. 일어나면 세수를 하는 것처럼 글쓰기가 자연스러운 습관이 될 때까지요. 글의 내용이나 표현의 수준을 올리는 것은, 이렇게 글을 즐기며 쓰는 습관이 잡힌 뒤에 해도 늦지 않습니다.

아이의 글을 보고 너무나 답답하시다면 먼저 **다양한 형식으로 작성된 책**을 읽어주실 필요가 있습니다. 아이가 일기를 잘 쓰길 바라신다면, 《안네의 일기》와 같은 일기 형식으로 작성된 책을 많이 접할 수 있도록 하는 것이지요. 또 글을 읽어주시면서 "일기를 쓸 때 이렇게 보고, 듣고, 맛보고, 냄새 맡고, 피부로 느낀 오감(五感)을 활용해서 감정을 표현하니 훨씬 더 느낌이 생생하게 전달되네. 이렇게 일기를 쓰는 방법도 있구나. 다음에 우리도 같이 적용해보자" 하고 방법을 알려주시면 더 좋습니다. 아이가 주장하는 글을 잘 쓰길 바라신다면 신문 사설이나 칼럼 같은 글을 많이 접할 수 있도록 해야 합니다. 시를 잘 쓰길 원하신다면 '동시'부터 함께 읽어봅니다.

많이 읽어야 잘 쓴다는 것, 기억하시지요? 그러니 아이는 다양한 글감과 다채로운 형식으로 작성된 글을 먼저 읽으면서, 어떻게 글을 써야 하는지 배워야 합니다. 읽으면서 느끼고 깨달은 내용을 서서히 자신의 글에도 적용할 수 있도록 말이지요. 충분히 읽고, 자주 써야 합니다.

> **Tip |** 아이가 글을 쓸 때 곁에서 **부모님도 함께 글을 써보세요.** 글을 쓴 후에는 서로 바꿔 읽고 이야기를 나눠보시면 좋습니다. 부모님의 글은 아이에게 좋은 글쓰기 표본이 됩니다. 아이가 부모님이 쓰신 글을 보며 쓰는 방법을 배우는 거지요. 또 부모님의 글 안에 은근하게 담긴 자녀에 대한 애정을 아이가 느낄 것입니다. 서로의 글을 읽고 대화를 나누면 그 또한 의미 있는 시간이 되고요. 이 시간이 아이가 사춘기를 순조롭게 지나갈 힘이 될 수 있습니다. 이렇게 아이는 부모님과 함께 글을 쓰고 이야기를 나누는 과정에 마음도 글쓰기 능력도 자연스럽게 자라나게 됩니다.

필사는 자신감을 준다

글을 쓸 때, 도통 시작하지 못하는 아이가 있습니다. 첫 글자를 쓰는 데까지 오랜 시간이 걸리지요. 아이가 노트를 펴놓은 채 시간만 흘려보낸다면 '필사'부터 해보기를 추천합니다. 필사는 책을 손으로 직접 따라 쓰는 일을 말합니다. 유명한 작가들도 필사를 꾸준히 하는 분들이 참 많답니다. 왜일까요?

필사하면 그 구절에 담긴 의미를 깊이 생각할 기회가 생깁니다. 한 글자, 한 글자 꾹꾹 눌러서 쓰다 보면 단어와 단어 사이, 문장과 문장 사이에 담긴 의미를 곱씹어보게 되지요. 또 그 과정에 사용된 어휘나 명문에 대한 정보도 얻을 수 있어요. 자신의 글에 대한 아이디어를 얻을 수도 있습니다. 그만큼 필사는 글에 대한 전반적인 안목을 키울 수 있는 아주 좋은 방법입니다. 그러니 전문 작가님들도 꾸준히 필사하시는 거지요.

아이가 글쓰기를 힘들어한다면 필사부터 함께 시작해보세요. 처음부터 자기의 생각을 능숙하게 쓰는 것은 힘들거든요. 그러니 우선 좋은 글을 많이 읽고, 적으면서 글쓰기와 친해지는 겁니다. 그러면 아이는 '이렇게 글을 쓰니 이해가 잘 되는구나', '대상을 이렇게 표현할 수도 있구나', '이 구절 정말 감동적이다', '나도 이렇게 글을 시작해 봐야겠다'처럼 많은 것을 느낄 수 있을 거예요. 이제 필사해보러 갈까요?

우선 필사를 위한 노트를 한 권 준비해주세요. 그리고 아이에게 읽었던 책 중 재미있었거나 기억하고 싶은 구절이 많았던 책을 떠올려보도록 질문해주세요. 아이가 책을 이야기하면, 그 책에 대해 함께 대화를 나눠보시면 됩니다. 어떤 내용이었는지, 어느 장면이 인상 깊었는지, 필사하고 싶은 부분은 어디인지를요.

이렇게 필사하고 싶은 책을 고른 후, 필사 노트에 책 정보를 간략히 적도록 합니다. 도서명, 작가, 출판사 정도면 충분합니다. 그런 다음 책을 읽으면서 인상 깊었던 부분을 골라 필사 노트에 옮겨 적는 겁니다. 한 문장이어도 좋고, 한 문단이어도 상관없습니다. 기억에 남는 장면 전체를 필사해도 좋습니다. 분량은 중요하지 않거든요.

아이가 읽은 책이 없거나 기억에 남는 책이 없다고 할 수도 있습니다. 그럴 경우, 이번 기회에 아이와 함께 서점 데이트를 떠나보시는 겁니다. 서점에 가기 전에 맛있는 것도 먹으면서요. 그리고 서점에 들러 천천히 책을 훑어보는 거지요. 그러면서 아이가 직접 읽고 필사할 책을 고르는 겁니다. 재미있어 보이는 책도 좋고, 관심 분야의 책도 좋습니다.

평소 책을 많이 읽지 않는 아이의 경우라면 필사할 때 우선 '책의 초반 부분'을 필사하는 것이 좋습니다. 책의 도입 부분은 이야기의 전체적인 배경이나 인물 등을 소개하는 경우가 많지요. 그래서 아이가 새롭게 등장하는 인물이나 상황에 대해 이해하기 어려울 수 있습니다. 이때 필사하면서 천천히 내용을 살펴보면, 이해가 가지 않던 내용을 이해하는 데 도움이 됩니다. 필사가 내용 이해와 집중 읽기에 도움이 되거든요. 초반 부분을 정성 들여 옮겨 적으면서 내용을 이해하는 거지요. 그런 후 책의 뒷부분은 천천히 읽어나가는 겁니다. 필사하는 분량이요? 3문단 정도가 필사하기에 적절합니다. 아이의 상황에 맞게 분량을 조절해주세요.

단, 이때 아이에게 필사는 글씨 연습을 하는 것이 아니라는 점을 꼭 말씀해주세요. 그러니 대충 빠르게 쓰는 일이 없도록 해야 합니다. 천천히 그리고 정성스럽게 노트를 작성하도록 해야 합니다. 글을 읽고 쓰는 속도가 생각의 속도보다 빠르면 안 되거든요. 그래야 글 속에 숨은 의미까지 온전히 느낄 수 있으니까요.

필사를 한 후에 해당 부분에 대한 자신의 느낌이나 생각을 적어두면 좋습니다. 길이는 상관없습니다. 간략하게라도 적어보도록 합니다. 내용을 이해하는 데 그치지 않고 표현까지 해보면 작가의 마음을 더 잘 이해할 수 있거든요.

필사하는 것은 참 좋은 습관이랍니다. 책을 읽는 중에도, 책을 읽은 후에도 하면 좋지요. 하지만 아이에게만 시킨다면 아이는 필사를 부담스러운 과제로만 느낄 거예요. 그러니 가족이 함께 필사해보시길 추천합니다. 각자 자신이 좋아하는 책을 읽고 기억에 남는 페이지를 3문단가량 적어보는 거지요. 그리고 서로의 필사 노트를 바꿔보는 거예요. 그러면 아이는 부모님이 어떤 종류의 책을 읽는지 알 수 있고, 평소 관심 두지 않았던 분야의 책을 접할 수도 있지요.

가족이 1~2주 동안 같은 책을 읽은 후, 필사를 해보는 것도 좋습니다. 같은 책을 읽었는데 필사한 부분이 같을 수도 있고, 다를 수도 있잖아요. 느낀 점도 다르고요. 그러니 왜 그 부분을 필사했는지, 필사하면서 어떠한 생각이 더 들었는지를 서로 이야기 나누어 보는 거지요. 생각을 듣는 과정에서 자신이 미처 생각하지 못했던 점을 깨달을 수 있으니까요.

더불어 부모님께서 아이와 같은 책을 읽었을 때, **원고지를 이용**해 같은 부분을 필사해보는 것도 재미있습니다. 단어 하나 어절 하나 신경 쓰며 원고지에 옮겨 적는 거지요. 같은 글을 옮겨 적었기 때문에 끝나는 부분도 같을 거예요. 그런데 끝나는 위치가 같지 않다? 그러면 누군가 글을 대충 본 거지요. 다시 글을 꼼꼼하게 보면서 어디를 잘 못 적었나 확인해보세요. 아이들은 이 과정을 **놀이처럼** 느끼더라고요. 즐겁게 놀면서 글에도 집중하니 좋겠지요?

이처럼 필사는 글을 이해하는 측면에서도, 글을 쓰는 활동에서도 긍정적인 영향을 미칩니다. 책을 읽는 과정에 필사가 습관이 될 수 있도록 아이와 한 구절, 한 구절 적어보시길 바랍니다.

> **Point |** 필사는 글씨 연습을 하는 것이 아니에요. 작가가 어떤 마음을 가지고 글을 썼을지 **생각의 궤적을 좇아가면서** 써야 합니다. 그래서 눈으로만 후루룩 볼 때보다 필사할 때 훨씬 글을 꼼꼼하게 읽게 되지요. 그 과정에 내용도 훨씬 더 잘 이해되고, 글의 형식과 표현에 대해서도 깨달을 수 있지요. 훌륭한 글을 보면서 아이도 좋은 글을 쓰게 됩니다.

더도 말고 덜도 말고 딱 3분만, 3분 글쓰기

이제는 아이가 자기의 생각이나 느낌을 표현할 수 있도록 접근해보겠습니다. 계속 말했지만 쓰는 능력은 자주 써야만 늡니다. 그래서 글쓰기 시작 활동으로 '3분 글쓰기'를 추천합니다. 시간을 짧게 주어 부담을 줄이는 방법이지요.

학교에서도 수업 시작 전에 많이 활용하는 방법인데요. 수업 시작을 알리는 종이 '땡' 치면 동시에 아이들이 글쓰기를 시작합니다. 국어 수업 도우미 학생이 동시에 타이머를 누르지요. 그러면 아이들은 3분 동안 글을 씁니다. 단, 중간에 멈추지 않고 꼭 3분을 꽉 채워서 쓰라고 이야기합니다. 글을 쓰다 틀리면 두 줄 쓱쓱 긋고 이어서 쓰는 거지요. 지우개로 지우거나 수정액을 사용해서 고치다 보면 생각의 흐름이 끊어지거든요. 그리고 욕을 제외한 어떤 내용을 작성해도 괜찮다고 안내합니다. 하지만 반드시 문장 형식으로 써야 한다는 조건도 제시합니다. 그러니 정확히 말하면 3분 글쓰기는 **문장 형식으로 멈추지 않고 3분 동안 쓰기**랍니다.

어떤 내용을 쓰냐고요? 처음에는 학생들이 쓰기 쉬운 주제를 줍니다. '짝꿍, 칠판, 시계, 책상'처럼 눈에 보이는 것을 주제어로 제시합니다. 대상을 관찰해서 적을 수 있어서 아이들이 쉽게 적을 수 있거든요. 그러면 아이들은 신이 나서 적습니다. '짝꿍 OOO은 머리를 묶고 있다. 안경을 썼다. 코 옆에 점이 있다'처럼 적어요. 그리고 3분을 알리는 종이 치면 다 못 썼더라도 쓰기를 멈춥니다. 그리고 발표하고 싶은 학생 몇 명이 발표하도록 하지요. 웃음꽃이 피면서 수업을 시작할 수 있습니다.

이렇게 '3분 글쓰기'는 시간이 짧아서 아이들이 부담 없이 참여할 수 있답니다. 꾸준히 3분 글쓰기를 하다 보면 어느새 아이들이 투정을 부리기 시작합니다. 글 쓰는 시간이 부족하다고 말이지요. 처음에는 시작도 잘 못하던 아이들이었는데 쓰기에 부담이 많이 줄었나

봅니다. 글을 쓴 노트를 보면 처음 3분 동안 썼던 양보다 나중에는 더 많이 쓰기도 했고요. 그러면 시간을 조금 늘려줬어요. 5분으로요. 주제도 관찰한 후에 그와 관련된 느낌까지 적기로 확장합니다.

그렇게 5분 쓰기로 한참을 계속하다가 학기 말에는 10분 쓰기까지 시간을 늘려나갔답니다. 글쓰기 주제도 관찰하고 느낌 적기, 연관된 경험 적기, 비유적인 표현을 사용해 적기 등으로 점점 넓혀 나가 마지막에는 자유주제의 긴 글쓰기로 완성했지요. 주제의 경우에는 아이들이 쓰고 싶다고 이야기하는 것을 추천받아서도 많이 썼어요. 여기서 중요한 것은 꾸준히 했다는 것입니다. 중간에 멈추면 안 되지요. 쓰기 능력 향상은 꾸준한 연습만이 답이니까요.

가정에서도 아이와 '3분 글쓰기'를 시도해보세요. 일단 글쓰기를 할 노트 1권씩 준비합니다. 일반적인 줄 공책이면 됩니다. 그리고 오늘의 날짜를 적어요. 날짜 작성까지 끝나면 모든 준비가 끝난 겁니다. 그런 후 타이머를 이용해 '3분'을 잽니다. 핸드폰 앱을 이용하시면 되겠지요. 그리고 아이에게 3분 동안 어떠한 내용이든 멈추지 않고 적어보도록 하는 겁니다.

그런데 아이가 '쓸 말이 없어요. 어떻게 해야 할지 모르겠어요'라고 말을 할 수 있어요. 그러면 먹고 싶은 음식도 괜찮고 지금 기분도 괜찮고 어떤 것이든 괜찮다고 말해주세요. 그래도 힘들어한다면 **눈에 보이는 대상**을 골라 제시해주세요. '냉장고, 식탁, 핸드폰, 시계'처럼 아이 근처에 있는 것이면 무엇이든 됩니다. 꼼꼼하게 살펴보고 그 대상에 관한 모든 것을 적어보라고 하는 거예요. 관찰할 수 있는 것은 다 적는 거지요. 그러면 아이는 쉽게 잘 적을 겁니다. 제시어를 '냉장고'로 선정했다면 아이는 '흰색이다. 네모 모양이다. 문이 두 개다. 손잡이가 있다'처럼 말이지요.

그렇게 3분 동안 무엇이든 적도록 합니다. 3분이 지나면 멈춥니다. 쓰던 이야기가 끝나지 않아도 멈추도록 합니다. 쓴 글을 함께 읽고 간단한 대화를 나눠보세요. 아이가 활동을 잘하면 시간을 조금 늘려줍니다. 그리고 관찰 대상과 연관된 **자기의 경험이나 느낌**도 함께 써보도록 합니다. '냉장고'에 대한 글은 처음에는 보이는 것만 적다가, '냉장고 문을 잘 닫지 않아 엄마에게 혼난 적이 있다. 냉장고는 나의 사계절 보물 창고이다'처럼 점점 경험했던 일이나 느낌을 반영한 글을 쓰게 됩니다. 조금씩 글의 수준이 올라가는 거지요. 이런 틀로 꾸준히 연습해서 익숙해지면 다시 시간을 조금 더 늘려주고 주제의 범위도 넓혀 주세요.

'주말에 가고 싶은 장소와 하고 싶은 일, 저녁 메뉴로 먹고 싶은 것과 이유, 용돈을 올려줘야 하는 이유 5가지'처럼 **아이와 관계있는 주제**를 잡으면 아이가 참 열심히 쓴답니다. 아이가 쓰고 싶어 하는 주제가 있다면 그 주제를 잡아주세요. 또 아이는 자신과 관련 있는 주제일 때 더 열심히 쓴답니다. 공책 한 페이지를 넘어가는 경우도 많아요. 그리고 아이가 글에 쓴 내용을 현실에서 최대한 반영해주려고 해보세요. 글을 쓰면 좋은 일이 생긴다는 느낌을 받을 수 있게끔 말이지요. 아이는 신이 나서 글을 쓸 것입니다.

아이가 3분 동안 쓴 글에는 줄임말이나 이모티콘 같은 채팅 용어가 등장할 확률이 높습니다. 또 무슨 내용인지 알아볼 수 없는 경우도 많지요. 그걸 보다 보면 '지금 장난하나?' 하고 화가 나실 수도 있습니다. 하지만 기다려주세요. 여기서 중요한 것은 아이가 시간을 할애해 무언가를 쓰고자 노력했다는 것입니다. 그러니 칭찬해주세요. 1줄을 작성했더라도 "잘했어. 다음에는 2줄 써보자" 하고 이야기해주셔야 합니다. 쓴 내용 중에 잘한 점을 찾아 구체적으로 이야기해주세요.

이렇게 3분 글쓰기를 꾸준히 해보세요. 이상한 내용을 써도 받아주고, 주제에서 벗어난 내용을 써도 다 받아줘보세요. 시간이 지나면 아이는 '쓰기'에 대한 막연한 두려움을 조금씩 내려놓기 시작합니다. 그리고 3분 동안 작성한 글이 처음은 1줄이었다가 다음에는 2줄, 3줄로 늘기 시작할 거예요. 내용도 다채로워지고요. 그 글 아래 부모님이 응원 말이나 재미난 댓글을 달아준다면 아이는 더 신나서 글을 쓸 것입니다.

부담 없이 이루어지는 꾸준한 글쓰기가 아이가 지닌 쓰기에 대한 고정관념을 허물 수 있어요. 글을 완벽하게 잘 써야 한다는 부담을 떨치도록 도와주세요. 마음 편히 글을 써보는 경험이 아이의 글쓰기 실력을 다지는 초석이 될 것입니다.

작지만 큰 포스트잇 활용하기

3분 글쓰기가 짧은 시간으로 글쓰기의 부담을 줄여주는 방법이라면, 글쓰기의 양을 줄여 부담을 덜어주는 방법도 있습니다. 바로 포스트잇을 활용하는 거예요. 일상에서도 생각을 표현할 기회를 자주 주는 것이 좋은데요. 대표적으로 책을 읽은 후 표지에 간단하게 읽은 소감을 남기는 것이 있습니다. 이때 포스트잇을 활용하는 거지요. 책을 읽고 난 후 생각이나 느낌, 인상 깊었던 문장 등을 짧게 적어놓는 방식입니다.

정말 재미있었거나 감동한 책이 있다면 그 책을 여러 번 반복해서 읽으면 좋은데요. 이때도 읽을 때마다 포스트잇을 추가하는 겁니다. 그러면 아이는 자신이 처음 붙인 포스트잇의 작성 내용과 두 번째 붙인 포스트잇의 내용이 어떻게 변화되는지 비교해보면서 재미를 느낄 수 있거든요.

실제로 책을 반복해서 읽으면 처음 읽었을 때는 읽어 내지 못한 숨의 의미도 찾을 수 있답니다. 책이 또 다른 느낌으로 다가오는 거지요. 그만큼 책은 읽으면 읽을수록 내용을 더 깊게 이해할 수 있습니다. 생각의 폭도 넓어지고요. 이러한 생각의 변화를 포스트잇에 남겨보면서 시각적으로 확인해보는 겁니다. 포스트잇을 붙일 때마다 아이의 생각이 자라는 것을 눈으로 확인해보실 수 있습니다. 작지만 큰 포스트잇의 힘을 믿어보세요. 이 책을 읽고도 포스트잇에 적어보시고요.

Tip | 아이가 독서 후 포스트잇을 활용해 책의 내용이나 읽고 난 느낌을 간단히 정리했습니다. 이때 '#해시태그'의 형태로 책의 핵심 내용을 적어놓으면 좋습니다. 인터넷 글에 연관 검색어를 달아놓는 방식을 적용한 것인데요. 소설 소나기라면 '#소년과 소녀, #순수한 사랑, #꽃물, #이별의 아픔'처럼 적어두는 겁니다. 이렇게 핵심적인 내용을 함께 적어놓으면 비슷한 주제의 다른 작품과 비교하면서 읽는 데 도움이 되거든요.

더불어 포스트잇을 활용해 일상에서도 쓰기를 시도해보세요. 일기를 꼭 노트에 쓸 필요가 있을까요? 포스트잇에 그날 있었던 일과 느낌을 짧게 적어보는 거지요. 속상한 일이 있었다면 적어보고, 화가 나는 일이 있어도 적어 봅니다. 글로 쓰면 마음이 치유되는 효과도 있거든요. 그런 일이 없더라도 써보세요. 소소한 일상을 말입니다. 그렇게 가족 구성원 모두가 포스트잇으로 일기 쓰기를 하고 쭉 모아놓고 보면 하나의 작품이 된답니다.

또 부모님께서 책을 읽고 인상 깊었던 구절이 있다면, 포스트잇에 적어서 아이 책상에 붙여 놓아주세요. 아이에게 건네는 메시지도 함께요. 작은 크기 이상의 감동을 전해줄 수 있습니다. 그러니 서로에게 하고 싶은 말을 작은 포스트잇에 담아 자주 표현해보세요. 습관의 힘은 대단하거든요.

이처럼 포스트잇에 글을 쓰는 것이 아이들의 글쓰기 부담을 줄여줄 수 있습니다. 메모지의 크기가 그렇게 크지 않기 때문이지요. 작은 크기에서 시작한 아이의 글쓰기가 긴 글을 쓰는 마중물이 될 것입니다.

결국 기록하는 자가 승리하는 법

우리는 '교과서 꼼꼼하게 읽기'가 교과 학습에 중요하다는 것을 알고 있습니다. 교과서 소리 내어 읽기를 시작으로 내용을 반복하며 읽어야 하지요. 그 밖에 이해를 돕는 방법에는 어떤 것이 있을까요? 바로 **학습에 '쓰는 활동'**을 첨가하는 것입니다. 이제부터는 학습 과정에서 쓰기를 통해 학업 성취도를 높이는 방법을 알아볼게요.

생각을 좌우하는 질문 200% 활용하기

교과서 내용을 이해하는 데에 도움을 주는 효과적인 방법으로 **'질문 만들고 적기'** 활동을 추천합니다. 알고 계시듯이 책을 읽기 전에 내용을 예측하는 질문을 하면 배경지식을 활성화하는 효과가 있지요. 또 읽는 과정에서 질문을 하면 내용 이해를 위한 다양한 생각을 이끌 수 있습니다. 읽은 후에는 질문을 통해서 내용을 잘 이해했는지 확인할 수도 있고요. 이렇듯 읽기 전반에 이해를 돕는 것이 '질문'입니다. 그러니 학습 과정에서도 이러한 질문하기의 강점을 충분히 활용해야 할 필요가 있지요.

'질문 만들고 적기' 활동을 위해서는 일단 질문을 적을 노트가 필요합니다. 질문 노트는 '사회나 과학, 기술 가정, 도덕' 등 과목별로 만들면 효과적이랍니다. 우선 노트의 맨 위쪽에 단원명을 적고 해당하는 교과서 페이지를 표시합니다. 질문을 단원별로 만들어 정리하면 나중에 복습하기가 좋습니다. 단원명을 적은 아래부터 만든 질문을 차례대로 적습니다. 적을 때는 노트의 오른쪽 페이지에 질문을 작성하고, 다음 장 뒷면의 왼쪽 페이지에 답을 적으면 좋습니다. 그리고 질문과 답을 적을 때는 반드시 번호를 달아둡니다. 또 질문을 적을 때에 완전한 문장으로 적어야 한다는 점을 아이에게 꼭 알려주세요. 단어만 적어두면 나중에 무엇인지 알지 못하는 경우가 생기거든요.

앞서 〈Chapter 3〉에서 부모님께서 아이에게 책을 읽는 시범을 보이셨던 것이 기억나시나요? 그때 읽는 과정에 끊임없이 질문을 던지셨잖아요. 질문하며 책을 읽는 방법을 학습에 그대로 적용하는 것이랍니다. 다만 교과 개념을 정확하게 이해하기 위한 활동이기 때문에 손으로 직접 적는 거지요.

만들 수 있는 질문의 유형은 다양합니다. 교과서를 보면 답을 확인할 수 있는 '기본 개념'에 대한 질문도 있고요. 텍스트의 전개 방식이나 표현에 관한 질문도 가능합니다. 나아가 내용과 관련된 개인의 생각을 묻는 열린 질문도 좋습니다. 연습해봅시다.

교과서를 읽다가 해당 단원에서 반드시 알아야 할 중요한 개념이 나오면 노트에 적어야 합니다. 적을 때에는 다음과 같이 질문형식으로 만들어야 하지요. 그리고 교과서에 제시된 답도 다음 페이지에 함께 적습니다.

국어 교과의 표현법을 배우는 단원을 예로 들어볼게요. 교과서를 읽는데 교과서에 '속마음을 반대되는 뜻의 말로 표현하는 방식을 반어법이라고 한다'라는 내용이 등장합니다. 표현법을 배우는 단원인 만큼 '반어법'의 의미에 대해 알아두어야 하겠지요. 중요한 개념이니까요. 그때 다음과 같이 제시된 개념을 질문과 답으로 구분해 작성합니다.

[국어]
단원명 : 문학 속에 사용된 다양한 표현
교과서 페이지 : 34~45p

노트 앞장(오른쪽 페이지) 질문	노트 뒷장(왼쪽 페이지) 답
① 반어법이란 무엇인가요?	① 속마음을 반대되는 뜻의 말로 표현하는 방식이다.

만약 읽기 과정에서 궁금한 것이 생겼을 때도 질문의 형식으로 적어둡니다. 아직 답을 모르기 때문에 답을 작성하는 공간은 비워두면 되고요. 적은 후 다음 내용을 계속 읽어나갑니다. 읽는 과정에 자연스럽게 답을 알게 될 경우가 있어요. 그러면 해당 질문의 답 칸에 기록하면 됩니다. 읽은 후에도 답을 찾지 못한 경우에는 다른 자료를 활용해 답을 찾아야 합니다. 선생님께 여쭤봐도 좋고요. 연관된 책을 찾아봐도 좋습니다. 이렇게 다양한 방법을 활용해 답을 찾은 후, 비워두었던 칸에 적으면 됩니다.

노트 앞장(오른쪽 페이지) 질문	노트 뒷장(왼쪽 페이지) 답
② '소나기구름'의 특성은 무엇일까?	② (답을 모르는 경우 비워 두기, 추후 자료 조사 후 작성)

질문이 개인의 생각이나 의견을 물어보는 경우라면, 이 역시 질문을 적어놓고 일단 글을 읽습니다. 그리고 글을 읽은 후, 질문에 대해 충분히 생각할 시간을 갖습니다. 그런 후에 답을 작성해보는 거예요. 교과와 관련된 개념을 학습하는 과정에서 교과 연계 논술 주제까지 찾은 거지요. 이러한 열린 질문에 답을 써보는 것은 교과 내용에 대한 이해를 돕고, 글쓰기를 연습할 수 있는 아주 좋은 방법이 됩니다.

노트 앞장(오른쪽 페이지) 질문	노트 뒷장(왼쪽 페이지) 답
③ 최저 임금제도는 유지되어야 할까?	③ (읽는 과정에는 비워 두기, 추후 충분한 생각과 의견 정리 후 작성)

지금까지 교과서를 읽으면서 다양한 유형의 질문을 만들었습니다. 노트에는 단원별로 질문과 그에 대한 답이 적혀 있겠지요. 이 노트를 복습할 때 사용합니다. 질문을 적은 페이지를 보면서 순서에 상관없이 질문하고 스스로 대답해보는 겁니다.

친구와 함께 질문 노트를 작성한 후, 서로 노트를 바꾸어서 질문하고 확인해봐도 좋습니다. 부모님께서 문제를 내주시고 아이가 답을 해봐도 좋고요.

질문의 수준이 생각의 수준을 좌우한다고 하지요. 아이는 이 활동을 통해 질문을 만들고 답까지 적어보면서 학습 내용을 더 명확하게 이해할 수 있습니다. 또 교과 내용에 대한 이해 여부를 스스로 점검할 수도 있고요. 나아가 생각의 수준도 높아지게 됩니다. 책을 읽을 때뿐만 아니라 학습 과정 전반에도 적극적으로 질문을 활용할 수 있어야 합니다.

Tip | 질문 만들기 활동을 처음 할 때, 아이가 기본 개념을 확인하는 질문을 위주로 노트를 만들 것입니다. 당연한 일입니다. 교과서든 이야기책이든 처음 읽을 때는 책의 줄거리와 기본 내용을 이해하기 위해 온 힘을 다하기 때문입니다. '왜 그렇다고 생각하는가?, 어떻게 해야 할까?, 만약에 나라면?'과 같이 답이 정해지지 않는 열린 질문을 처음부터 만들기란 어려울 수 있이요. 그러면 질문의 다양성을 높이기 위해서는 어떻게 해야 할까요? 이러한 문제는 **책을 반복해서 읽으면** 해결할 수 있답니다. 처음 읽었을 때는 알 수 없던 내용이 두 번, 세 번 읽을 때 보이거든요. 또 볼 때마다 새로운 궁금증이 생기고요. **반복 독서**를 통해 개념 이해를 확인하는 질문에서 **다양한 생각이나 의견을 묻는 단계**로 나아가면 됩니다.

코넬 노트로 요약 정리하기

아이가 교과서를 읽은 후에 어떤 활동을 하면 좋을까요? 우선 교과서 속 내용을 명확하게 이해하기 위해서 요약 노트를 작성하는 것이 좋습니다. 앞에서 교과서를 읽는 과정에서 단원별로 질문을 만들고 답을 적었잖아요. 노트의 '질문 만들고 적기'를 한 다음 페이지에 단원을 요약 정리하는 것이에요.

요약 정리하는 방법에는 여러 가지가 있는데요. 그중 '코넬 노트' 활용법을 추천합니다. 코넬 노트 작성법은 많은 분이 실천하고 계신 필기법이랍니다. 1960년대 코넬 대학에서 대학생들의 학습 효과를 높이기 위한 개발한 학습 방법이지요. 작성하기 쉽고 학습 내용 이해와 복습에도 효과적입니다.

코넬 노트 필기를 위해서는 우선 '코넬 노트'가 필요합니다. 검색해보면 다양한 종류의 노트를 쉽게 찾으실 수 있어요. 또는 꼭 사지 않더라도 자신이 원하는 크기와 방식으로 제작해 사용할 수도 있습니다. 아이가 좋아하는 방법을 선택할 수 있도록 해주세요.

먼저 코넬 코트가 어떻게 구성되어 있는지 확인해보겠습니다. 코넬 노트는 다음과 같이 ① 학습 주제를 적는 칸, ② 본문 작성 칸, ③ 핵심 용어 정리 칸, 그리고 ④ 요약 정리 칸으로 구성되어 있지요.

〈코넬 노트 구성〉

① 학습 주제	
③ 핵심 용어	② 본문 작성
④ 요약 정리	

영역별 칸에는 다음과 같은 내용을 작성합니다.

① 학습 주제 칸 : 학습한 날짜와 단원명, 학습 목표를 간단히 적습니다.

② 본문 작성 칸 : 수업 시간에 선생님께서 강조하신 내용, 교과서 내용을 다음의 방법으로 요약해서 정리해요.

요약 정리 방법

㉠ 상하 관계가 드러나도록 번호를 다르게 작성합니다.

　(예) 1, 가, 1), (1)

㉡ '1'과 '가', '가'와 '1)'처럼 위계가 있을 때는 들여쓰기를 해 내용 간의 관계가 잘 드러나도록 작성해야 합니다.

㉢ 내용이 바뀔 때는 줄을 띄워 가독성을 높이면 좋습니다.

㉣ 교과서의 문장을 그대로 적지 않고, 조사나 어미 등은 생략합니다. 중심 내용, 핵심 어휘를 토대로 하되 반드시 자기의 언어로 표현해야 합니다.

㉤ 구조나 변화를 나타내는 경우는 그림이나 도표를 활용해 정리하면 좋습니다.

㉥ 색깔 볼펜이나 형광펜을 활용해 중요한 내용을 강조하면 기억에 도움이 됩니다.

　(예) 검은색 : 필기, 파란색 : 보충 설명, 빨간색 : 중요한 내용

③ 핵심 용어 칸 : ②에 작성된 내용 중 가장 핵심적인 개념, 용어를 적습니다.

④ 요약 정리 칸 : ③에 작성된 핵심 용어들을 포함하되, 교과서의 내용을 한 번에 파악할 수 있는 2~3문장으로 정리해야 합니다.

이렇게 4가지 정리 칸에 교과서의 내용을 정리하면서 해당 단원에서 중요한 내용이 무엇인지 쉽게 파악할 수 있지요.

그러면 코넬 노트를 활용해 어떻게 복습해야 할까요? 복습할 때

는 ② 본문 작성 영역을 보지 않고 ③의 핵심 용어들만 봐야 합니다. 키워드를 확인하고 이 단원에서 어떠한 내용을 배웠는지 떠올려 보도록 하는 겁니다. 또 제시된 용어는 어떠한 의미인지 등을 말해보도록 하는 거예요. 그리고 이러한 활동을 반복하면서 아이가 학습 내용을 완벽하게 암기할 수 있도록 하는 방식입니다.

더불어 마지막 요약 정리 칸에는 ③에 작성된 핵심 용어와 수업 시간에 선생님께서 강조하신 내용을 포함해서 2~3문장으로 작성해야 합니다. 이 요약 정리 칸의 내용 역시 반복해서 봐야 하지요. 그리고 볼 때마다 본 날짜를 함께 기록해두면 좋습니다. '10월 12일', '10월 19일', '11월 13일'과 같이 볼 때마다 적어두는 것이지요. 이렇게 단원별로 요약 정리를 하고 말해보고 반복해서 읽어보면서 학습 내용을 숙지해야 합니다.

마지막으로 단원별 노트 정리를 꾸준히 해서 시험 범위에 해당하는 모든 단원의 노트 정리가 끝나게 될 경우, 단원별 ④ 요약 정리 칸의 내용들을 모아서 한 번 더 정리해주면 좋습니다. 전체 단원을 한 번에 요약하는 것이지요. 아이는 시험 보기 직전, 이 정리한 내용을 활용할 수 있습니다. 여러 번 읽고 스스로 정리했기 때문에 요약 정리된 내용만 보아도 중요한 것이 머릿속에 떠오를 겁니다.

이제부터는 기술·가정 교과서를 보고 코넬 노트를 작성하는 연습을 해보겠습니다. 다음 교과서 본문을 실제로 읽고, 다음의 양식에 정리해본다면 훨씬 이해가 잘될 것입니다. 부모님께서 먼저 노트 정리를 해보시면 아이에게 더 쉽게 설명해주실 수 있을 거예요.

01. 청소년의 발달

* 청소년의 발달 특징을 자신의 행동과 연결 지어 이해할 수 있다.

1. 청소년 발달의 특징

1) 신체적 발달 변화

① 성장 급등

청소년기가 되면 성장 호르몬이 많이 분비되면서 키와 몸무게가 빠르게 증가하는데, 이를 성장 급등이라고 한다. 일반적으로 여학생은 10~12세경에, 남학생은 11~13세경에 성장 급등 현상이 시작되어 3~4년간 지속된다.

성장 급등이 진행되면 팔과 다리가 길어지고 신체의 각 부분이 성장하는데, 부분마다 성장 속도가 달라서 불균형해보이기도 한다. 하지만 이는 성인의 모습으로 변해 가는 일시적인 현상으로, 점차 균형 잡힌 모습으로 성장하게 된다.

② 2차 성징

청소년기가 되면 성호르몬의 분비량에 변화가 생긴다. 남성에게서는 남성 호르몬이, 여성에게서는 여성 호르몬이 증가하면서 겉모습만으로도 남성과 여성을 구분할 수 있는 신체적 특징이 나타나기 시작한다.

이처럼 사춘기 이후에 나타나는 남성과 여성의 신체적 특징을 2차 성징이라고 한다. 남자는 어깨가 넓어지고 근육이 발달해 남자다운 체형으로 변하고, 여자는 골반이 넓어지고 가슴이 커지며 피하 지방의 양이 증가해 여자다운 체형으로 변한다.

2) 지적 발달 변화

(이하 생략)

– 《기술·가정 1》11~12p, 왕석순, 두산동아 –

〈연습양식〉

① 학습 주제

③ 핵심 용어	② 본문 작성

④ 요약 정리

다음과 같이 노트 작성을 하셨나요? 정말 잘하셨습니다. 그러면 아이에게 코넬 노트 작성법에 따라 학습 내용을 정리할 수 있도록 알려주세요.

[코넬 노트 작성 예시]

① 학습 주제
날 짜 : 2023. 10. 12. 단원명 : 01. 청소년의 발달 1. 청소년 발달의 특징 학습 목표 : 청소년의 발달 특징을 자신의 행동과 연결 지어 이해할 수 있다.

③ 핵심 용어	② 본문 작성
신체적 발달 성장 급등 2차 성징	1. 신체적 발달 변화 　가. 성장 급등 : 청소년기에 성장 호르몬이 많이 분비되 　　　면서 키와 몸무게가 빠르게 증가하는 현상 　　　－ 여학생 : 10~12세경, 남학생 : 11~13세경 　나. 2차 성징 : 사춘기 이후에 나타나는 남성과 여성의 　　　신체적 특징 　　　1) 남자 : 어깨 넓어짐, 근육 발달 　　　2) 여자 : 골반 넓어짐, 가슴이 커짐 　　　3) 공통 : 여드름, 음모, 겨드랑이 털 2. 지적 발달 변화 　(이하 생략)

④ 요약 정리
10/13 10/19 11/13　　청소년기는 **성장 급등** 시기로 **2차 성징**이 나타나는 **신체적 발달**이 일어난다.

교과서 핵심 문장 받아쓰기

아이의 학습에 도움을 주면서, 정확한 글쓰기를 연습하는 방법으로 '교과서 핵심 문장 받아쓰기'가 있습니다. 한 단원이 끝났을 때 가끔 아이와 해보면 좋습니다. 방법은 간단합니다. 부모님께서 교과서의 한 단원 내에 제시된 문장을 읽어주고 아이가 받아적는 것이지요. 문제를 내실 때는 완벽한 문장 전체를 읽어주셔야 해요. 또 단원의 핵심 내용을 담은 문장이 좋습니다. 아이는 부모님이 읽어주시는 문장을 받아적어야 합니다. 그때 띄어쓰기까지 정확하게 작성해야 함을 꼭 알려주세요.

그리고 역할을 바꿔서 해보세요. 이번에는 아이가 교과서를 보고 문제를 냅니다. 부모님께서는 받아적고요. 서로 받아쓰기를 해서 점수가 잘 나온 사람의 소원을 들어주기로 이야기해보세요. 교과서를 잘 보지 않던 아이도 어려운 문제를 내기 위해 교과서를 뚫어져라 볼 것입니다. 또 문제로 선정된 문장을 또박또박 읽으려고 얼마나 신경을 쓰는지 모릅니다. 부모님께서도 잘 듣고 답을 정확하게 적어보세요. 그러다 가끔 틀리면 그 모습에 아이는 배꼽이 빠질 정도로 웃으며 좋아합니다. 부모님이 잘못 적은 문장을 아이는 쉽게 잊지 못할 것입니다. 그것이 중요한 교과서 속 내용이고요.

이렇게 교과서에 있는 문장을 읽어주고, 받아적는 것을 아이는 하나의 놀이로 인식합니다. 재미있게 노는 과정에 아이는 학습 내용을 복습할 수 있고, 언어 유창성까지 키울 수 있습니다. '부모님이 하는 받아쓰기' 떨리시지요? 아이와 함께 해주세요.

말할 수 있어야 진짜 아는 것

배운 내용을 완벽하게 이해했는지 확인할 수 있는 가장 정확한 방법은 아이에게 '다른 사람을 가르쳐보도록 하는 것'입니다. 정확히 알지 못하거나 막연히 아는 경우, 다른 사람에게 가르쳐줄 수 없거든요. 또 상대가 이해할 수 있으려면 쉽게 설명해야 합니다. 여러 가지 구체적인 예를 들어서 표현해야 하지요. 그만큼 자신이 명확히 이해해야만 쉬운 설명을 통해 다른 사람을 이해시킬 수 있습니다.

앞서 코넬 노트를 작성하면서 교과서의 내용을 요약했습니다. 또 교과서와 질문 노트를 반복해서 보면서 핵심 용어에 대해 이해했을 것입니다. 이제 다른 사람과 해봐야 합니다. 코넬 노트에 작성한 핵심 어휘와 요약 문장만 보고 단원의 내용을 친구나 가족에게 설명해보는 겁니다. 상대가 이해할 수 있도록 알려주는 거지요. 그런데 아이가 가르치는 도중 핵심 내용을 설명하지 못하는 순간이 생깁니다. 바로 그 부분이 아이가 학습 내용을 정확하게 이해하지 못한 부분이에요. 이해가 부족했기 때문에 설명할 수 없는 것입니다. 그때 아이는 무엇을 해야 할까요? 그렇지요. 다시 교과서를 보고 해당 부분을 명확히 이해해야 합니다. 그런 후에 다시 가르쳐 보도록 해야 해요. 완벽하게 설명할 수 있을 때까지 말입니다.

아이가 가르쳐주는 과정에 상대가 질문을 할 수도 있습니다. 잘 이해했다면 아이는 질문에 대해 수월히 대답해줄 수 있습니다. 하지만 상대의 질문에 답을 잘하지 못한다면 아직 완벽하게 아는 것이 아닙니다. 내용에 익숙한 것뿐인데 그것을 아는 것이라고 착각하는 거지요. 역시 이럴 때는 다시 교과서를 보고 확인하도록 해야 합니다. 다른 사람을 명확하게 가르쳐줄 수 있는 상태, 상대가 이해할 수 있을 때까지 쉬운 예를 들며 설명해줄 수 있는 수준까지 갔을 때가 진짜 아는 것입니다.

그런데 아이에게 학습한 내용을 가르쳐달라고 하면 어떻게 해야 하는지 모른다고 해요. 그래도 해보라고 하면 부끄럽다고 하기 싫다고 합니다. 간혹 아이가 가르쳐줄 때도 아주 짧게 설명하고 끝나는 경우가 다반사지요. 처음부터 아이가 잘하지는 못해요. 그러니 이때도 역시 부모님의 시범이 필요합니다. 생활 속에서 자연스럽게 설명하는 모습을 자주 보여주세요. 부엌에서 "부대찌개 만드는 법은 이런 거야" 하고 중얼중얼 떠드는 것이지요. "승강기에는 도르래의 원리가 반영되었어. 도르래는~"처럼 일상에서도 자연스럽게 가르치는 모습을 보여주세요.

부모님이 많이 보여주시면 아이도 제법 잘 따라 합니다. 시범을 보여주실 때는 상세한 이유나 다양한 사례를 들어 구체적으로 설명하는 것이 필요합니다. 그래야 아이들도 설명할 때 짧게 이야기하는 습관이 들지 않거든요. 그렇게 쉽게 설명하는 모습을 자주 보여주세요.

　아이가 정말 선생님처럼 누군가를 가르친다는 느낌이 들도록 작은 **화이트보드를 설치**해주는 것도 좋아요. 화이트보드에 부모님께서 이것저것 적으며 설명하는 모습을 먼저 보여주세요. 운동을 좋아하는 가족의 경우, '올바른 플랭크 자세'와 같은 주제로 설명해보는 것입니다. 이해를 돕기 위해서 그림을 그리며 알려주면 좋겠지요. '요리법'이라면 진행 순서에 따라 번호를 달아 정리하는 모습을 보여주시는 겁니다. 상대가 이해하기 쉽게요. 그러면 아이는 부모님의 시범을 보고 '어떻게 설명해야 하는구나'를 배울 수 있습니다.

　그리고 아이의 참여를 조금씩 유도해보세요. 아이가 처음 가르쳐주기를 시도하고자 한다면 부모님께서는 적극적인 청자가 되어주셔야 합니다. 고개도 끄덕여주시고, "구체적인 예를 들어주니까 이해가 쏙쏙 되네" 하고 열렬한 반응도 해주시는 거지요. 만약 아이가 부모님 앞에서 하는 것을 부끄러워한다면 방에서 혼자 설명해보도록 해도 좋습니다. 연예인 사진이나 거울, 인형을 앞에 놓고 가르쳐보도록 해도 좋고요.

　그러면 아이도 조금씩 가르치는 데 익숙해져 점점 능숙하게 설명한답니다. 설명 과정에 화이트보드를 적극적으로 활용해 가면서요. 정말 아이도 전문가처럼 가르치는 실력이 는답니다. 그리고 혼자 길거리를 걸으면서 배운 내용을 중얼거리며 설명하는 모습을 곧 보시게 될 것입니다. 그 중얼거림 속에 아이의 배움이 일어납니다.

학습 짝꿍 만들기

학습 과정에 대화를 활용하면 효과를 높일 수 있습니다. 궁금한 점을 질문하고 답하면서 더욱 깊게 학습할 수 있지요. 읽은 내용에 관련된 경험을 공유할 수도 있고요. 또 대화를 통해 서로가 이해한 내용을 확인할 수 있습니다. 나아가 잘못 이해한 점을 발견하고 조정할 수도 있지요. 그래서 다른 사람의 생각도 듣고, 의견을 나누는 과정이 꼭 필요합니다. 혼자서만 똑똑하다고 이야기를 나누지 않는다면 자기 생각에 매몰되어 버릴 수 있거든요.

대화뿐만이 아닙니다. 글쓰기도 마찬가지입니다. 아이가 쓴 글을 친구와 함께 바꿔서 읽어보는 것이 좋습니다. 다른 사람의 글을 읽으면 자신이 그동안 미처 알지 못했던 것을 알 수 있거든요. 만약 친구가 다소 미흡하게 글을 썼을 경우가 있습니다. 미흡하게 작성된 친구의 글을 읽는 것이 아이가 자기의 글을 돌아보는 계기가 될 수 있습니다. '이렇게 글을 쓰니까 이해할 수가 없구나, 내 글도 의미 전달이 잘되지 않았겠구나' 하고요. 글을 쓰면서 자기가 했던 실수들이 떠오르는 거지요. 그리고 '다음에는 이렇게 쓰지 말아야겠다'를 배웁니다. 반면, 친구의 글에서 잘한 점을 확인한다면, 자신의 글에도 그 글쓰기 기법을 적용해보려고 합니다. '이렇게 쓰니까 글이 잘 읽히네. 글을 체계적으로 구성을 하니까 이해가 쉽네'라고 생각합니다.

독서에서도 마찬가지입니다. 책을 읽고 함께 이야기 나눌 수 있는 친구가 있으면 좋아요. 서로 책을 바꿔서 읽어보고 이야기를 나눈다면 시너지 효과가 엄청나답니다. 같은 책을 읽고 대화를 나눠보면 느낀 점도 다르고, 기억에 남는 점도 다르다는 것을 알 수 있거든요. 또 자신이 생각하지 못한 사실도 알 수 있고요.

그러니 아이의 학급이나 동네에서 서로 책을 빌려주기도 하고, 빌려 볼 수 있는 친구가 있나 살펴보세요. 지금 아이와 성향이 잘 맞고 사이좋게 지내고 있는 친구가 있다면, 이제는 책을 함께 읽고 이야기 나눌 수 있도록 유도해보는 것도 좋습니다. 아이가 친구와 함께 있는 시간에 책을 넣어주는 것입니다.

곁의 친구가 책을 좋아하고 잘 읽는 친구라면, 아이에게 재미있는 책을 추천해달라고 이야기해보도록 하세요. 또 아이에게 친구가 가지고 있는 재미있는 책을 빌려서 읽어보도록 조언하는 겁니다. 반대로 아이가 재미있게 읽은 책이 있다면 옆 친구에게 추천하고 빌려줘 보도록 하는 거지요. 친구의 생일날 재미있게 읽었던 책을 선물하는 방법도 좋습니다. 이렇게 서로의 책을 빌려주고, 빌려 보면서 책의 내용에 대해 서로 자연스럽게 이야기를 나눌 수 있습니다.

실제로 아이들은 책을 빌려 읽은 후 "이 책 진짜 재밌다. 그런데 주인공이 왜 그런 행동을 한 걸까?" 하고 자연스럽게 이야기를 나눕니다. 책이 재밌다고 이야기하면 관심이 없던 아이도 '진짜 재밌나? 읽어 볼까?' 생각하지요. 선생님이나 부모님께서 재밌다고 읽어보라고 권유할 때보다, 친구가 진짜 재밌다고 이야기하는 것을 더 신뢰하는 나이니까요.

그러니 친구와 함께 책을 읽고, 이야기를 나눌 수 있도록 이끌어 주셔야 합니다. 이때 부모님은 뭘 해야 하냐고요? 가족 서점 나들이 시간에 아이에게 재미난 책을 사주셔야지요. 친구와 책을 서로 바꿔 볼 수 있도록 말입니다. 또 책과 관련된 이야기를 나눌 때 친구와 함께 먹을 간식도 챙겨주세요. 친구들끼리 책을 잘 읽는다면 맛있는 것도 만들어주시고요. 도서관 여행에 함께 데려가주시면 금상첨화입니다.

이렇게 아이가 책을 함께 읽고 느낌을 나눌 수 있는 친구, 학습한 내용을 서로 질문하면서 확인해줄 수 있는 친구, 글을 함께 쓰고 이야기를 나눌 친구를 만들 수 있도록 도와주세요. 한 명이어도 좋습니다. 다양한 친구들과 독서 소모임을 결성하면 더 좋고요. 아이가 또래의 친구들과 독서나 학습 과정에 풍부한 교류를 한다면 생각의 폭을 넓히는 데 훨씬 효과적이랍니다. 이제는 학습 짝꿍, 책 짝꿍을 만들어주세요.

> **Tip | 지역 도서관**은 **다양한 독서 프로그램**을 운영하고 있습니다. 운영되는 프로그램의 경우 초등학생, 중학생 등 대상을 구분해 수준에 맞게 운영하는 경우가 많지요. 그러니 아이의 연령대에 맞는 프로그램을 찾아 아이가 참가해 볼 수 있도록 해보세요. 그곳에서 독서와 학습 과정에 즐거운 대화를 나눌 친구를 찾을 수도 있습니다.

끄덕이는 읽기에서 갸우뚱하며 읽는 수준으로

'설득하는 글쓰기'에 대해 학습하는 단원이 있었습니다. 학생들과 설득하는 글을 쓰기 위해 준비하는 과정을 배우고 실제로 글을 써보는 활동을 진행했지요. 글쓰기 주제로 '화석 연료 사용, 촉법 소년, 저출산·고령화 문제'를 제시했습니다. 이 중 한 가지 주제를 선택해 그에 대한 자신의 견해를 밝히는 글을 작성하는 활동이있지요. 그리고 글을 쓸 때는 자신의 주장을 뒷받침하는 구체적인 자료를 찾아 근거로 제시하도록 안내했습니다. 더불어 근거를 작성할 때는 출처를 명확히 밝혀야 한다는 점도 강조했지요.

드디어 학생들과 함께 쓴 글을 발표해보는 시간이 되었습니다. 그런데 놀랍게도 많은 학생이 디지털 환경에서 얻은 자료를 그대로 사용하고 있었습니다. 검색을 통해 얻은 누군가의 의견을 의심 없이 그대로 사실처럼 받아들이고 있었지요. 개인의 주관적인 의견인지 객관적인 자료인지 구분하지 못한 거지요.

더불어 출처가 명확하지 않은 정보임에도 자신의 주장을 뒷받침하는 근거자료로 사용하고 있었고요. '참고 자료 출처 : 유튜브, 인터넷 포털 사이트'라고 적은 경우도 많았습니다. 수많은 정보 중에 어떤 것이 진짜이고 가짜인지를 분별해내지 못한 겁니다. 그리고 그대로 인터넷에 작성된 글이 자신의 의견인 듯 옮겨 놓는 경우도 제법 있었습니다.

OECD는 2021년 '국제학업성취도평가(PISA) 21세기 독자 : 디지털 세상에서의 문해력 개발'이라는 보고서를 발표한 적이 있습니다. 보고서에 따르면 우리나라의 만 15세 학생들이 디지털 환경에서 제시된 정보를 '사실과 의견'으로 식별하는 역량이 매우 부족하다고 말하고 있지요. 해당 역량을 측정하는 문항 정답률이 OECD 평균 47.4%인데 반해 우리나라는 25.6%의 정답률을 보여 최하위 집단으로 분류될 만큼 말입니다.

수업 과정에서도 앞에서 보듯 많은 학생이 사실과 의견을 식별하는 역량이 부족하다는 것을 느낄 수 있었습니다. 글을 읽으며 필요한 정보를 수집할 때 가장 먼저 내용을 이해하기 위해 노력해야 합니다. 고개를 끄덕이며 의미를 파악해야지요. 하지만 거기서 멈춰서는 안 됩니다. 주어진 정보에 대해 평가하며 읽는 수준까지 가야 하지요. 내용을 이해한다는 의미의 '끄덕임'에서 의심의 눈초리로 '갸우뚱'하며 읽어야 합니다. '이것이 사실일까? 믿음직한 자료인가?'처럼 의심하며 읽어야 하지요. 이런 습관은 비단 디지털 환경에 제시된 정보를 읽을 때만으로 한정되지 않습니다.

아이가 책을 읽을 때도 책 속에 제시된 내용이 믿음직한지, 타당한 내용인지 항상 비판적으로 살펴보아야 합니다. 그렇다면 이렇게 제시된 자료를 비판적으로 점검하면서 읽기 위해서 우리는 어떤 습관을 지녀야 할까요?

질문을 던져야 합니다. 글을 읽는 과정에서 끊임없이 질문을 던져야 하지요. 그래서 주어진 정보를 그냥 그대로 받아들이는 것이 아니라, 의심하고 점검해보아야 합니다. 닐 브라운(M. Neil Browne), 스튜어트 킬리(Stuart Keeley) 공저인 《11가지 질문 도구의 비판적 사고력 연습》에서는 비판적인 사고를 가능하게 하는 질문 도구를 다음과 같이 제시합니다.

- 이슈와 결론은 무엇인가?
- 이유는 무엇인가?
- 어떤 단어나 어구가 애매한가?
- 추론에 오류가 있는가?
- 증거는 얼마나 훌륭한가?
- 경쟁 원인(인과 관계)이 있는가?
- 통계에 속임수가 있지 않은가?
- 중요한 정보가 빠져 있지는 않은가?
- 어떤 합당한 결론이 가능한가?

글을 읽는 과정에 위와 유사한 질문을 던져봐야 합니다.

· 글쓴이가 말하고자 하는 바가 무엇일까?
· 글쓴이가 말하고자 하는 바를 뒷받침하는 근거는 무엇인가?
· 사용한 어휘와 표현이 정확하고 적절한가?
· 제시된 자료나 증거가 객관적이고 믿음직스러운가?

· 논지가 일관적이고 통일성 있는가?

'의심하지 않는 것은 생각하지 않는 것'이라는 말이 있습니다. 그 만큼 건전한 의심이 아이의 생각을 이끄는 겁니다. 질문을 통해 미 처 생각지 못했던 새로운 관점으로 문제에 접근할 수도 있고요. 그 래야만 수많은 정보 중에 옳은 것을 선택할 수 있습니다.

> **Tip |** 글을 읽을 때 끊임없이 질문하고 생각해야 합니다. 의심해야 합니다. 그래야 비판적 사고력을 키울 수 있습니다. 부모님께서 먼저 비판적 이해를 위한 질문을 하면서 책을 읽는 모습을 보여주세요. 그러면 아이가 생각을 깨 우는 비판적 질문을 시작할 겁니다.

생각을 키우는 아웃풋 시작하기

지금부터는 글을 읽고 자신의 관점을 표현하는 방법에 대해 알 아보려고 합니다. 이때 신문 사설이나 칼럼을 활용하는 것이 좋은 데요. 사설이나 칼럼은 길이가 길지 않고, 글쓰기 전문가들이 작성 한 '잘 쓴 글'이기 때문입니다. 더불어 글쓴이의 의견이나 주장이 담겨 있어 그에 대한 '나'의 입장은 어떤지 생각해보기도 좋고요. 그러면 지금부터 아이의 생각을 키워주러 가볼까요?

일단 아이와 함께 읽을 사설이나 칼럼을 준비합니다. 첫 번째 단 계는 사설이나 칼럼의 내용을 짧게 줄이는 것입니다. 우선 아이와 글을 소리 내어 읽습니다. 읽을 때는 중요 단어에 동그라미 표시를 하고, 문단별로 핵심 문장에 밑줄을 긋도록 합니다. 내용 파악을 위해 '끄덕이면서' 읽는 거지요. 그렇게 파악한 핵심 단어와 문장들을 재구성해 2~3문장으로 적습니다. 요약하는 겁니다. 더불어 이렇게 완성된 요약문에는 동그라미 표시한 중심 어휘가 반드시 포함되어 있어야 하고요.

다음 사설을 읽고 연습해볼게요.

현 온실가스 감축 계획이 실현되더라도 2040년 이전까지 지구 온도가 1.5도 상승하는 것을 막기 어렵다고 유엔 '기후변화에 관한 정부 간 협의체(IPCC)'가 경고했다. 탄소배출량이 더 늘고 온난화가 심화되면서 2015년 파리기후협약 당시 '2100년 말'로 내다봤던 시점이 더 당겨졌다는 것이다. 지구 온도 '1.5도 상승'은 폭염과 혹한, 태풍, 가뭄 등 기상 이변이 폭증하는 임계점이다. '기후 시한폭탄'을 해제하기 위한 인류의 탄소 감축이 더욱 시급해졌다.

IPCC가 20일 제58차 총회에서 승인한 '제6차 평가 종합보고서'를 보면, 화석연료에 기반한 산업화로 지구 온도는 산업화 이전 대비 1.1도 상승했으며, 대부분 시나리오에서 2030년대 전반기까지 1.5도 상승하는 것으로 나타났다. 5차 보고서(2014년) 때보다 온난화 속도가 더 빨라지고 인류가 대비할 시간은 줄었다. 온실가스 배출량이 그만큼 가파르게 늘었기 때문이다. 대기 중 이산화탄소 농도는 200만 년 내 최고치, 메탄과 아산화질소 농도 역시 80만 년 내 최고치를 기록했다고 한다. "인류는 살얼음판 위에 있고 그 얼음은 빠르게 녹고 있다"는 안토니우 구테흐스 유엔 사무총장의 말이 그 절박성을 웅변한다.

과감한 해법이 필요하다. 보고서는 '1.5도 상승'을 막으려면 이산화탄소 배출량을 2030년까지 48%, 2050년까지 99% 감축(2019년 대비)해야 한다고 지적했다. 지난 보고서 때보다 목표치를 더 높였는데, 화석연료 인프라를 재생에너지 중심으로 전환해야 한다고도 강조했다. 2030년까지 석탄화력발전소를 폐지하자는 제안도 나왔다. 온실가스 배출에 책임이 큰 선진국들이 기후위기의 직격탄을 맞는 저개발국가를 재정적으로 지원할 필요성도 제기된다.

한국은 어떤가. 지난해 정부는 2030년까지 온실가스를 40%(2018년 대비) 감축한다는 계획을 내놨지만 현실은 거꾸로 가고 있다. 코로나19로 잠깐 줄었던 온실가스 배출량은 다시 증가하는 추세. 게다가 강릉과 삼척에는 새 화력발전소가 가동을 준비 중이고, 전력수급기본계획에서 태양열·풍력 같은 신재생에너지 발전 비중은 기존 30%에서 21%로 축소됐다. 인류에 대재앙을 가져올 지구 온도 1.5도 상승까지 20년도 채 안 남았는데 서두르는 기미조차 없다. 당장 행동해야 한다는 더욱 강력한 경고가 나온 만큼 정부는 물론 기업, 시민들 모두 탄소 감축에 나서야 한다.

– 〈경향신문〉 사설, 2023년 3월 20일 –

〈요약해보기〉

핵심 단어 (O표 단어)	(예) 지구 온도 '1.5도 상승'
중요 문장 (밑줄 긋기)	① 지구 온도 '1.5도 상승'은 폭염과 혹한, 태풍, 가뭄 등 기상 이변이 폭증하는 임계점이다.
요약문 쓰기 (2~3문장)	

앞의 사설을 읽고, 다음과 같이 요약해보는 것입니다.

지구 온도 '1.5도 상승'은 기상 이변이 폭증하는 임계점이다. 2030년 전반기까지 지구 온도가 1.5도 상승할 것으로 예측되는 만큼 탄소 배출량 감축을 위한 과감한 해법이 필요하다. 정부는 물론 기업, 시민들 모두 탄소 감축에 나서야 한다.

요약했다면 이제는 한 단계 높여 자기의 생각을 적을 단계입니다. 요약문 밑에 자신의 견해를 2~3문장 쓰게 합니다. 글쓴이의 주장에 동의할 수도 있고, 반대할 수도 있지요. 글쓴이의 견해에 대한 자기의 의견을 밝히는 것입니다. '나는 ~에 대해 찬성한다, 반대한다.' 또는 '나는 ~에 대해 ~라고 생각한다'와 같이 시작할 수 있겠지요. 그리고 그렇게 생각하는 이유나 실천 방안을 한두 문장으로 간략하게 적도록 합니다.

(예 1) 탄소 감축에 모두가 나서야 한다는 글쓴이의 의견에 찬성한다. 지구의 온도가 1.5도 상승하면 그 피해는 인류 모두가 받을 것이기 때문이다. 이를 위해서 나는 가족, 친구와 함께 일회용품 사용을 줄이고, 가까운 거리는 걸어가는 등 작은 실천부터 시작하겠다.

(예 2) 지구 온도 '1.5도 상승'을 막기 위한 탄소 감축에 모두가 힘써야 한다고 생각한다. 이를 위해 국민은 기후 위기에 현명하게 대

처할 수 있는 정부 구성을 위해 투표권을 행사해야 한다. 또 기업에 친환경 사업 및 제품에 대해 적극적인 의견을 제시할 필요가 있다. 더불어 소비자로서 친환경 소비를 실천해야 한다. 정부, 기업, 개인이 힘을 합쳐야 기후 위기를 막을 수 있기 때문이다.

처음은 이렇게 기사나 칼럼에 대해 짧은 의견을 적는 것으로 시작해보세요. 인터넷에 올라온 글을 읽고 댓글을 다는 느낌으로 의견을 작성합니다. 그리고 아이가 어느 정도 요약 활동과 의견 달기에 능숙해지면, 자신이 작성한 2~3문장의 의견을 긴 글로 다시 써보도록 단계를 높이는 거지요.

그런데 자기의 의견을 긴 글로 적어보라고 하면 힘들어하는 아이들이 많습니다. 글쓰기를 시작하지 못하는 아이들도 아주 많지요. 만약 아이가 자신의 의견을 밝히는 글쓰기를 어려워한다면 **일정한 글쓰기 틀을 제공**해주는 것이 좋습니다. 바로 'O.R.E.O' 공식과 같은 거지요.

'O.R.E.O' 공식은 설득하는 글쓰기의 대가 스파크스(J. E. Sparks) 박사가 글쓰기에 쉽게 접근할 수 있도록 제안한 방식입니다. 송숙희 글쓰기 전문 코치 역시 저서 《150년 하버드 글쓰기 비법》에서 오레오 형식을 강조했지요. 'O.R.E.O' 공식은 누구나 글쓰기에 쉽게 접근할 수 있도록 형식을 제공해 글쓰기의 부담을 줄이고자 한 방법입니다.

실제로 학교에서 글쓰기 활동에 꾸준히 적용해보니 아주 효과적이었어요. 학생들이 의견을 전달하는 글쓰기에 대한 부담을 덜어내고, 빠르고 쉽게 글을 쓸 수 있었지요. 집에서도 아이와 방법을 숙지하고 활용해보시길 바랍니다. 절차는 다음과 같아요.

우선, 글을 쓸 때 자신의 **의견**(Opinion)을 먼저 명확히 제시합니다. '~하려면 ~하라'와 같이 자기의 입장을 정확하게 밝히는 것이지요. 중요한 내용을 가장 먼저 제시해야 글을 읽는 사람들이 쉽게 이해할 수 있습니다. 그러니 아이가 가장 핵심적인 의견을 글의 서두에 명확히 제시할 필요가 있지요.

다음은 왜 그러한 주장을 하는지 **이유**(Reason)를 작성합니다. '왜냐하면 ~이기 때문이다.'의 형식이 되겠지요. 주장에 대한 근거를 제시하는 건데요. 막연한 주장은 독자의 지지를 얻기가 힘듭니다. 따라서 자신의 주장을 뒷받침할 이유를 제시할 필요가 있지요.

그 후 가장 두드러진 **사례**(Example)를 들어 설득합니다. '예를 들면 ~'으로 시작하면 되겠지요. 사례의 경우, 독자의 이해를 돕기 위한 것이기 때문에 보다 구체적인 예를 들어주는 것이 좋습니다. 그럴수록 설득력도 높아지니까요.

마지막으로 '그러니 ~ 하려면 ~ 해라'의 방식으로 자신의 **의견**(Opinion)을 강조하면서 글을 마무리합니다. 가장 중요한 자신의 견해를 반복해 제시하면서 깊은 인상을 남길 수 있습니다.

(예)

의견(Opinion) 탄소 감축을 위해서는 정부, 기업, 개인 모두가 나서야 한다.

이유(Reason) 지구의 온도가 1.5도 상승하면 그 피해는 인류 모두가 받을 것이기 때문이다.

사례(Example) 폭염과 혹한, 태풍, 가뭄 등 지구의 온도 상승이 초래한 기상 이변은 현재도 많은 인류에게 위협이 되고 있다.

의견(Opinion) 그러니 온실 기체 배출량을 현저히 줄이고 신재생에너지 활용을 높이는 등 탄소 감축을 위해 적극적인 대처를 해야 한다.

사설이나 칼럼을 읽은 후, 핵심 내용을 토대로 요약하고, 글쓰기 틀에 맞춰 자신의 견해를 밝히는 글까지 써봅니다. 이 활동만 꾸준히 해도 아이의 문해력은 급격히 좋아질 것입니다. 글을 읽으면서 배경지식도 쌓일 테고, 잘 쓴 글을 읽고 직접 글까지 써보면서 글쓰기 실력도 눈에 띄게 좋아지게 됩니다. 또 다양하게 사용된 어휘를 접하면서 어휘력도 높아질 테고요. 그러니 오늘부터 시작해보세요. 매일 하면 좋겠지만 쉽지 않으니, 일주일에 한 번 아이와 함께 사설이나 칼럼을 읽고 글을 써보는 것부터 말이지요.

글을 읽기만 해서는 기억에 오래 남지 않습니다. 또 생각만 해서는 글쓴이의 주장에 대한 자기 입장을 명확히 정의 내리기도 어렵고요. 그러니 꼭 글로 써봐야 합니다.

창의적인 아웃풋 이끌기

이제는 형식에 얽매이지 않고 자유롭게 표현하는 방법에 대해 알아보겠습니다. 아이들은 명확한 주제와 쓸거리가 있을 때 비교적 쉽게 글을 씁니다. 거기에 형식이 더해지면 조금 더 쉽게 글쓰기에 다가가지요. 하지만 자칫하면 내용과 형식에 얽매여 틀에 박힌 글에만 머물 수 있습니다. 특히 문학 영역의 글은 이러한 형식의 제약이 글쓰기에 대한 부담으로 이어질 수도 있지요. 따라서 상황에 따라서는 생각한 대로, 느끼는 대로 자연스럽게 표현하는 것이 필요합니다.

상상의 나래를 펴는 데 도움을 주는 방법으로 **'이야기 톡' 카드 활용법**을 추천합니다. 이야기 톡 카드에는 다양한 그림이 그려져 있습니다. 카드의 그림을 보고 상상해 이야기를 만들어나가도록 만들어진 스토리텔링 보드게임입니다. 카드의 그림을 보고 유기적으로 내용을 연결해 가며, 세상에 하나뿐인 자기만의 이야기를 만들 수 있지요. 주인공을 설정하고, 그가 어떠한 경험을 하는지, 문제가 발생했을 때 어떻게 해결해나가는지 등 모든 것을 상상하는 것입니다.

그냥 소설을 창작해보라고 한다면 아이가 활동을 어려워할 수도 있습니다. 하지만 이야기 톡 카드를 활용하면 이야기 만들기 활동이 재밌는 놀이가 되기 때문에 아이가 적극적으로 참여한답니다. 특히나 카드를 활용한 게임 방법을 자세히 설명해놓은 안내서가 있어 다양한 응용이 가능하다는 장점도 있지요.

두 번째로 언제 어디서나 무엇을 보더라도 적용이 가능한 '상상 이야기 작가 되기'입니다. 눈앞에 보이는 것을 시작으로 이야기를 만들어나가는 것입니다. 예를 들면 창문 밖으로 비행기가 날아가는 모습을 봤다면, 비행기부터 이야기를 시작해보는 거지요. 부모님께서 먼저 한 문장 만들어주세요. 그리고 아이가 이야기를 이어갑니다. 다음과 같이 말입니다.

엄마 : 나는 비행기를 탔다.

아이 : 정말 그리워했던 그녀에게 연락이 왔기 때문이다.

엄마 : 하지만 전화 속 그녀의 목소리는 어딘가 힘이 없었다. 온몸에 물기란 조금도 남아 있지 않은 잡초처럼 바짝 말라 조금이라도 건드리면 가루가 되어버릴 것 같이 건조했다.

아이 : 그녀는 사실 병에 걸린 상태였다.

아이와 같이 밥을 먹는다면 '메뉴'를 이야기의 소재로 활용해봐도 좋습니다. 교과서의 삽화 한 장면을 보고 이야기를 이어가보는 것도 좋고요. 그리고 이렇게 이야기한 것을 다듬어 글로 써 본다면 하나의 작품이 되겠지요.

더불어 글쓰기를 위한 이야깃거리를 먼저 제시해주는 것도 좋습니다. 배경이나 상황, 인물에 대한 정보를 담은 첫 문장만 제시해주는 거예요. 눈앞에 보이지 않는 상상의 문장도 좋습니다. 창의적인 생각을 이끌도록 말이지요.

- 길 건너편의 사내가 다급히 다가와 말을 걸었다.
- 장롱 깊은 곳에서 검은 점퍼를 꺼내 입었습니다.
- 우체부 아저씨가 편지를 건네주었습니다.
- 차 한 대가 빠른 속도로 달려오더니 내 앞에 멈췄습니다.
- 눈을 떴는데, 아무것도 기억나지 않는다.
- 물고기가 땅 위에 살게 되었다.
- 갑자기 눈앞에 또 다른 내가 나타났다.

아이와 언제 어디서나 창의적인 생각을 하는 연습을 해보세요. 그리고 이야기를 시작해보세요. 이야기를 만들기 위해 평소에 보지 못했던 것을 더 유심히 보고 새로운 것을 발견할 수 있습니다. 그렇게 상상은 더해지고 더해져 광활한 생각의 세계로 이어질 것입니다.

글쓰기로 세상에 뿌리를 내려라

OECD에서 성인이 사회·경제활동을 하기 위해 갖추어야 할 역량과 기술이 무엇인가에 대한 연구[1]를 진행했습니다. 바로 국제성인 역량조사(PIAAC)인데요. 이 연구에서는 '언어능력(literacy), 수리력(numeracy), 컴퓨터 기반 문제해결력(PS-TRE)'이 직장과 가정에서 얼마나 활용되며, 얼마나 중요한지를 중점적으로 연구했지요.

이 조사에 총 33개국이 참가했는데요. 그 결과를 통합·분석한 국제 보고서(2016)[2]에 의하면, 직장에서 가장 자주 사용되는 역량은 언어능력 중 '쓰기'인 것으로 나타났답니다. 더군다나 이러한 '쓰기' 역량의 활용도는 임금 수준이나 생산성과 높은 수준의 상관관계를 보였습니다. 또한 건강, 정치참여 등의 사회적 성과에도 긍정적인 영향을 미치는 것으로 나타났지요.

이러한 결과는 잘 쓰면 소득이 높아지고 사회참여도 더욱 잘할 수 있다는 의미입니다. 또 건강 관련 정보를 읽고 생활에 적용할 수

---

1) Programme for the international assessment of Adult Competences, PIAAC
2) Skills Matter : Further Results from the Survey of Adult Skills, OECD(2016)

있어 육체적으로나 정신적으로도 조화로운 삶을 살 수 있음을 의미합니다. 이처럼 쓰기를 잘할 수 있느냐는 삶의 질과 사회활동 전반에 큰 영향력을 행사합니다. 그러니 우리는 더욱 아이의 쓰기 능력을 키워줄 수 있도록 노력해야 합니다.

이렇게 현대 사회에서 쓰기 능력은 무엇보다 중요합니다. 그리고 앞으로 더욱더 중요해질 것입니다. '세상은 말과 글로 움직인다'라고 하지요. 우리는 표현해야 합니다. 읽고, 생각하고, 말하고, 써야 합니다.

꾸준한 글쓰기로 나를 드러내기

학교에서 매년 작가님과의 만남 시간을 운영해왔습니다. 청소년 소설 부문 베스트셀러 작가님도 모셔보고, 이제 막 등단하신 신인 작가님도 모셔서 이야기를 들어봤습니다. 학생들은 작가님께 궁금한 점을 직접 질의해보면서 '작가'에 대해 조금씩 알아갔지요. 그 과정에 몇몇 아이들이 '작가'라는 직업을 가진 분들에 대해 편견 아닌 편견을 가지고 있다는 것을 알 수 있었어요. 그 편견은 '작가'는 천재적인 글쓰기 재능을 가지고 태어났다고 생각하는 것이었습니다.

물론 섬세한 표현과 감각적인 이야기 전개 방식을 보면 그런 것도 같아요. 하지만 더 중요한 것이 있었습니다. 작가님들이 한결같이 거의 매일 일정한 시간 꾸준히 글을 쓰신다는 점이에요. 작가 외의 본업을 가지고 있었던 작가님들도 퇴근한 후에 하루도 빠짐없이 글을 쓰시더라고요. 작가님들도 처음에 자신이 썼던 글은 이야기가 허술하고 정말 미흡했다고 말씀하셨답니다. 다시 보면 웃음이 날 정도로 말이지요. 하지만 매일 글을 썼던 시간이 조금씩 쌓이고 쌓여, 결국에는 명작이 탄생한 거지요. 그렇게 등단하고, 한 분야의 베스트셀러 작가가 된 것입니다.

글을 쓰기 위해 노력한 시간은 배반하지 않습니다. 아이들도 마찬가지입니다. 글을 잘 쓰려면 자주 써야 합니다. 꾸준히 써야 하지요. 쓰는 능력은 나이가 들어간다고 자연스럽게 생기는 능력이 아니기 때문입니다. 반드시 연습해야 하지요. 그러니 더 열심히 배우고, 꾸준히 노력해야 합니다.

하버드 대학은 교육과정상 글쓰기를 필수 교육 내용으로 다루고 있습니다. 비단 하버드뿐만이 아닙니다. 우리가 이름만 들어도 알 만한 세계 명문 대학들이 글쓰기 교육을 강조합니다. 전 세계의 우수 인재라 평가받는 학생들이 글쓰기를 하나하나 기초부터 배우는 것이지요. 왜 그럴까요? 그만큼 글을 쓰는 능력이 매우 중요하다고 보기 때문입니다.

이제 내가 작성한 글이 곧 '나 자신'이 되는 시대입니다. 사회에서 글로 자신의 존재를 드러낼 수 있어야 하지요. 잘 써야 자신의 가치를 높일 수 있고요. 내가 쓴 글이 사회 변화를 추동하는 힘이 될 수 있습니다. 글을 쓰면서 내적으로도 외적으로도 더욱 성장하는 거지요. 따라서 '글을 쓰는 능력'을 키우기 위해 심혈을 기울여야 합니다.

그러니 우리도 이제는 아이의 글쓰기에 관심을 가져야 해요. 생활 속에서 즐겁게 꾸준히 글을 쓰는 방법은 무엇일까를 끊임없이 고민해야 합니다. 아이가 한자리에 오랫동안 앉아서 글을 쓰지 못하는 이유는 머리가 나쁘거나 끈기가 없어서가 아닐 수 있습니다. 글쓰기 습관이 들지 않았기 때문인 거지요. 그러니 우리는 그 습관을 만들어줘야 합니다. 같이 이야기를 나누고, 부담 없이 자기의 생각을 글로 쓸 수 있도록 다양한 글쓰기 기회를 마련해주어야 하지요.

이를 위해 아이와 주변에 관심을 가지고 글쓰기 주제를 함께 찾아보시면 좋습니다. 기후 위기, 우주, AI, 정치, 학교 폭력, 경제, 전쟁, 인권 등 사회에는 수많은 글쓰기 소재가 있지요. 사회 현상과 그와 관련된 글이나 도서 등을 꾸준히 읽고, 틈틈이 대화를 나눠보세요. 함께 나눈 대화를 바탕으로 자신의 견해를 글로 표현해보는 기회를 마련해주세요.

앞서 언급했던 필사를 함께 시작해보세요. 3분 글쓰기나 포스트 잇을 활용해도 좋아요. 신문이나 칼럼을 읽고 댓글을 달아봐도 좋습니다. 무엇이든 좋습니다. 시작이 반이라고 하잖아요. 아이가 할 수 있는 활동부터 조금씩 시작하세요. 그리고 꾸준히 해보는 것입니다.

그러면 지금은 조금 미흡한 글을 작성하는 아이지만 나날이 발전하는 모습을 볼 수 있을 것입니다. 그리고 나아가 세상에서 글로써 자신을 당당하게 드러내는 순간이 옵니다. 정보를 명확히 이해·분석한 후, 이에 대한 자신의 견해를 글로 표현함으로써 문제 상황을 해결하는 것, 그것이 진정한 문해력 신장의 목표 아닐까요? 우리 아이가 글을 통해 자신의 가치를 드러낼 수 있도록 지금부터 꾸준한 글쓰기를 함께해주세요.

미디어를 통해 세상으로 나아가자

앞서 글이 자기 자신을 드러낸다고 이야기했는데요. 이제는 글을 자주 쓰면서 더 넓은 세상에 나아가는 방법에 대해 알아보려고 합니다.

요즘 사회를 1인 미디어 사회라고 하지요. 누구나 빠른 속도로 정보를 공유할 수 있습니다. 대표적인 것이 유튜브고요. 그래서 아이들은 새로운 것에 대한 정보를 얻고자 할 때, 유튜브를 많이 찾습니다. 화면자료를 보면서 설명을 들으면 이해하기도 쉽거든요. 하지만 쉽게 받아들인 정보는 훨씬 쉽게 잊는 법입니다. 그러니 **자신만의 아웃풋 과정**이 필요합니다. 미디어를 통해 얻은 정보를 읽고, 충분히 생각하고, 정리하는 과정을 거치면서 온전한 내 것으로 만드는 것이지요. 그래야 오래 기억할 수 있습니다.

개인의 아웃풋 공간으로 '블로그나 SNS' 같은 1인 미디어를 추천합니다. 아이가 새롭게 얻은 내용을 정리할 때, 1인 미디어를 이용해보도록 하는 것이지요. 실제로 사람들은 블로그와 SNS를 통해 자신만의 유행을 만들어 가고 있습니다. 그러니 우리도 이러한 시대의 흐름에 맞춰 1인 미디어를 잘 이용할 필요가 있겠지요.

1인 미디어는 사적인 공간이면서도 열린 공간인데요. 먼저, 사적인 공간으로 1인 미디어를 사용할 수 있습니다. 요즘 아이들은 연필로 글을 쓰는 것보다 태블릿 PC나 핸드폰 사용에 더 익숙합니다. 그러니 아이들은 언제 어디서라도 자신만의 인터넷 공간에 접속해 글을 쓸 수 있습니다. 어떠한 SNS 형태라도 좋아요. **나만 보기 기능**을 이용해 자신의 이야기를 담을 수 있는 웹상의 일기장을 만들어주세요. 아이가 웹상의 비밀 공간에 자기의 생각이나 느낌을 편하게 표현할 수 있도록 말이지요.

한편 열린 공간으로써 1인 미디어를 활용하는 방법도 있습니다. 대표적인 방식이 블로그를 개설해 사람들과 소통하는 것입니다. 사회 현상에 대한 자신의 견해를 블로그라는 공간을 활용해 드러내는 것이지요. 또 책을 읽고 난 후 자신의 느낌과 평가를 공유해도 좋습니다. 아니면 블로그에 일상의 모습을 올리며 생각을 정리하는 것도 좋습니다.

특히 아이가 특정한 분야에 관심이 많고 좋아한다면 주제를 설정해 블로그를 운영해볼 것을 추천합니다. 하나의 주제와 관련한 자료를 모아 꾸준히 글을 게시하는 것이지요. 그러면 아이의 블로그에는 해당 주제의 다채로운 정보가 차곡차곡 담기겠지요. 대중은 그런 블로그를 많이 방문합니다. 입소문을 통해 아이의 블로그를 찾는 사람들이 많으면. 아이는 그 분야의 전문가가 되는 겁니다. 사람들은 전문가의 분위기가 흐르는 블로거의 글에 관심이 많아요. 그들에게 다양한 정보를 주기도 하고 받기도 하면서 자신의 1인 미디어를 확장해 간다면 이것은 아이의 또 다른 경력이 될 것입니다. 실제로 블로그에 담긴 글들을 묶어서 출판하고 전문 작가로도 활동하는 분도 많으니까요. 충분히 도전할 만한 가치가 있는 거지요.

아이가 1인 미디어를 활용해 글을 쓴다면 부모님께서도 옆에서 글쓰기에 함께 참여해주세요. 아이의 블로그에 방문해 격려의 댓글도 남겨주시고, 추천 버튼도 눌러주세요. 또 부모님만의 1인 미디어를 만들어 미디어 글쓰기의 시범을 보여주시는 것도 좋습니다.

미디어 세계의 동료가 되는 거지요.

만약 부모님께서 미디어 사용에 익숙하지 않더라도 걱정하지 마세요. 아이가 사용하는 방법을 더 빨리 습득할 테니까요. 아이가 미디어상에 글을 쓰지 않는 것은 써보지 않았기 때문이거든요. 방법만 안다면 금방 잘 사용할 거랍니다. 그러니 부모님은 1인 미디어 공간에 대한 첫 안내만 해주셔도 충분합니다.

"네가 곤충을 좋아하잖아. 아는 것도 많고. 곤충에 관련된 자료들을 블로그에 정리해보면 어때?"

"OO이 줄넘기하는 모습을 엄마가 영상으로 찍어 놨거든? SNS에 영상과 함께 어떠한 기술을 한 건지 설명하는 글을 적어주면 사람들이 이해하기 쉬울 것 같아."

"친구들하고 자전거 여행한 것은 어땠어? 이번 자전거 여행 과정을 코스별로 정리해서 블로그에 남겨보면 좋을 것 같아. 자전거 여행을 떠나는 사람들에게 조언도 남기고."

이후에는 아이가 1인 미디어에 쓴 글에 관심 가져주시면 됩니다.

> **Tip |** 청소년들은 자신이 쓴 글에 달린 댓글이나 다른 사람이 눌러준 공감, 추천 수에 아주 민감합니다. 요즘 아이들에게는 다른 사람이 눌러준 추천의 수가 정말 큰 의미를 갖거든요. 아이 역시 다른 사람의 글에 댓글을 달며 **사회적인 관계**를 맺어 나가지요. 이런 마음을 1인 미디어를 활용해 잘 펼칠 수 있도록 지원해주세요.

한편 1인 미디어 이용이 좋은 점만 있는 것은 아닙니다. 상대에 대한 비방이나 욕설 등을 달아 상대방의 마음을 아프게 하기도 하지요. 하지만 우리나라 국민 중 만 12세부터 59세까지의 무선 인터넷 이용률이 87%에 이르는 상황[3]에서 무조건 하지 못하게 하는 것은 옳지 않습니다. 아이에게 도움이 될 수 있도록 현명하게 이용할 수 있도록 안내해줘야 합니다.

특히, 1인 미디어를 통해 글을 쓸 때는 솔직하게 써야 하지만, 다른 사람에게 상처를 주는 글이나 댓글을 작성하지 않아야 함도 꼭 함께 알려주세요. 단점은 줄이면서, 장점을 극대화할 수 있도록 말이지요.

쓰레기 글을 명품으로 바꾸는 비법, 고쳐쓰기

저는 학교에서 아이들과 다양한 글쓰기 활동을 합니다. 그런데 그 과정에 한 가지 공통점이 있어요. 많은 학생이 글을 쓸 때 처음부터 끝까지 한 번에 쭉 씁니다. 거기까지는 괜찮아요. 그런데 글의 마지막 문장을 쓰고 나면 동시에 펜을 내려놓습니다. 그리고 다시 자기가 쓴 글을 보지 않는다는 겁니다.

처음 쓴 글을 초안이라고 하는데, 혹자는 초안을 쓰레기라고 비유합니다. 그만큼 다듬어지지 않은 상태이기 때문이지요. 한 번에 쓰고 난 뒤에 더 보지 않은 글은 그냥 쓰레기일 뿐입니다. 하지만

---

3) 한국인터넷진흥원, 2012년 무선 인터넷 이용 실태 조사

그 쓰레기를 '명품'으로 바꾸는 방법이 있어요. 바로 **'고쳐쓰기'**입니다.

글을 쓰는 것보다 고쳐쓰기에 심혈을 기울여야 좋은 글이 나온답니다. 글을 쓸 때는 부담 없이, 생각의 흐름이 끊어지지 않게 써야 해요. 하지만 고칠 때는 매의 눈으로 철저하게 점검해야 합니다. 글을 쓰는 중간에도, 다 쓴 후에도 끊임없이 다시 읽고 고쳐야 해요. 많은 에너지를 투자해 열심히 고쳐야 합니다.

고쳐쓰기를 위해서는 우선, 자기가 전달하고자 하는 바가 글에서 명확하게 표현되었는지 살펴봐야 합니다. 내용이 미흡하다면 충분한 자료 조사를 통해 보충해야 하지요. 의미가 모호한 표현이 있다면 정확한 의미의 낱말로 고쳐야 합니다. 또 문맥이 매끄럽지 않거나 문장이 지나치게 길지 않은지 확인해 조정해야 하고요. 더불어 불필요한 내용이 들어가 있거나, 반복되는 경우 삭제해야 합니다. 즉 내용이나 표현의 측면, 형식적인 면에서도 어색한 점이 없는지 다양한 관점에서 충분히 살펴봐야 합니다.

그렇다면 아이가 고쳐쓰기를 잘하도록 어떻게 도와줘야 할까요? 일단 아이가 글을 썼다면, 아이가 직접 **자기가 쓴 글을 소리 내어 읽어보도록** 하세요. 소리 내어 읽어보는 것만으로도 아이는 스스로 어색한 부분이나 고쳐써야 할 부분을 찾을 수 있습니다. 소리 내어 읽어보면 이상한 부분이 느껴지거든요. 이렇게 일차적으로 아이가 직접 고치도록 이끌어주세요.

다음은 부모님께서 아이의 글을 읽어보시고 도움을 주는 방법입니다. 이때 두 가지 색의 형광펜이 필요합니다. 한 가지는 표현이 좋거나 잘 썼다고 생각하는 부분 2~3곳에 체크를 하는 용도입니다. 잘 쓴 문장을 찾아 체크를 해주세요. 그리고 말로도 함께 칭찬해주세요. "근거자료를 다양하게 들어서 설명하니까 설득력이 있어", "비유를 사용하니 느낌의 훨씬 더 잘 전달되네", "두괄식으로 의견을 제시하니까 내용을 쉽게 이해할 수 있네"라고요.

다른 색 형광펜은 수정해야 할 부분이나 의미가 모호한 부분을 표시하는 데 사용합니다. 고쳐야 할 부분이 많더라도 가장 먼저 고쳐야 하는 2~3가지만 표시해주세요. 그러면 아이는 부모님께서 표시해준 부분을 한 번 더 소리 내어 읽도록 합니다. 그리고 어떻게 고치면 더 좋을지 생각해보는 거지요.

예를 들어 문장이 지나치게 길어 의미 전달이 잘되지 않는 부분이 있다면 형광펜으로 표시해주시는 겁니다. 그러면 표시된 부분을 아이가 소리 내어 읽어보는 거지요. 아이가 자신의 글을 다시 읽어보면서 '문장이 너무 길구나'를 느낄 수 있도록 시간을 주셔야 합니다. 그래서 아이 스스로 긴 문장을 짧은 문장으로 수정하도록 하는 거지요.

이처럼 부모님께서 글을 읽고 어색한 부분을 표시해주시되, 어떻게 고치라고 답을 먼저 이야기해주시면 안 됩니다. 아이가 자신의 글을 직접 점검하고 조절할 시간이 필요하거든요. 어떻게 고쳐야 할지 스스로 생각해보면서 아이는 자신의 학습 과정을 통찰하는 메타인지 학습 능력을 키울 수 있습니다.

만약 부모님께서 답을 모두 알려주시면 아이는 생각할 필요가 없잖아요. 그러니 메타인지 학습 능력을 키울 기회 역시 사라지게 됩니다. 그러니 아이가 자신의 글 중 미흡한 부분을 확인하고 어떻게 고쳐야 하는지에 대해 직접 생각할 수 있도록 시간을 주셔야 합니다. 한 번 더 살펴보라는 의미의 형광펜 힌트를 주는 것만으로도 충분합니다.

이렇게 잘 쓴 부분에 대한 적극적인 피드백과 고쳐야 할 부분에 대한 은근한 암시로 아이가 자기 글을 여러 번 읽고 고칠 수 있도록 도와주세요. 처음에는 잘하지 못하더라도 점점 실력이 는답니다. 그리고 보면 볼수록 매력이 넘치는 글로 거듭날 겁니다. 명품 글이 완성되는 과정이지요.

> **Tip |** 처음부터 끝까지 고쳐야 할 점을 모두 하나하나 지적하시면 안 됩니다. 그러면 아이의 글쓰기에 대한 흥미와 자신감이 급격히 떨어질 수 있거든요. 아니면 부모님께 다시는 글을 보여주지 않을 수도 있어요. **잘한 곳**은 많이 **칭찬**해주시고, **미흡한 곳**은 다시 볼 수 있게 **힌트를 주시는 것**으로 충분합니다. 그러니 지나친 지적은 참아주세요.
> 더불어 부모님도 평소에 글을 쓰시고, 아이에게 잘한 부분과 미흡한 부분 2~3가지를 표시해달라고 해보세요. 아이의 고쳐쓰기 능력을 키울 수 있는 아주 좋은 방법이니까요.

Chapter 5 | 아이의 표현(Output) 능력 신장을 위한 지원 사항

■ 쓰기를 잘하기 위해서는 다양한 글을 충분히 읽어야 함을 잊지 말기

■ 아이의 글쓰기에 대한 부담 줄여주기
  - 감명 깊게 읽은 책 함께 '필사'하기, 3분 글쓰기, 포스트잇 활용 글쓰기 꾸준하게 실천하기

■ 학습 과정에 쓰기를 활용할 수 있도록 안내하고, 함께 하기
  - 교과별 노트 활용 : 질문 만들고 적기, 코넬 노트 작성법 활용 단원 요약 정리하기
  - 교과서 중심 문장 받아쓰기 게임 하기

■ 생활 속에서 아웃풋 이끌어주기
  - 아이가 학습 내용을 설명할 때, 적극적인 청자가 되어 들어주기
  - 이야기 톡 카드 활용 상상 이야기 나누기
  - 신문 사설, 칼럼 읽고 의견 나누기
  - 1인 미디어 활용 제안하기

■ '고쳐쓰기' 습관 길러주기
  - 아이가 작성한 글의 잘한 점과 수정해야 할 부분에 대한 형광펜 힌트 제공하기

문해력에
날개를 달자

중학교 생활에 대해 알아보는 것부터 시작한 논의가 막바지에 이르렀습니다. 이제는 지금까지의 노력이 더 효과를 발휘할 수 있도록 도와주는 방법에 대해 알아볼까 합니다. 요리사가 음식을 완성하고, 조금 더 먹음직스럽게 보이도록 장식하는 것처럼 말이지요. 아이가 책 읽기의 매력에 빠질 수 있을 때까지, 문해력 향상을 통해 꿈에 닿을 수 있도록 도전해봅시다.

양치하듯 책 읽기는 가족 만들기

아이의 문해력 향상을 위해 부모님께서 도와주셔야 할 일이 참 많았지요. 처음부터 모든 것을 다 할 수는 없습니다. 그러니 아이와 지속해서 수행할 수 있는 몇 가지 활동을 골라야 합니다. 그리고 그 활동을 루트화 할 필요가 있어요. 일정한 목표를 달성하기 위해 해야 하는 일을 선택해 과정을 명확히 하는 것입니다.

그러면 우선 어떠한 활동을 진행할지 선택해야 하는데요. 수행할 과제를 선택할 때는 아이의 읽기 수준과 흥미를 가장 먼저 고려해야 합니다. 그리고 그것은 온 가족이 수행할 수 있는 수준과 양이어야 합니다.

예를 들면 아이가 현재 읽기 유창성을 획득하지 못한 상태라면 책 읽기 수행 목표를 '아침에 일어나 이야기책을 소리 내어 5분씩 읽는다' 또는 '저녁 식사 후 국어 교과서의 한 단원을 소리 내어 읽는다'와 같이 정하는 것이지요.

한편 배경지식 확충을 위한 책 읽기를 하고자 한다면 '저녁 식사 후 교과 연계 도서를 15분 동안 읽고 부모에게 내용 설명해주기'와 같이 정하면 좋겠지요. 충분한 읽기가 진행되어 아이의 쓰기 활동을 유도하고 싶다면 '매일 아침 3분 글쓰기', '매주 토요일 아침 신문 기사 1개를 읽고 기사에 대한 자기의 생각과 느낌을 글로 적기'와 같이 설정하는 겁니다.

이렇게 아이의 상황을 고려한 적절한 양의 목표가 설정되면 온 가족이 활동을 위해 함께 노력해주셔야 합니다. 그리고 수행 과제를 무슨 일이 있어도 하고자 노력해야 하지요. 그러기 위해서는 매일 약속했던 시간이 되면 해당 활동을 할 수 있게끔 습관화해야 합니다. 바로 루트화가 필요한 이유이지요.

아침에 일어나면 자연스럽게 세수를 하는 것처럼, 식사하고 난 후에는 이를 닦는 것처럼 설정한 목표가 당연한 일이 될 수 있게끔 꾸준히 진행하셔야 합니다. 최소 66일은 해야 습관이 된다고 하니, 한 가지 수행 과제를 아이와 최소한 2달 이상 진행하는 것을 목표로 시작해야 합니다.

더불어 하나의 수행 과제를 완벽하게 달성할 수 있을 때, 새로운 과제를 조금씩 추가하는 형태로 진행하시면 됩니다. 이것도 중요하니 해야 하고 저것도 필요하니 해야 해서 욕심을 부리면 모든 것이 어긋날 수 있습니다. '조금씩', '천천히' 그리고 '꾸준히'가 정말 중요합니다.

오늘부터 시작해볼까요? 조금씩, 천천히, 꾸준히.

가족 독서 계획 수립하기

가족 구성원 모두가 함께 책을 읽는 '가족 독서 시간'을 마련한다면, 아이가 책을 읽는 습관을 형성하는 데 큰 도움이 됩니다. 아이의 문해력 향상을 위해서는 절대적인 독서 시간 확보가 중요한데, 그 시간에 온 가족이 아이와 함께 책을 읽는다면 금상첨화지요.

가족들의 일정을 확인하고 실제로 함께 책을 읽을 수 있는 시간을 마련해보세요. 짧은 시간이라도 괜찮습니다. 하지만 '가족 독서 시간'을 갖기로 한 후에는 어떠한 일이 있어도 그 시간만큼은 가족이 함께 책을 읽어야 합니다. 예를 들면, 평일 오후 9시부터 9시 30분까지는 가족 책 읽기 시간으로 정했다면, 무슨 일이 있어도 그 시간에는 하던 일을 멈추고 온 가족이 책을 읽어야 하지요. 매일 함께 책을 읽는 것이 힘들다면 '월, 수, 금', 또는 '화, 목'처럼 요일을 정해 운영해도 좋아요.

'가족 독서 시간'이 정해졌다면, 독서 계획을 세워 운영하는 것이 효과적입니다. 독서 계획은 어떠한 책을 얼마만큼 읽을지 계획을 세우는 것인데요. 가족 구성원 모두 작성합니다. 독서 계획을 함께 세워 보겠습니다.

우선 어떠한 책을 읽을 것인지 선택합니다. 그리고 선택한 책을 며칠에 걸쳐 읽을 것인지 목표를 설정합니다. 예를 들면, 1주일 동안 150페이지 읽는 것을 목표로 삼았다고 가정해볼게요. 그러면 150페이지를 주중에 읽어야 하니까 하루에 대략 읽어야 하는 양이 나오잖아요. 하루에 30페이지씩 읽으면 되는 거지요. 이렇게 자신이 하루에 읽어야 할 양을 계획표에 다음과 같이 작성합니다.

이름	요일 분량	월	화	수	목	금	토	일
김○○	읽을 책	(도서명, 작가, 목표 총 페이지 수 작성)					– 여유 독서 시간 – 가족 독서 나눔 시간 (책 이야기 나누기)	
	하루 목표 분량	1~30	31~60	61~90	91~120	121~150		
	읽은 시간 / 분량							

– '가족 독서 계획 작성 양식'을 부록에 별첨함.

하루에 읽어야 할 양을 적을 때, 주말은 비워두는 것이 좋습니다. 주말에는 여유를 즐기는 거지요. 또 주중에 목표한 책 읽기를 다 하지 못했다면 주말을 이용해서 채울 수 있도록 살짝 여유를 두는 것입니다. 더불어 한 주 동안 읽은 책이나 앞으로 읽고 싶은 책에 대해 가족과 이야기 나누는 시간으로 활용할 수도 있고요.

이렇게 계획을 세워 '가족 독서 시간'을 운영합니다. 그리고 각자가 실제 읽은 책의 분량을 적는 거예요. 계획했던 것보다 더 많이 읽을 수도 있고요, 덜 읽을 수도 있습니다. 또 어떠한 일이 생겨 아예 책 읽기를 하지 못하는 경우도 생길 수 있지요.

이름	요일 분량	월	화	수	목	금	토	일
김○○	읽을 책	(도서명, 작가, 목표 총 페이지 수 작성) 저도 이제 다른 길을 가고 싶어요, 이효주 외, 150					132~150 – 읽지 못한 분량 채워 읽기 – 가족 독서 나눔 시간 (책 이야기 나누기)	
	하루 목표 분량	1~30	31~60	61~90	91~120	121~150		
	읽은 시간 / 분량	1~37	38~52	X	53~95	96~131		

앞의 경우, 수요일에 책을 읽지 못했다는 것을 알 수 있지요. 그래서 목요일과 금요일에 조금 더 많은 분량을 읽고, 나머지는 주말 여유 독서 시간을 활용해 채워 읽었습니다.

이처럼 계획표를 보고, 오늘 책을 부단히 읽었다면 계획보다 책을 빨리 읽을 수 있고요, 책을 덜 읽었다면 내일 더 많이 읽어야겠다고 다짐할 수 있습니다. 그리고 아예 못 읽은 경우에도 다음에 조금 더 열심히 읽어야겠다고 생각하게 되지요. 주중에 읽지 못한 분량은 주말을 이용해서라도 읽겠다고 다짐을 할 수도 있습니다. 한 주가 지나면 자신의 독서 과정을 간단히 평가도 해볼 수도 있고요. 계획을 세우고 이를 수행하는 과정을 통해 아이는 자신의 독서 과정을 인식하고, 관리할 수 있는 능력도 키울 수 있지요.

더불어 이렇게 눈앞에 보이도록 독서 계획을 작성해놓아야 그때그때 확인하고 활동을 미루지 않습니다. 읽어야 할 분량을 알 수 있으니, 책 읽기에 더욱 책임감 있게 참여할 수 있고요. 게다가 가족과 함께 책을 읽으니 '오늘 하루쯤은 안 읽어도 되지 않을까'하고 나태해지는 마음을 다잡을 수도 있지요. 이처럼 가족 독서 계획을 수립하는 것의 장점이 참 많습니다. 가족들과 이야기 나누면서 계획을 세워보세요.

마지막으로 '가족 독서 시간'을 운영할 때, 그 시간만큼은 가족 모두의 핸드폰을 한곳에 모아두고 책 읽기에만 몰두하는 것이 좋습니다. 또 아이가 초반에 참여 태도가 좋지 않을 수 있어요. 그럴 때 약간의 보상책을 주어도 좋습니다. 책 읽기를 하는 아이에게 달콤한 비스킷이나 과일을 슬쩍 놔주시는 거지요. 또 한 주 동안 빠짐없이 독서 시간에 참여했다면 주말 외식 메뉴 선택권을 주셔도 좋지요. 아이가 좋아하는 유인책을 사용해서라도 '이 시간은 책을 읽는 시간이구나' 하고 아이가 자연스럽게 생각할 때까지 습관을 들이는 것이 중요합니다. 시작과 진행 과정은 힘들겠지만, 그 시간을 이겨내면 반드시 단단한 근육이 생길 겁니다. 노력의 시간이 쌓이면 온 가족이 책을 둘러앉아 잠들기 전까지 책을 읽는 모습도 분명 볼 수 있을 거예요.

가족과 책 추천하고 감상 나누기

모둠 토의 시간에 유독 눈에 띄는 학생이 있었답니다. 중학교 3학년 민석인데요. 민석이는 모둠활동에 늘 자신감이 있었습니다. 항상 적극적으로 의견을 제시했지요. 다른 친구들이 생각하지 못한 부분까지 생각해 의견을 내거나, 문제에 새로운 방법으로 접근하는 모습을 보였습니다. 친구의 발언에서 궁금한 점이 있거나 제시한 의견의 근거가 명확하지 않은 경우, 적절한 질문을 하면서 친구들과 함께 최선의 답을 찾아갔습니다. 그뿐만이 아니에요. 친구의 말을 잘 듣고, 반응하면서 공감해주는 것도 잘했답니다.

따로 민석이를 만나 이야기를 나눠봐도 아이가 박학다식하고 생각이 깊다는 것을 느낄 수 있었습니다. '1학년 때는 그다지 눈에 띄는 학생이 아니었는데, 3학년이 되니 활동을 참 잘하네. 중학생이 어쩜 저렇게 생각하고 이야기를 잘할까?' 궁금했습니다.

놀랍게도 민석이는 일주일에 한 번씩 가족들이 모여 같은 책을 읽고 이야기를 나눈다고 하더라고요. 따로 스피치 강좌나 토론·논술 수업을 듣는 것이 아니었습니다. 가족끼리 책을 읽고 이야기를 나누는 것뿐이었습니다. 책을 읽고 난 후 감상, 책에서 이해가 되지 않던 내용, 재미있거나 기억에 남는 부분, 더 이야기 나누고 싶은 장면 등 책과 연관된 어떤 이야기든 말이지요. 또 등장인물의 행동이나 상황 등 대해 이야기하다 보면 자연스럽게 토론으로 이어지기도 했다고 합니다.

이러한 가족의 책 이야기 나눔은 민석이가 중학교 입학하는 해부터 시작했다고 해요. 그렇게 시작한 활동이 민석이가 3학년이 될 때까지 꾸준히 이어진 거지요. 1주일에 한 번씩 3년 가까이 가족 책 이야기 시간을 진행하고 나니 민석이는 정말 놀랍게 변해 있던 것입니다. 배경지식도 풍부해졌고요. 수업 태도도 좋았습니다. 학교생활 전반에 자신감이 넘쳤고요.

그런데 민석이는 가족과 함께한 책 이야기 나눔 시간이 힘들거나 부담스럽지 않았을까요? 의외로 민석이는 그 시간이 아주 편하고 즐겁다고 해요. 공부라는 생각이 들지 않고, '부모님과 수다 떠는 느낌'이라고 하더라고요. 정말 재미있다고요.

책을 읽고 다른 사람과 대화를 나누는 활동은 장점이 참 많습니다. 우선 내용을 더 명확하게 이해할 수 있고, 자신이 알지 못했던 사실도 알 수 있지요. 배경지식도 늘어나고요. 상대방의 말에 귀 기울이는 습관과 자신의 의견을 효과적으로 말하는 표현 능력도 키울 수 있습니다. 참여자 간 생각의 차이에 대해서도 깨달을 수 있고요. 그러면서 생각의 깊이가 훨씬 깊어지지요. 대화를 나누면서 위로와 공감을 받을 수 있고요. 그래서인지 요즘은 이러한 독서 모임이 많이 활성화되고 있잖아요. 그만큼 좋은 점이 많으니까요.

이러한 독서 모임을 가족들과 시작해보세요. 주말을 이용해 가족이 함께 책 이야기를 나누는 시간을 가져보는 거지요. 가족 독서 계획을 수립하실 때, 주말 시간은 비워두었잖아요. 그 시간을 조금 사용하는 겁니다. 주말에 여행을 떠난다면 여행지에서 책 이야기를 나누면 되는 거고요. 식사하면서 이야기를 나눠도 좋습니다. 시간과 장소에 구애받지 말고 짧게라도 시도해보세요.

우선 각자 읽어 본 책 중 재미있거나 감동적인 책을 추천해 함께 읽을 책을 골라보세요. 꼭 어려운 책, 긴 책이 아니어도 괜찮아요. 짧은 동화나 신문 기사도 좋습니다. 함께 이야기 나눌 수 있는 이야깃거리가 있다면 무엇이든 괜찮습니다. 처음에는 부담 없이 대화 과정을 즐길 수 있도록 시작해보세요.

Point | 책을 읽는 과정에 궁금한 점이나 함께 이야기 나누고 싶은 이야깃거리가 생길 수 있습니다. 이런 내용은 표시해놓아야 합니다. 궁금한 점은 꼭 **문장 형식으로 정리**해놓아야 하고요. 그런 후 **가족 책 이야기 나눔 시간**을 활용해 이야기를 나눕니다.

부모님 역시 아이에게 질문할 수 있어요. 단, 아이가 책을 읽었는지 확인하는 차원의 질문만 해서는 안 됩니다. 그렇다면 아이가 가족 책 이야기 나눔 시간을 싫어하게 될 수도 있거든요. '공부'처럼 느껴지니까요. 그러니 편안하고 재미있는 대화가 이루어질 수 있도록 질문에 신경 써주세요. 아이의 생각을 들을 수 있는 **열린 질문**을 던져 보시면 좋습니다.

가족 책 이야기 나눔 시간을 갖다 보면 궁금한 점이 생길 수 있잖아요. 그래서 아이가 부모님께 계속해서 질문하는 경우가 가끔 있어요. 어린 시절 아이들이 "왜?"라고 계속 묻는 것처럼 말이지요. 그럴 때는 충분히 대화를 나눠주세요. 계속되는 질문이 귀찮아 얼버무리거나 다른 방향으로 화제를 돌리시는 것은 좋지 않습니다.

대화를 통해서도 답을 찾지 못하는 경우가 있어요. 이럴 때 아이들은 대부분 인터넷 검색을 통해 답을 찾습니다. 부모님 역시 인터넷 검색을 통해 **빨리** 답을 찾아 아이에게 알려주려 하시지요. 아이의 궁금증을 **빨리** 해소해주어야 하거든요. 하지만 이러한 방법은 정답을 **빨리** 알 수 있는 대신 아이의 궁금증과 호기심도 **빨리** 사라지게 합니다. 쉽게 얻은 지식은 **빨리** 잊어버리잖아요.

그렇다면 아이가 책을 읽으면서 가진 호기심이나 궁금증을 유지하려면 어떻게 해야 할까요? 그것은 바로 궁금한 점에 대한 답을 찾기 위해 '**또 다른 책**'을 읽도록 하는 겁니다. 책을 읽다가 궁금한 점이 생겼을 때, 바로 인터넷 검색해 답을 알려주시는 대신 그 답이 담겼을 법한 책을 제공해주세요. 아이가 스스로 답을 찾아볼 수 있도록 유도하는 거지요. 그리고 부모님께서도 함께 답을 찾아보자며 책을 들춰주세요.

집에 답을 찾을 만한 책이 없다면 어쩌지요? 우선 궁금한 점을 **문장 형식으로** 메모해놓아야 합니다. 적어두지 않으면 금방 잊어버리거든요. 단어만 적어놓으면 어떤 내용인지 생각나지 않을 수 있습니다. 적어놓은 메모를 들고 그 답을 찾아 도서관에 가는 거예요. 아이는 도서관이라는 어마어마한 보물 창고 속에서 아주 많은 정보를 얻을 기회가 생긴 겁니다. 찾고자 했던 답도 찾고, 답을 찾는 과정에서 더 많은 배경지식을 획득할 수도 있지요. 답과 관련된 다양한 사례도 알 수 있고요.

이때 부모님께서 아이가 궁금해하던 질문과 함께, 알아두면 좋을 만한 정보를 퀴즈 형식으로 미리 제시해주시고 함께 답을 찾아보도록 한다면 더 좋습니다. 아이는 궁금했던 점에 대한 답을 찾으면서 동시에 더 많은 정보를 얻을 수 있거든요.

아이가 책을 읽다가 '왜 지구는 태양 주변을 돌고, 왜 달은 지구 주변을 돌까?'라는 궁금증이 생겼다고 가정해봅시다. 그러면 질문을 메모지에 적고 도서관에 가는 거지요. 그때 부모님은 아이의 궁금증과 관련된 질문을 더 적어 건넵니다. '지구가 태양 주위를 공전하면서 생기는 현상은 무엇일까?', '사람은 왜 지구가 돈다는 것을 느끼지 못할까?'처럼요. 그때 답을 찾은 사람에게 간식 보상을 해준다면, 아이는 더 열심히 찾을 것입니다. 정말 열심히요.

이만큼 궁금증에 대한 답을 다른 책에서 찾는 과정은 아이에게 또 다른 읽기 기회를 제공합니다. 호기심도 유지해주고요. 그러니 이제부터는 너무 빨리 아이의 궁금증을 해소해주려 하지 않으셔도 됩니다. 모든 활동에 여유를 가져주세요.

책 읽기에 감칠맛을 더하는 법

지금까지 가족 독서 시간을 활용해 아이와 함께 책을 읽고 이야기를 나누는 방법에 대해 살펴봤습니다. 이제부터 실천해야 할 시간인데요. 아이와 함께할 독서 시간이 즐겁게 운영될 수 있을까요? 이 물음에 대한 답은 앞으로 부모님께서 아이에게 해주실 피드백에 달려 있다고 해도 과언이 아닙니다.

사춘기 아이들의 마음은 정말 갈대와 같아요. 도대체 언제, 어떻게 변할지 알 수가 없습니다. 부모님의 말씀에 따라 열심히 책을 읽기도 하고, 아무리 말을 해도 책을 전혀 읽지 않을 수도 있습니다. 그러니 아이가 책을 읽고 싶다는 마음이 샘 솟을 수 있도록 따뜻하게 말씀해주셔야 합니다. 아이의 태도와 행동에 어떻게 반응해주면 좋은지 부모님의 피드백 방법에 알아보겠습니다.

우선 아이가 무엇인가를 잘했을 때 구체적으로 칭찬을 해줘야 합니다. 무엇을 잘했는지 말해줘야 해요. 그냥 "○○이 잘한다! 멋지다!" 하는 것은 좋지 않아요. 아이가 무엇을 잘한 것인지 알 수 있도록 정확하게 이야기해주세요.

예를 들어, 아이가 소리 내어 책을 읽고 난 후라면 잘한 점에 대한 구체적 정보를 담아 다음과 같이 말해줍니다.

"이 문장에서 주인공의 기분이 엄청 좋았잖아. 그 마음이 느껴지도록 실감나게 참 잘 읽었어."

"'하늘이 맑게 개었다'라는 문장은 겹받침이 들어가서 발음하기 어려웠을 텐데 [말께]라고 정확하게 발음을 잘했네."

다음에 아이는 글을 읽을 때 인물의 심리를 파악하고 보다 실감나게 읽으려고 더 많이 노력할 거예요. 또 겹받침이 사용된 낱말을 읽을 때도 더 신경 써서 읽을 겁니다. 'ㄹㄱ' 받침은 특히나 정확하게 말입니다.

두 번째로 아이가 활동 수행 과정에서 사용한 전략이나 방법이 있다면 그에 대해서 말씀해주시는 것이 좋습니다. 아이가 학습하고 난 후에 교과서를 보면서 "열심히 공부했네" 하고 칭찬해주는 것보다는 이렇게 말해주는 것이지요.

"책 읽으면서 중심 문장에 밑줄도 긋고, 핵심 개념은 네모 표시하면서 읽었네. 잘했어!"

그러면 아이는 학습할 때 '중요 내용에 밑줄을 긋거나 표시하며 읽는 전략이 좋은 것이구나' 느끼고 더 적극적으로 해당 전략을 사용하게 될 테니까요.

마지막으로 아이가 활동을 잘하지 못하는 경우라도 그 노력을 인정해주셔야 합니다. 처음부터 잘하는 아이가 어디 있겠습니까. 아이가 주어진 활동에 대해 올바른 답을 찾지 못했더라도 열심히 노력한 것에 대해서는 반드시 알아주셔야 합니다.

"오늘 무척 피곤했지? 문제에 주인공이 한 일을 세 가지 찾으라고 했잖아. 그중에 한 개를 아주 잘 찾았네. 한 개 찾기도 정말 어려웠을 텐데 말이야."

이렇게 말입니다. 아이도 열심히 했지만 정확한 답을 찾지 못해 속상하거든요. 그런데 부모님께서 '이거 뭐야? 이것도 못 해?' 하고 채근하면 앞으로는 노력조차 하지 않을 수 있답니다. 실패했더라도 문제해결을 위해 노력한 아이를 칭찬해주세요. 그리고 다음에 도전했을 때 성공할 수 있도록 응원을 해주셔야 합니다.

더불어 **"다음에 이것은 이렇게 해보면 어때?"** 하고 활동에 대한 조언도 해주세요. 또 **"다음에는 성공할 수 있을 것 같아"**라는 희망과 기대의 메시지도 전해주세요. 그러면 아이는 200% 더 힘을 낼 것입니다.

> **Point |** 아이가 책을 읽고자 하는 **마음이 생기게 하는 것**이 중요합니다. 그런 마음은 부모님께서 전하는 말에 크게 좌우됩니다. 아이가 성장할 수 있도록 **구체적이고 발전적인 피드백**을 해줘야 합니다. 단순히 피드백을 많이 해주는 것보다, 얼마나 구체적으로 피드백해주느냐가 아이의 성장을 좌우합니다. 지금 아이를 위해 이 책을 읽고 계실 정도이니 분명 효과적인 피드백으로 아이의 마음을 움직이실 수 있을 거예요. 충분히 잘하시리라 믿습니다.

여행에 책 얹기

가족들과 주말이나 휴가철에 여행계획을 세우시지요? 사춘기가 다가오면 이제 점점 부모를 따라 여행 가는 것도 좋아하지 않습니다. 친구들을 만나거나 집에서 핸드폰 하는 것을 더 좋아하지요. 그래도 아이와 여행을 떠날 기회가 생긴다면 일정에 '책'을 살짝 얹어보시길 추천합니다.

어떻게 책을 얹냐고요? 문학관을 찾아가도 좋고, 작품의 배경이 된 지역을 찾아가 봐도 좋지요. 그런데 저는 무엇보다 도서관 여행을 추천합니다. 전국 구석구석에 보물 창고 같은 도서관이 참 많아요. 어느 지역에 여행을 가더라도 일정에 근처 도서관을 한두 곳 씩 넣어보는 거예요.

책을 좋아하는 아이라면 이색 도서관을 목표로 찾아가는 것도 좋습니다. 그 고장에 있는 도서관들을 돌아보는 것이지요. 특히 '전주시'에서 운영하는 도서관 투어를 추천합니다. 당일 여행도 좋고요. 가족들과 도서관을 여유 있게 둘러보셔도 좋아요.

도심 속 도로 위에 자리 잡은 서구적인 이미지의 '첫 마중길 여행자 도서관'에는 쉽게 볼 수 없는 팝업북이나 그림책이 많아요. 세련된 이미지의 도서관 외관처럼 내부에도 미술이나 패션과 같은 강렬한 색감을 지닌 책들이 눈을 즐겁게 합니다.

전주시청 1층 로비에 있는 '책기둥 도서관'은 도시 전체가 얼마나 책 읽기에 진심인지 알 수 있지요. 덕진연못 가운데 있는 '연화정 도서관'은 한국의 미를 온연히 느낄 수 있답니다. 연꽃이 필 무렵 아이와 다녀오시면 좋을 것 같아요. 아이와 함께 인생 사진을 찍을 수 있을 겁니다.

시립 도서관 '꽃심'에도 들려보세요. 도서관 전체가 전시관처럼 예쁘게 꾸며놓았답니다. 가장 매력적인 것은 3층에 12세부터 16세까지만 입장 가능한 공간이 마련되어 있다는 점이에요. 아이들이 보고 즐길 거리가 무궁무진하답니다. 부모님은 들어가실 수 없어 더 궁금하실 테지만 참으셔야 합니다. 대신 아이와 잠시 떨어져 부모님만의 독서 시간을 즐겨보시길 바라요.

'학산 숲속 시집 도서관'은 한 폭의 그림 같은 도서관이랍니다. 숲길을 따라 걸어 올라가다 보면 찾을 수 있는 작은 도서관이지요. 다락방 느낌의 포근한 공간에 시집이 가득하답니다. 시 자판기도 있고요. 시를 필사도 해보실 수 있어요. 창밖의 풍경은 덤입니다.

그 밖에도 헌책이 가득한 '동문 헌책 도서관', 도서관 여닫는 시간을 입국과 출국처럼 이색적으로 표현한 '다가 여행자 도서관', 예술 감성이 넘치는 '서학 예술 마을 도서관', 영화를 좋아하는 사람이라면 한 번쯤 들러야 할 '영화 전문 도서관' 등 매력적인 도서관이 많답니다. 전주 도서관 홍보대사가 된듯하네요.

이처럼 전주시 외에도 전국에 매력적인 도서관이 참 많아요. 특정 분야의 책을 모아 둔 전문 도서관도 있지요. 우리 아이가 좋아하는 분야가 있다면 해당 도서관을 먼저 들러보시길 추천합니다.

이색적인 책방도 참 많답니다. 가족 여행 중 서점에 들러 아이에게 책을 한 권 선물한다면 정말 기억에 남는 여행이 될 거예요. 독서를 즐겨 하지 않던 아이도 책을 보게 하지요. 책의 첫 장에 메시지를 하나 적어주시면 더 좋습니다. '추억을 가득 담아, 사랑하는

○○에게'처럼이요.

　전국에 숨어 있는 도서관과 책방, 책이 함께 어우러져 있는 복합
문화공간에 들러 아이와 추억을 남기시기 바랍니다.

> **Tip |** 추억을 남길 수 있는 **보물 공간인 도서관과 서점**에 관한 다양한 정보를
> 부록으로 수록해놓았습니다. 이번 주말 아이와 함께 도서관을 찾아 떠나보시
> 는 것은 어떠세요?

"오늘도 나는 편독을 즐길래요"

특정 분야의 책만 읽는 아이가 있습니다. 우주에 관한 책만 온종일 본다든지 하는 거지요. 이런 아이 같은 경우에는 그렇게 걱정하지 않으셔도 됩니다. 보지 않는 것이 문제지 이렇게 편독하는 것은 괜찮기 때문이에요. 한 분야에 몰입해서 보는 아이의 경우는 그 분야에 대해 자기만족이 될 때까지 책을 볼 것입니다. 그러다 충분히 만족이 되면 다른 쪽으로 눈을 돌리게 되어 있답니다. 오늘도 우주에 관한 책을 보고 있다면 아직 알고 싶은 것이 남아 있다는 의미랍니다. 그렇게 해당 분야에 관한 다양한 책을 읽으면서 읽기 능력도 함께 자라고 있고요. 그러니 너무 큰 걱정은 안 하셔도 됩니다.

그래도 걱정되신다면 아이가 좋아하는 분야와 연결된 또 다른 주제를 찾아 이야기를 나눠보시길 바랍니다. 조금씩 내용의 범위를 넓혀가는 것인데요. 예를 들면 우주와 관련된 책에는 행성을 탐사하는 로봇이 등장할 수 있어요. 그러면 로봇에 대해 질문하며 이야기를 나누는 것이지요. 그런 후에 슬며시 로봇과 관련된 책을 권해주세요. 로봇에 관한 책을 읽다 보면 AI나 인공지능에 관해서도 이야기 나눌 수 있습니다. 그러다 보면 로봇과 인간의 차이에 대해 더 알고 싶을 수도 있습니다. 인간의 창의성은 어디에서 오는지 인간의 뇌까지도 관심이 생길지 모릅니다.

우주에서 시작한 책 읽기가 로봇, AI와 인공지능, 인간의 뇌까지 뻗어 나가는 거지요. 이렇게 아이의 관심 분야에서부터 서서히 범위를 확장해나가면 됩니다. 흥미 있는 분야가 있고 그 분야에 대해 끊임없이 책을 읽는 아이라면 해당 분야의 전문가가 될 자질이 충분한 거예요. 그러니 걱정하지 않으셔도 됩니다.

> **Tip |** 한 분야의 책을 읽는 아이에게 다양한 **미디어 텍스트**를 함께 권해주셔도 좋습니다. 역사책을 좋아한다면 다큐멘터리를 통해 전후 맥락을 이해할 기회를 주는 거지요. 과학 분야의 책만 읽는다면 과학 이론이나 실험 과정을 보여 주는 영상을 제공해주는 겁니다.
> 책의 내용뿐만 아니라 **전달 방식** 역시 **확장**해주는 것이지요. 이 과정에서 아이는 다양한 매체를 활용해 관심 분야에 대한 자료를 폭넓게 수집하고 이해하는 능력을 키울 수 있을 것입니다.

만화책 보지 마!

아이가 책을 좋아하기는 하는데, 늘 만화책만 보는 경우가 있습니다. 도서관이나 서점에 방문하면 만화 코너에서 벗어나지 못하는 아이를 보고 부모님은 한숨을 쉬시지요. 그러면 부모님은 '만화책은 대출해 집에 가져갈 수 없다, 구매할 수 없다'와 같이 제약을 두기도 하십니다.

만화책에 대해서는 의견이 분분합니다. 만화책의 장점은, 우선 쉽게 읽을 수 있고 재미도 있어 아이가 책 읽기를 즐길 수 있다는 점입니다. 학습 만화의 경우에는 어려운 내용을 대화 형식으로 쉽게 풀어놓았기 때문에 접근하기 좋고요. 그만큼 아이가 내용을 쉽게 이해할 수 있지요.

하지만 원작의 내용을 전달하기에 부족하다는 의견도 있습니다. 줄글로 된 원작을 읽을 때는 장면을 상상하면서 읽을 수 있지만, 만화의 경우에는 그림으로 모든 것을 다 보여주기 때문에 상상하는 데 제약이 있거든요. 또 중간에 생략이 많아 원작의 내용을 전달하는 데 한계가 있다고 보는 것입니다.

이렇게 만화책은 장단점이 공존합니다. 하지만 분명한 것은 아예 책을 보지 않는 것보다 만화책이라도 보는 것이 훨씬 낫다는 것입니다. 그러니 만화책만 본다면 무조건 금지하는 것이 아니라, 만화책을 통해 얻을 수 있는 것은 취해야 합니다. 그리고 서서히 줄글 책을 읽을 수 있도록 도와주는 것이 현명한 거지요.

예를 들면 아이가 역사 만화책만 읽는 경우라고 가정해볼게요. 책 속 배경이 임진왜란 속 장군들의 이야기를 다루고 있다면, 이순신 장군의 위인전을 읽어보라고 하는 것입니다. 또 당시에 집권했던 왕조에 대해 이해할 수 있는 줄글을 찾아 권해 본다면 아이가 관심을 보일 수 있지요. 이처럼 아이가 읽는 만화책의 분야나 주제와 연관된 줄글 책을 읽히는 것이 좋습니다.

더불어 학습과 관련된 만화책을 본 경우라면, 같은 내용을 다룬 줄글 원문을 함께 읽도록 해주세요. 만화 《춘향전》을 봤다면 읽은 후 줄글로 된 고전문학 《춘향전》 원문을 읽어봐야 하는 겁니다. 만화로 대략적인 내용을 봤기 때문에 원전을 읽을 때 고어(古語)에 대한 이해가 쉬울 거예요. 만약 원전을 찾아 읽지 않고 만화책을 읽는 것으로 읽기가 끝난다면, 춘향전을 잘 모르면서 안다고 착각하게 됩니다. 그러니 꼭 줄글로 된 책을 찾아 읽고, 작품 속에 반영된 시대 배경이나 인물이 처한 상황 등을 이해할 수 있도록 해주셔야 합니다.

반면 내용에 상관없이 만화 형식으로 된 책만 읽는 아이도 있습니다. 그러면 처음에는 말풍선으로만 이루어진 만화책을 보더라도, 서서히 말풍선 사이 사이에 줄글이 섞여 있는 책으로 서서히 종류를 넓혀가야 합니다.

그런데 줄글로 된 책은 절대 읽지 않고 계속 만화책만 읽는다면 다소 강하게 지도할 필요가 있어요. 학년이 올라갔는데도 계속 만화책만 읽는다면 읽기 능력이 늘지 않거든요. 더군다나 중학교 교과서는 줄글로 되어 있잖아요. 그러니 줄글을 읽지 못하면 좋은 학습 성취를 얻기는 힘들 거예요. 반드시 줄글 읽기 연습을 해야 합니다. 그래도 아이가 만화책을 놓지 못한다면 '원하는 만화책 3권 읽을 때, 줄글 책 1권 읽기'와 같이 협상하시는 것도 좋습니다.

> **Tip |** 끝까지 편독하는 아이가 있다면 읽고 싶은 책을 읽으면서, **국어 교과서**도 반복해서 함께 읽도록 해주세요. 국어 교과서에는 다양한 종류의 글이 수록되어 있거든요. 시, 소설, 논설문, 설명문, 희곡 등 아주 다채롭지요. 평소에는 좋아하는 분야의 책을 읽게 하더라도 국어 교과서를 읽는 시간을 확보해준다면 평소 보지 않던 새로운 장르에 눈을 뜰 수 있습니다.

전자책과 종이책

요즘 전자책이 많이 보급되었습니다. 언제 어디서든 핸드폰이나 태블릿 PC 등 전자기기만 있으면 쉽게 접근할 수 있지요. 약속 장소에서 누군가를 기다리거나 버스를 기다릴 때, 지하철을 타고 이동할 때 등의 자투리 시간에 전자책을 보면 편리합니다. 저렴한 가격에 다양한 도서를 접할 수 있다는 것도 강점이지요. 더불어 낭독 서비스 등도 참 매력적입니다.

이러한 다양한 장점이 있어 전자책 시장이 가파르게 성장했습니다. 하지만 이러한 장점에도 가능하다면 전자책보다는 종이책을 읽는 것을 추천합니다. 종이책을 읽을 때는 한 장, 한 장 뒤로 넘기면서 책을 읽잖아요. 읽으면 읽을수록 남아 있는 페이지 수가 줄어들지요. 그러니 종이의 질감을 손으로 느끼고, 종이 고유의 냄새를 맡으며 읽을 수 있는 거지요. 이처럼 종이책은 온몸으로 책을 읽습니다. 또 실물을 소유할 수도 있지요. 책에 밑줄을 그으며 읽거나, 궁금한 점이 있을 때 바로 필기를 할 수도 있습니다. 더불어 인테리어를 위해 종이책을 이용하는 분들도 계신답니다. 그야말로 종이책은 좋은 점이 정말 많지요.

하지만 전자책은 책을 처음 읽을 때와 마지막 페이지를 읽을 때 느낌의 큰 변화가 없어요. 또 손가락으로 넘기면 휙휙 넘어갈 수 있습니다. 어디까지나 디지털 매체를 이용해야 하는 것이기 때문에 훑어 읽거나 건너뛰면서 읽을 수도 있지요. 인터넷 문서를 읽을 때처럼 말입니다. 더불어 책을 읽는 중에 메시지를 확인하거나 유튜브 동영상을 보러갈 수도 있지요. 즉 종이책을 읽을 때보다 전자책을 읽을 때, 집중력이 떨어질 가능성이 훨씬 높습니다. 집중력이 떨어지니 내용에 대한 이해도도 떨어질 수밖에 없겠지요. 계속 매체를 보다 보면 눈도 불편할 수 있고요.

따라서 가방에 항상 읽을 수 있는 종이책을 한 권씩 넣어 다니며 읽는 것을 추천합니다. 그리고 전자책은 보조적으로 활용하는 것입니다. 책을 읽어주는 기능도 적절히 활용하면서요. 지금 당장 읽을 수 있는 종이책을 가지고 있지 않거나, 챙겨야 할 종이책이 너무 많은 경우에 특히 전자책을 사용하면 좋겠지요.

이처럼 책을 읽을 때는 종이책을 기본으로 하되, 전자책의 장점을 살려 현명하게 이용할 필요가 있습니다. 언제 어디서나 책을 읽을 수 있도록 말이지요.

드디어 아들이 책을 들었다

    OECD 국제 학업성취도 평가 연구(PISA 2018)[4]에서 남녀 학생의 읽기 성취도 차이를 비교한 자료가 있습니다. 이 연구에 따르면 여학생은 읽기 영역 평균 점수가 526점으로 503점인 남학생에 비해 20점 이상 높게 나타났지요. 또 PISA 2009와 PISA 2018 사이에 기초적인 읽기가 되지 않는 남학생의 비율이 눈에 띄게 늘었다는 것도 확인할 수 있습니다. 반면 여학생의 경우 그 비율이 크게 변화하지 않았어요. 이런 결과를 볼 때 남학생들, 즉 아들의 읽기 능력을 신장하기 위해서 더 많은 고민이 필요함을 알 수 있습니다.

    왜 남학생의 경우 여학생보다 읽기 성취도가 낮은 걸까요? 또 기초적인 읽기가 되지 않는 남학생이 비율이 급격하게 늘어난 이유는 무엇일까요? 더불어 우리가 남학생들의 읽기 능력을 키우기 위해 어떻게 접근해야 할까요? 곰곰이 생각해봅시다.

    일단 여학생과 비교해볼 때 남학생들의 경우, 평균적으로 읽는

---

4) 한국교육과정평가원, OECD 국제 학업성취도 평가 연구 : PISA 2018 결과보고서(2020)

것에 대한 흥미가 낮습니다. 책을 읽으려면 '읽고 싶은 마음'이 있어야 하지요. 그런데 읽기 자체에 대한 흥미가 없으니 당연히 책을 읽으려 하지 않을 겁니다. 결국 읽기 성취도도 높지 않겠지요. 이럴 때 교과서나 교과와 연계된 도서를 건네줘도 읽을 확률이 낮습니다.

그러니 우선 책을 읽고 싶은 마음이 들도록 남학생이 좋아하는 읽을거리를 찾아야 합니다. 이 책의 앞부분에서 언급했듯이 평소 아들이 무엇에 관심이 있는지 살펴봐야 하는 거지요. 아이의 흥미를 끌 수 있는 블로그 글도 좋습니다. 일반적으로 남학생의 경우 게임, 스포츠, 과학 분야, 추리 소설, 성 관련 기사나 글에 관심을 보입니다.

그런 읽을거리를 찾아 앞부분을 읽어주세요. 그때 꼭 옆에 앉혀놓고 읽지 않아도 됩니다. 식사 시간이나 아이가 쉬고 있을 때 슬그머니 "○○아, 오늘 기사 보니 손흥민 선수가~" 하면서 이야기를 시작하는 거지요. 아이가 관심 있어 하는 주제이니 글의 초반을 읽어주면 아이가 흥미를 보일 것입니다. 그러면 아이에게 읽을거리를 건네며 나머지 부분을 읽도록 유도해주세요.

짧은 기사의 경우에는 다 읽어주셔도 됩니다. 그리고 그 주제에 대해 간단한 대화를 나눠보세요. 대화하다가 궁금한 것이 생기면 또 다른 기사나 책을 찾아보면서 읽기 범위를 조금씩 넓혀가시면 됩니다.

두 번째로 남학생들이 책을 읽지 않는 이유는 '특별한 읽기의 목적이 없어서'이기도 합니다. 아이들은 책을 읽으라는 것, 특히 교과

서를 읽으라는 것이 '좋은 성적을 거두라'는 말로밖에 느껴지지 않
거든요. 그런데 아이가 성적에 큰 관심이 없다면 책을 읽을 이유가
없습니다. 아이는 책을 읽었을 때 실질적으로 도움이 되는 것이 없
으니 책을 읽고 싶지 않지요.

이럴 때는 아이와 관련 있는 문제를 해결하기 위한 과정에 책을
활용하는 것이 좋습니다. 실생활에서 아이와 밀접하게 관련 있는
문제를 찾아보세요. 그리고 이 문제를 해결하기 위해 책을 보도록
하는 것이지요. 더불어 이 문제가 해결됐을 때 아이에게 직접적인
혜택이나 즐거움이 있다면 아이는 문제를 해결하기 위해 적극적으
로 책이든 블로그 글이든 무언가를 읽게 됩니다. 예를 들면 다음과
같은 거지요.

**"방학에 싱가포르로 가족 여행을 가야 하잖아. 어디를 가면 좋을
지 찾아볼까?"**

**"△△게임을 하는데 어떻게 하면 잘할 수 있을까? 분명 효과적인
전략이 있을 것 같은데. 공략집이나 전략집에서 찾아볼까?"**

여행 일정을 세울 때, 아이에게 여행 관련 책자에서 직접 가고
싶은 곳을 선택할 수 있도록 해주세요. 또 남학생들에게는 게임을
뺄 수가 없지요. 유명한 게임의 경우에는 전략집이나 공략집이 나
와 있답니다. 책을 읽지 않는 아이도 게임 공략집은 얼마나 열심히
읽는지 몰라요. 게임을 무조건 못 하게 하기는 힘들지요. 시간을
조절하면서 하되, 그 과정에 책을 넣어주는 것이 현명합니다. 자신

이 좋아하는 게임과 관련된 책을 건넨다면 아들이 감동의 눈으로 부모를 바라볼 것입니다.

"다음에 아빠 차를 바꿔야 할 텐데. 전기 자동차가 좋을까? 내연 기관 자동차가 좋을까? 무슨 차이가 있는 거지? 둘의 차이를 알아보면 좋을 것 같아."

"OO이 피부에 여드름이 조금씩 나네? 왜 나는 걸까? 잘 관리하는 법이 있을 것 같은데 함께 찾아볼까?"

"OO이 운동하는 거 좋아하잖아? 우리 지역에 청소년 전문 체육 시설을 만들면 좋겠지? 그러면 어디에, 어떻게 건의해야 할까?"

"베란다에서 OO이 좋아하는 채소를 키우고 싶은데 어떻게 하면 잘 클까?"

문제를 해결하기 위한 절차와 방법을 책을 통해 알 수 있도록 이끌어주는 것이 좋습니다. 이처럼 가정과 관련이 있는 문제나 아이의 2차 성징과 연계된 내용, 거주지와 관련된 주제 등을 활용하시는 것입니다. 아이는 자신과 관련 있는 문제이기 때문에 이를 해결하기 위해 다양한 책을 찾아보고, 인터넷 텍스트를 읽어보게 됩니다. 글을 읽어야 할 이유가 생겼거든요. 또 책을 읽고 나면 자신에게 도움이 될 것이라 충분히 예측할 수 있으니까요. 이렇게 아들에게는 책을 읽어야 할 목적을 만들어주시는 것이 필요합니다.

Tip | 요즘 아이들은 책보다는 인터넷 블로그나 유튜브 등을 통해 정보를 얻습니다. 반드시 책만 권하실 필요는 없어요. **여러 가지 텍스트 자원을 다양하게 활용**하시는 것이 현명합니다. 인터넷 문서, 블로그 글, 잡지나 신문 기사, 책 등의 **다채로운 읽을거리**를 제공해주세요. 아들이 움직일 수 있도록 말이지요.

그리고 자료에는 표나 그림 등 **시각적인 자료**가 많이 활용된 것일수록 남학생들이 잘 본다는 것도 참고하세요. 더불어 읽을 것의 최종 선택은 아이에게 맡기셔야 한다는 것도요.

책 읽기로 입시 준비까지

　정부는 2019년 대입 제도 공정성 강화 방안을 발표했습니다. 학생부 종합 전형에 대한 불신과 그동안 해당 전형에서 나타난 다양한 문제점을 해결하기 위한 것이지요. 그렇다면 학생부 종합 전형이 공정성을 확보하기 위해 변화한 사항은 무엇일까요?

　가장 큰 핵심은 2024학년도 대학 입시에서부터 정규 교육과정이 아닌 비교과 활동에 대한 기록과 자기소개서 작성을 폐지한다는 점입니다. 보다 구체적으로 살펴보자면 우선 교과 활동 외에 이루어졌던 자율 동아리 활동 내용의 기재가 없어져요. 기존에 학생들은 자신의 진로와 관련된 분야의 동아리를 개설해 운영해왔습니다. 학생들이 주체적으로 활동하고 이를 생활기록부에 기록해왔던 것이지요.

　또한 자기소개서 기록 당시 많이 활용되었던 청소년 단체 활동이나 교내외에서 이루어진 개인 봉사활동도 기재하지 않게 됩니다. 더불어 수상 내역과 독서 활동 사항도 대입에 반영되지 않습니다. 학부모의 영향력과 사교육 의존 등과 같은 외부 요인이 작용할 수 있는 영역을 수정하고자 한 것입니다.

이러한 변화가 우리에게 요구하는 것은 무엇일까요? 이것은 학생들이 학교생활 특히, 교과 수업 시간에 적극적으로 참여해야 한다는 것을 의미합니다. 고등학교의 경우 모든 학생의 '교과 세부능력 및 특기사항'을 반드시 기록해야 합니다. 그리고 점차 모든 과목으로 확대할 것이라 발표되었지요.

정부의 방침에서 더 명확히 이해할 수 있습니다. 더 이상 수업 태도가 좋지 않은 학생은 교과 세부능력 및 특기사항에 긍정적인 기재가 어렵다는 것을요. 동시에 학생이 목표로 하는 대학의 진학이 어려울 수 있음을 의미하기도 합니다. 교과 세부능력 및 특기사항에 특별한 내용이 적히지 않을 테니까요. 그러니 학교 교과 수업에 집중하는 것이 가장 먼저입니다.

그렇다면 다양한 활동과 진로 관련 독서는 필요 없어진 것일까요? 생활기록부에 기록이 되지 않으니 더 이상 책을 읽지 않아도 되는 것일까요? 정답은 '아니오'입니다. 다양한 교과 연계 활동과 진로와 관련된 독서 활동을 '교과 세부능력 및 특기사항'에 녹여내야 합니다. 또 학년에 올라가면서 그 활동들이 심화해 꾸준히 진행되었음을 보여야 하지요.

진로와 관련된 분야의 도서를 읽고 교과 학습 시간에 이를 활용해 활동에 참여하는 것입니다. 주제 발표를 한다면 자신의 주장에 대한 근거자료를 책에서 찾아 인용해 발표하는 것이지요. 또 프로젝트 활동 보고서 역시 진로와 연관된 도서를 적극적으로 활용해 작성하면 좋습니다. 학년이 올라가면 도서의 수준도 함께 올려야 합니다. 관심 분야와 연관되어 있으면서 조금 더 수준 있는 도서를 읽는 것이지요. 그렇게 점차 심화 확장해야 합니다.

예를 들면, 신재생에너지 연구원을 꿈꾸는 학생이 있다고 가정해볼게요. 그러면 중학교 시절에는 환경이나 에너지 관련 전반에 관한 책을 읽는 거예요. 넓은 분야를 두루두루 접하는 것이지요. 학년이 올라가면 신재생에너지에 관련된 분야 중 태양열, 수력과 같은 세부 분야의 책을 집중적으로 읽습니다. 내용의 깊이를 더하는 것입니다.

신재생에너지와 관련 있는 학과에 진학하고자 한다면 과학, 수학, 기술 등의 교과와 특별히 더 관련이 있겠지요. 해당 교과 시간에 자신이 읽은 책 내용을 활용할 수 있는 단원이나 활동이 나온다면 자신이 읽은 책을 적극적으로 활용해야 합니다.

더불어 직접적인 연관이 없어보이는 교과에서도 충분히 활용할 수 있지요. 예를 들면, 국어 교과 시간에 '책 소개하는 말하기'를 하는 경우가 있을 것입니다. 그때 자신이 읽은 '신재생에너지' 관련 도서를 소개하는 것이지요. 또, 체육 시간에 보고서 작성하는 활동이 있다면, 학생들의 신체 활동을 분석하거나 체육 활동 과정에 활용할 수 있는 신재생에너지 활용 도구 개발을 제안하는 것처럼요.

즉, 모든 교과에 독서 활동을 적용해 연계·반영할 수 있도록 해야 합니다. 학습 과정뿐만 아니라 자율 활동, 동아리 활동, 진로 활동 등의 창의적 체험활동 역시 마찬가지입니다. 활동 과정에 궁금한 점이 생겼을 때도 이와 관련된 후속 연계 독서 활동을 통해 답을 해결한다면 금상첨화입니다. 더불어 담당 교과 선생님께 해당 분야를 더 알고 싶다는 의사를 전하고, 책을 추천해주십사 부탁드려 보는 것도 좋은 방법입니다. 추천해주신 책을 읽고, 끊임없이 자신의 학습과 활동에 연계해보는 겁니다. 이처럼 입시에서도 독서는 필수입니다. 책 읽기는 계속되어야 합니다.

> **Tip |** 고등학교에서 자신의 '과목별 세부능력 특기사항' 영역이 다채롭고 알차게 채워지려면, **독서는 선택이 아닌 필수**입니다. 또한 이러한 독서 능력은 갑자기 생기지 않지요. 이것이 상대적으로 시간적인 여유가 많은 **중학교 1학년부터 차근차근 준비**해야 하는 이유입니다.
>
> 또 입시를 위한 독서 준비는 중학교 시절 '즐기는 독서'와 '배움을 위한 기본 독서'를 충분히 한 후에 이루어져야 합니다. 이전 단계를 뛰어넘고 처음부터 **입시를 위한 책 읽기만 접한다면 책과 영영 멀어질 수 있다**는 점, 주의하세요.

대학 탐방으로 독서 의욕 높이기

아이의 학습이나 독서 습관에 관심을 가지고 이 책을 읽는 학부모님 중에는 아이가 특정 대학의 진학을 바라는 경우가 있을 수 있습니다. 그럴 때 초등학교 고학년에서 중학교 시절에 대학 탐방을 다녀와 보는 것을 추천합니다. 매년 구체적인 운영 방법은 바뀌지만, 대학별 탐방 프로그램은 꾸준히 이루어져 왔습니다.

아이가 관심 있어 하는 분야가 있다면 그와 관련된 대학의 학과를 방문해보는 것이지요. 무료 프로그램도 많습니다. 또 프로그램에 따라서는 참가비를 내면 더 다양한 체험을 할 수도 있으니 적정한 것을 선택해 참여해보세요. 각 대학 홈페이지나 인터넷 검색을 통해 알아보실 수 있습니다.

관심 있는 분야가 특별히 없는 아이라고 하더라도 이런 대학 탐방 프로그램에 참여해보면서 흥미가 생길 수도 있거든요. 대학 재학생 선배들을 만나 캠퍼스 투어도 하고 이야기를 나누고 게임도 하면서 다양한 분야의 관심을 높일 수 있습니다. 또 선배들에게 읽으면 좋은 책도 추천받아 읽어보는 것도 좋겠지요. 아이와 책 한 권 들고 대학 캠퍼스로 향해보는 것은 어떨까요?

Chapter 6 | 아이에게 문해력 날개를 달아주는 팁

■ 아이의 읽기 수준을 고려한 수행 과제 선정해 루트화 하기

■ 가족 독서 시간을 이용해 계획적인 독서, 가족 책 이야기 나누기

■ 아이의 읽기 활동에 대해 구체적인 피드백 해주기

■ 가족 여행 일정에 도서관, 서점 방문 추가하기

■ 아이의 편독 습관 지지하기
   - 내용 및 형식, 전달 방식을 넓혀 주기 위해 다양한 텍스트 제공하기

■ 기본은 종이책, 보조는 전자책 - 적절히 활용하기

■ 대학 입시를 위한 교과 후속·연계 독서 활동이 중요하다는 것을 잊지 말기

문해력 키우고 내 삶의 리더가 되자

우리가 지금 좋아서 읽는 문장들은
미래의 우리에게 영향을 끼친다.
그러니까 지금 읽는 이 문장이
당신의 미래를 결정할 것이다.

아름다운 문장을 읽으면
당신은
어쩔 수 없이 아름다운 사람이 된다.

《우리가 보낸 순간》, 김연수

지금까지 아이의 문해력 신장을 위해 우리가 어떻게 도와주어야 하는지 단계적으로 살펴봤습니다. 가장 중요한 것은 '어떻게 해야 아이가 배움의 과정에 몰입할 수 있을까'를 고민하는 것입니다. 이를 위해 무엇보다 부모님과 원만한 정서적 관계가 필요하지요. 늘 서로를 믿고, 응원할 수 있어야 합니다. 그리고 아이가 책을 읽고 싶다는 마음, 책 읽는 것이 재미있다고 생각할 수 있도록 이끄는 것이 중요하지요. 학습은 책을 읽겠다는 마음, 배우고 싶다는 마음을 다잡은 '다음'입니다. 절대 순서를 바꾸시면 안 됩니다.

부모님과의 관계가 소원한데 가족 독서 시간이 즐거울 수 없겠지요. 학원을 많이 다녀 너무 피곤한 상태라면 즐거운 책 읽기가 될 리도 없고요. 그러니 지금 당장 성적이 떨어지지는 않을까 염려해 아이를 재촉할 것이 아니라, 아이의 마음을 먼저 살펴주세요. 그리고 온전히 책을 즐길 기회를 마련해주셔야 합니다. 아이가 스스로 글을 읽고 이해하는 힘, 문제를 해결할 수 있는 능력을 키워주시는 것이 장기적으로 더 큰 효과를 거둘 수 있으니까요.

그리고 부모님께서도 아이와 함께 책을 읽어주세요. 아이가 풀어야 할 문제집이 많을지라도, 부모님께서 퇴근 후에 해야 할 일이 남아 있을지라도 말입니다. 한 권의 책과 따뜻한 대화로 가득 채운 가족 독서 시간이 아이의 내면을 풍요롭게 할 것입니다. 더불어 그 시간이 모여 아이의 긍정적인 학업 성취로 이어질 테니까요.

우선 부모님께서 먼저 책을 즐겨 읽는 모습을 보여주세요.
아이가 **흥미를 느낄 수 있는 책**을 아이와 함께 마련해, 같이 **소리 내어 읽고**, 가족 독서 시간에 **책 이야기**를 나누어보시길 바랍니다.
교과 핵심 주제와 관련된 도서를 찾아 아이의 **배경지식**을 넓혀주세요
그리고 아이가 **교과서를 반복**해서 읽으며, **끊임없이 생각**하도록 **질문**을 던져 주세요.
그러면 아이는 학습한 내용을 **설명하기도** 하고, 스스로 **요약 정리**도 하면서, 교과 학습에 자신감이 생길 겁니다.
짧지만, 자기 의견을 전하는 **글을 꾸준히 쓰는 습관**을 지닐 수 있도록 함께 주세요. 그렇게 아이는 자기의 생각을 **말과 글로 표현**하며 사회에 당당히 나아갈 거랍니다.

우공이산(愚公移山)이라는 말이 있습니다. 남이 보기에는 어리석은 일처럼 보이지만 한 가지 일을 끝까지 밀고 나가면 언젠가는 목적을 달성할 수 있다는 말이지요.

문해력은 끊임없이 노력해야 성장하는 후천적인 능력입니다. 하루 이틀 한다고 실력이 늘지 않을 거예요. 그러니 천천히, 꾸준하게 가야 합니다. 누구보다 사랑스러운 우리 아이의 문해력을 키워줄 수 있도록 우리는 '우공(愚公)'이 되어야 합니다. 정말 힘든 과정일 것입니다. 중간에 포기하고 싶을 때도 올 것입니다. 하지만 멈추지 않고 지속해야 합니다. 그러면 아이는 언젠가 '문해력'이라는 산 정상에서 기쁨의 함성을 지를 겁니다. 부모님과 함께 말이지요.

그리고 지금이 평생을 주도적으로 살아갈 힘, '문해력'의 기초 체력을 키울 수 있는 최적기입니다. 더 이상 망설이지 마세요. 시작하셔야 합니다. 부모님만이 하실 수 있습니다. 그리고 부모님께서 누구보다 아이를 위해 최선을 다하실 것을 알고 있습니다. 그 노력에 힘을 얻어, 아이는 자기의 삶에 주인이 될 것이고, 세상 속에서도 꿋꿋하게 자리를 잡을 겁니다.

'문해력 신장'을 향해 첫걸음을 내딛는 부모님과 아이를 늘 응원하겠습니다. 감사합니다.

글빛지기 이효주 드림

부 록

가족 독서 계획 양식

(구성원별 작성)

이름	요일 분량	월	화	수	목	금	토	일
	읽을 책 (기간) : ~	도서명 : 작가 : 이번 주 읽을 분량 :　　　　　　페이지까지						
	하루 목표 분량							
	읽은 시간 / 분량							
평가 응원								

이름	요일 분량	월	화	수	목	금	토	일
	읽을 책 (기간) : ~	도서명 : 작가 : 이번 주 읽을 분량 : 페이지까지						
	하루 목표 분량							
	읽은 시간 / 분량							
평가 응원								

이름	요일 분량	월	화	수	목	금	토	일
	읽을 책 (기간) : ~	도서명 : 작가 : 이번 주 읽을 분량 : 페이지까지						
	하루 목표 분량							
	읽은 시간 / 분량							
평가 응원								

추억을 남길 수 있는 보물 공간

도서관

가락몰 도서관 : 서울특별시 송파구 양재대로 932

원당마을 한옥도서관 : 서울특별시 도봉구 해등로32가길 17

서초구립방배숲환경도서관 : 서울특별시 서초구 서초대로 160-7

청운문학도서관 : 서울특별시 종로구 자하문로36길 40

오동 숲속 도서관 : 서울 성북구 화랑로13가길 110-10

정독도서관 : 서울특별시 종로구 북촌로 5길 48

손기정문화도서관 : 서울특별시 중구 손기정로 101-3 손기정공원

서울 야외도서관 책 읽는 서울 광장 : 서울특별시 중구 을지로 12 시청광장

서초그림책도서관 : 서울특별시 서초구 명달로 150

국립항공박물관 항공도서관 : 서울특별시 강서구 하늘길 177 국립항공박물관 3층

별마당 도서관 : 서울특별시 강남구 영동대로 513 스타필드 코엑스몰 B1

소리울 도서관 : 경기도 오산시 경기대로 102-25

꿈두레 도서관 독서 캠핑장 : 경기도 오산시 세마역로 20

의정부 미술 도서관 : 경기도 의정부시 민락로 248

의정부 음악 도서관 : 경기도 의정부시 장곡로 280

의정부 과학 도서관 : 경기도 의정부시 추동로124번길 52

이석영 뉴미디어 도서관 : 경기도 남양주시 화도읍 맷돌로 84

한국만화도서관 : 경기도 부천시 길주로 1 한국만화박물관 2층

파주 지혜의 숲 : 경기도 파주시 회동길 145 아시아출판문화정보센터

세종 지혜의 숲 : 세종특별자치시 국세청로 32

국립세종도서관 : 세종특별자치시 다솜3로 48

초롱이네 도서관 : 충청북도 청주시 상당구 용암북로4번길 38

금산 지구별 그림책 마을 : 충청남도 금산군 진산면 장대울길 52

마산 지혜의 바다 도서관 : 경상남도 창원시 마산회원구 구암북12길 24-1

대구 반야월 역사 작은 도서관 : 대구광역시 동구 신서로 50

순천 그림책 도서관 : 전라남도 순천시 도서관길 33

외솔한옥도서관 : 울산광역시 중구 병영7길 36

부산 북두칠성 도서관 : 부산광역시 동구 충장대로 160 협성마리나G7 B동 1층

부산시청 열린 도서관 '들락날락' : 부산광역시 연제구 중앙대로 1001 부산시청 1층

※ 어린이 복합 문화 공간 '들락날락' 24개소 운영 중(2023년 6월 기준)

다대도서관 : 부산광역시 사하구 다대낙조2길 9

국회부산도서관 : 부산광역시 강서구 명지국제1로 161

영화의 전당 라이브러리 : 부산광역시 해운대구 수영강변대로 120

국립해양박물관 해양도서관 : 부산광역시 영도구 해양로301번길 45

부산근현대역사관 별관 도서관 : 부산광역시 중구 대청로 104 부산근현대역사관 별관

씨앗도서관(씨앗을 공유하는 도서관 - 강동, 광명, 수원, 안양, 춘천, 포항, 공주, 홍성)

이색 서점 및 복합문화공간

서울책보고 : 서울특별시 송파구 오금로 1

현대카드 쿠킹 라이브러리 : 서울특별시 강남구 압구정로46길 46

현대카드 트래블 라이브러리 : 서울특별시 강남구 선릉로152길 18

소전서림 : 서울특별시 강남구 영동대로138길 23 지하 1층

부비프 : 서울특별시 성북구 보문로30가길 31 1층

스타필드시티 위례 별마당 키즈 작은 도서관 : 경기도 하남시 위례대로 200

숲속 작은 책방 : 충청북도 괴산군 칠성면 명태재로미루길 90 미루마을 28호

금산 지구별 그림책 마을 : 충청남도 금산군 진산면 장대울길 52

책방 허송세월 : 충청남도 천안시 동남구 각원사길 132 1층

삼례책마을 : 전라북도 완주군 삼례읍 삼례역로 68

창비 부산 : 부산광역시 동구 중앙대로209번길 16 2층

베릿내 문화공간 : 제주특별자치도 서귀포시 중문관광로 227-24 제주국제평화센
터 지하 1층

김영수 도서관 : 제주특별자치도 제주시 중앙로8길 18

참고 자료

고갑주, 《교과서 읽기의 힘》, 살림출판사, 2016

김붕년, 《10대 놀라운 뇌 불안한 뇌 아픈 뇌》, 코리아닷컴(Korea.com), 2021

김선, 《국어머리 공부법》, 스마트북스, 2023

김선영, 《어른의 문해력》, 블랙피쉬, 2022

김성효, 《초등공부, 독서로 시작해 글쓰기로 끝내라》, 해냄, 2019

김윤정 외, 《EBS 당신의 문해력》, EBS BOOKS, 2021

대니얼 T. 윌링햄, 《공부하고 있다는 착각》, 웅진지식하우스, 2023

박현수, 《야무지게 읽고 쓰는 문해력 수업》, 기역, 2022

배혜림, 《교과서는 사교육보다 강하다》, 카시오페이아, 2023

서울특별시교육청 서울학습도움센터, 《초등 기초 읽기 매뉴얼》, 2022

송숙희, 《150년 하버드 글쓰기 비법》, 유노북스, 2021

송재환, 《초등 3학년 늘어난 교과 공부, 어휘력으로 잡아라》, 위즈덤하우스, 2019

이재익, 김훈종, 《서울대 아빠식 문해력 독서법》, 한빛비즈, 2021

전병규, 《문해력 수업》, 알에이치코리아, 2022

조병영, 《읽는 인간 리터러시를 경험하라》, 쌤앤파커스, 2021

진동섭, 《공부머리는 문해력이다》, 포르체, 2021

최승필, 《공부머리 독서법》, 책구루, 2018

이 도서는 충청북도교육도서관의 교사 책 출판 지원 프로그램 지원금을
받아 제작되었습니다.

문해력의 차이가 아이의 평생 성적을 좌우합니다

제1판 1쇄 2023년 11월 30일

지은이 이효주
펴낸이 한성주
펴낸곳 ㈜두드림미디어
책임편집 이향선
디자인 얼앤똘비악(earl_tolbiac@naver.com)

㈜두드림미디어
등록 2015년 3월 25일(제2022-000009호)
주소 서울시 강서구 공항대로 219, 620호, 621호
전화 02)333-3577
팩스 02)6455-3477
이메일 dodreamedia@naver.com(원고 투고 및 출판 관련 문의)
카페 https://cafe.naver.com/dodreamedia

ISBN 979-11-93210-29-1 (03370)